BIBLIOTHÈQUE D'HISTOIRE CONTEMPORAINE

J. AULNEAU

La Turquie et la Guerre

Préface de M. STÉPHEN PICHON
Sénateur, Ancien Ministre des Affaires étrangères.

LIBRAIRIE FÉLIX ALCAN.

LA TURQUIE

ET

LA GUERRE

DU MÊME AUTEUR

La Circonscription électorale. *Étude historique, critique et de législation comparée.* 1 vol. Rousseau, 1902. 450 pages.

Suez et Panama. 1909.

La politique orientale de l'Italie et le maintien de la Triple Alliance. 1910.

Américains, Russes et Japonais en Mandchourie. La lutte d'influence. 1911.

Les aspirations autonomistes en Europe. (En collaboration.) 1 vol. in-8°, F. Alcan, 1913.

Le Canal de Panama. L'expansion économique des États-Unis et la conquête du Pacifique. 1913.

Germains contre Slaves. Br. 1914.

LA TURQUIE

ET

LA GUERRE

PAR

J. AULNEAU

Préface de M. STÉPHEN PICHON

Sénateur, Ancien Ministre des Affaires étrangères.

PARIS
LIBRAIRIE FÉLIX ALCAN
108, BOULEVARD SAINT-GERMAIN, 108

1915

PRÉFACE

Si jamais livre vint à son heure, c'est celui dans lequel M. Aulneau condense, en un volume, l'histoire de la Turquie et celle des peuples des Balkans. Aucune question n'est plus actuelle que celle de l'Orient proche, aucune n'est plus complexe et, à certains égards, plus inquiétante, aucune par conséquent ne mérite davantage de fixer l'attention de quiconque observe le développement de la crise qui ensanglante l'Europe et passionne le monde.

C'est de l'Orient qu'est né le conflit provoqué par les prétentions austro-allemandes, c'est, en particulier, par une transformation de l'Orient qu'il se résoudra. L'auteur de l'un des meilleurs écrits qu'on ait publiés sur la Turquie — le meilleur de tous peut-être — M. Gabriel Charmes rapporte que M. Thiers avait l'habitude de dire : « La Turquie peut mourir, mais son cadavre empestera l'Europe durant cinquante ans. » Et, en citant ce mot, il ajoute : « Rien de plus vrai. La Turquie n'est pas encore morte; mais ses convulsions dernières ne sont pas moins dangereuses que ne le serait l'infection de son cadavre. » — Nous nous en apercevons, hélas!

Tout ce qui s'est passé depuis trente ans dans l'Empire ottoman ou dans ses anciennes dépendances a coûté cher à la tranquillité du monde européen. Et l'histoire des ambitions et des rivalités qui ont déterminé finalement l'explosion où s'entassent tant de morts et de ruines n'est guère que celle de la décadence turque et du partage des dépouilles des Osmanlis. S'il n'y avait eu pour cause de guerre générale que la question d'Alsace-Lorraine, si tristement posée par la conquête allemande de 1871, on peut dire que la catastrophe aurait été ajournée longtemps encore; mais d'autres problèmes avaient surgi, qui avaient été mal résolus ou même ne l'avaient pas été du tout, et qui devaient susciter des antagonismes irrémédiables. Ces problèmes se rattachaient soit à l'exploitation de la Turquie, soit au sort des populations enlevées à son empire, soit aux compétitions des grands pays destinés à se rencontrer dans leur marche concurrente vers la Méditerranée, le Bosphore et la péninsule des Balkans.

Le jour où la Roumanie, la Bulgarie, la Serbie, la Grèce prétendaient achever la constitution de leurs nationalités (et qui donc pouvait s'inscrire en faux contre une aspiration si légitime?) elles mettaient inévitablement aux prises des intérêts contradictoires d'une telle importance que leur conciliation apparaissait comme singulièrement difficile. Elles demandaient à la Turquie de s'immoler sur l'autel du droit pour compléter ses sacrifices, et à l'Autriche-Hongrie de renoncer à sa marche vers les mers où elle cherchait des débouchés. Elles demandaient, en même temps, à l'Allemagne de se désintéresser du rêve de son alliée, de l'abandonner à son malheureux sort, de laisser inachevées ses propres entreprises commerciales et industrielles en Asie Mineure, et de livrer l'Islam, sur lequel elle comptait étendre sa domination, aux coups fatals de la Destinée.

C'était trop. Il est vrai que Bismarck, dont les prophéties condamnées par les événements ne se comptent plus (on en ferait un recueil bien instructif) avait dit que la question d'Orient ne valait pas les os d'un grenadier Poméranien. Combien de grenadiers, Poméraniens ou non, auront donné, malgré eux à coup sûr, un démenti sanglant à la parole du grand chancelier! Des millions d'Allemands ont été mis hors de combat, et des centaines de mille sont déjà morts, pour essayer de galvaniser l'Autriche, de lui conserver ses provinces latines ou slaves et de maintenir contre le droit des nationalités le régime d'oppression et de persécution des peuples.

Quand l'empereur Guillaume balbutie « devant sa conscience et devant Dieu » des excuses pour la déclaration de la guerre et s'efforce d'en imputer la responsabilité aux puissances qui, pendant quarante ans, n'ont pas su se préparer à la soutenir de toutes leurs forces, il joue la comédie suivant son habitude, mais une comédie sinistre où le mensonge ne réussit plus à faire des dupes. Nuls pays n'étaient plus pacifiques que la France et l'Angleterre; ils n'avaient cessé de donner des gages de leur volonté de maintenir la paix dans toutes les crises qu'a traversée l'Europe et qui parfois, comme en 1905, en 1908 et en 1913 — pour le Maroc, la Bosnie-Herzégovine et Scutari — avaient été sur le point d'aboutir au même résultat qu'au mois d'août de l'année dernière. S'il était advenu qu'à Londres et à Paris on fût contraint, comme aux temps de Casablanca et d'Agadir, de relever plus fermement les menaces allemandes, c'était dans un sentiment de dignité facile à comprendre et pour prévenir le retour de faits qui étaient précisément de nature à provoquer le grand conflit.

Quant à la Russie, peut-on dire que, depuis les grosses erreurs commises à son préjudice par la diplomatie bismarckienne au Congrès de Berlin, elle ne se soit pas constamment appliquée à réserver l'avenir et à faire preuve d'autant de modération que de prudence? Loin de pousser les Slaves aux mouvements d'émancipation qui étaient la conséquence de leurs besoins et de leur histoire, elle les a plutôt contenus. On ne pouvait assurément lui demander de se faire la servante de l'Autriche ou simplement sa complaisante, et de favoriser par nonchalance ou par oubli de ses traditions, les appétits des Habsbourg. On ne pouvait lui demander de céder aux ambitions Magyares la suprématie sur des domaines où son autorité spirituelle devait en toute justice s'exercer. Mais ceci dit, quelle est la concession qu'elle n'ait pas consentie aux sentiments de paix et d'apaisement qui se faisaient jour dans les Conférences européennes et qui n'avaient jamais pour adversaires (mais qui, par contre, les avaient toujours) que les représentants des gouvernements Hongrois et Allemands?

Ce qui est arrivé ne s'est donc produit que parce qu'on l'a voulu de propos délibéré à Berlin, à Vienne et à Pest. Et la cause en est non pas dans les oppositions d'intérêts entre l'Allemagne et l'Angleterre, ou dans les espoirs de revanche de la France vaincue et démembrée, mais dans les inquiétudes de l'Autriche qui voyait s'effondrer son rêve oriental, se préparer la dislocation de son royaume et grandir à côté d'elle des nations vigoureuses et pleines d'avenir. Elle est aussi, et au même titre, dans l'orgueil incommensurable de l'Allemagne, jalouse de s'imposer à l'Univers, dans son ambition de continuer à s'enrichir et à s'accroître, dans le besoin qu'elle avait de faire pénétrer ses tentacules partout où elle pouvait trouver des sources de profit, dans sa passion de dominer et de paraître. Rien ne symbolise mieux la Germanie allant à la conquête du monde que le voyage de son empereur en Palestine, entonnant le chorus de Luther sur le mont des Oliviers, inaugurant l'église du Rédempteur avec le casque et la cuirasse, couvert, par derrière, de la nuque aux talons, d'étoffes de soie blanche lamée d'or. Il avait été salué, à son passage à Constantinople, comme le successeur de Frédéric Barberousse, venu là sept-cents ans auparavant, et déjà on le célébrait, sous le nom de Hadji Mohammed Ghillioun, comme le futur « empereur Islamique » appelé à régner sur les harems de l'Occident.

Qu'on s'étonne maintenant que la Turquie ait pris place non pas à côté mais au-dessous des deux empires qui ont mis les nations d'Europe à feu et à sang! Elle ne pouvait pas moins faire. Elle était leur proie désignée, et c'est d'elle, c'est de ses entrailles décomposées que sont venus les germes de mort dont toutes les parties du globe terrestre sont infectées. Pour les éviter, il aurait fallu pouvoir lui rendre la vie et la santé, lui donner l'indépendance et la soustraire à la domesticité que ses gouvernants et ses sultans revendiquaient comme un honneur et une garantie de durée. Certains s'y sont employés, mais en vain. Ils n'ont certes pas à regretter leur tentative, dont le succès aurait conjuré de grands malheurs. Ce n'est pas le moment de s'expliquer sur elle et de dire les causes de son échec. On aura plus tard à les apprécier. Peut-être la maladie était-elle trop avancée, peut-être ses ravages étaient-ils déjà trop grands.

Quelle sera la suite (non pas la fin, car rien ne finit) de cette terrible aventure? « Ce sont en ce moment, écrit M. Aulneau, les armées alliées qui font l'histoire » et c'est de leur succès que dépendra la reconstitution générale qui réparera les erreurs et les injustices d'autrefois. Oui, et c'est surtout, comme le dit encore M. Aulneau, de l'opération qui se poursuit aux Dardanelles que sortira le régine futur des pays dont les intérêts primordiaux sont à l'origine de la guerre. Il faut donc que cette opération réussisse, et on ne doit pas hésiter à y mettre le prix. Son insuccès serait un désastre pour la cause de la civilisation mondiale. On pouvait ne pas tenter la conquête de Constantinople, on pouvait surtout la tenter autrement. Mais dès lors qu'on l'a entreprise, il faut qu'elle s'accomplisse. Autrement, ce serait un recul incalculable pour les idées qu'incarnent les peuples libres et sains de corps et d'esprit.

Le livre de M. Aulneau, parfaitement documenté, clairement écrit et composé, présentant l'histoire sous une forme méthodique et bien résumée, permet de se rendre un compte exact de ces vérités. Il sera lu avec agrément et utilité, et je ne puis que le signaler à ceux que ces graves questions intéressent, c'est-à-dire en somme à tous les Français qui ont à cœur de bien connaître les causes et de pressentir l'issue de la lutte par laquelle ils sont si douloureusement éprouvés.

S. Pichon.

LA TURQUIE

ET

LA GUERRE

INTRODUCTION

« Dès qu'il y eût des Turcs en Europe, il y eût une question d'Orient, et dès que la Russie fut une puissance européenne elle prétendit résoudre cette question à son profit. Pour devenir une puissance européenne, il lui fallut compter avec la Prusse ; pour résoudre la question d'Orient, il lui fallut compter avec l'Autriche. C'est ainsi que la Prusse, qui n'avait point d'intérêt direct dans les affaires orientales, fut amenée à y jouer un rôle souvent prépondérant et que l'Autriche, étant mêlée à toutes les grandes affaires de l'Europe, il n'y eût point d'affaire européenne qui n'exerçât son influence en Orient ou ne subît l'influence des complications orientales. » Tout le problème oriental est résumé d'une façon saisissante dans cette phrase de notre maître Albert Sorel. La question d'Orient a été, en effet, un conflit entre le Turc qui dominait en Europe, les peuples jadis conquis par lui et qui voulaient s'émanciper, et les puissances européennes qui intervenaient dans le conflit par suite de leurs intérêts et de leurs ambitions politiques.

L'Orient avait été, au XVIIIe siècle, la cause des grandes

guerres européennes et de cet état de trouble où avait vécu la diplomatie jusqu'aux guerres de la Révolution. L'alliance entre la Prusse et la Russie, cimentée après 1764, par leurs ambitions communes en Pologne, était devenue, après 1768, la Triple Alliance par l'adhésion de l'Autriche. Or celle-ci était déjà alliée à la Russie, depuis 1727, à cause de ces mêmes affaires de Pologne et elle venait d'abandonner la Silésie à la Prusse pour un morceau de ce royaume. Née de la question d'Orient, fondée sur le partage de la Pologne, la Triple Alliance avait été le moyen de concilier des ambitions contraires en les satisfaisant, de faire disparaître les causes de rivalités en créant un équilibre — factice il est vrai — dans l'Europe centrale. Cette alliance étant sortie del'oppos ition des convoitises, non de la communauté des intérêts, les jalousies entre les trois États devaient en consommer la ruine. Ils avaient partagé la Pologne en 1772, mais les rivalités qui existaient entre eux n'avaient point disparu. Le partage était une œuvre inique; il portait en lui-même des conséquences inévitables qui seraient des motifs de guerre : « Pour l'éternelle revanche du droit contre la force, les entreprises mal conçues et les traités abusifs trouvent leur sanction dans les inextricables embarras qui en sont le résultat. »

La Triple Alliance, établie en 1772, allait dominer les affaires européennes pendant la fin du XVIIIe siècle. Le premier partage de la Pologne devait être suivi des partages de 1793 et 1795. En même temps que la Pologne s'effondrait sous les coups des trois alliés, la Turquie était ébranlée par les victoires russes sur le Danube et à Tchesmé. Un plan de conquête de l'Empire turc était élaboré, moins facile à réaliser, semble-t-il, que le partage de la Pologne. Puis ce fut contre la France de Louis XVI que les projets de partage eurent cours à nouveau. La Prusse devenue à moitié slave ne put se défendre sur le Rhin, et l'Autriche qui voulait dominer l'Allemagne la soutint mal contre les généraux de la Révolution. Ce fut la question d'Orient et la question de Pologne qui firent naître la guerre de 1812. Et la Triple Alliance reparaissait à nouveau : l'Autriche et la Prusse avaient appelé à leur secours la Russie, lui montrant ainsi le chemin de Berlin et de Vienne et lui ouvrant celui de Constantinople.

La Triple Alliance entre Russie, Prusse et Autriche, née de la question d'Orient, dirigeait, à part quelques exceptions (1809-1812), les affaires d'Europe jusqu'en 1866. Elle se reconstituait après 1870, pour recevoir, en 1878, à propos des affaires balkaniques, un choc fatal; cette question d'Orient allait, en 1914, causer sa ruine. L'Orient avait rapproché les trois Empires, l'Orient les divisait. Les rivalités entre eux se manifestèrent à propos de l'Orient et furent plus fortes que les intérêts qui, un instant, les avaient unis.

Certaines puissances européennes ont ainsi des intérêts en Orient. D'abord la Russie qui a un intérêt d'expansion vers la mer libre; l'Autriche un intérêt de convoitise autant que de sécurité et de garantie sur le Danube, frontière naturelle de l'Empire; l'Allemagne, prolifique, commerçante, qui veut avoir un débouché sur la Méditerranée; l'Angleterre qui a un intérêt de négoce avec les Indes et la France un intérêt d'équilibre et de liberté des mers pour la facilité des transactions. En s'alliant, tantôt avec l'un, tantôt avec l'autre, pour réfréner les ambitions qui se faisaient jour, la Turquie maintenait cet équilibre nécessaire à la paix du monde.

Elle espérait conserver les territoires qu'elle avait conquis, tandis que les nationalités qui les peuplaient voulaient se libérer et vivre indépendantes. Les puissances européennes, suivant les nécessités du moment, chercheront, soit à maintenir l'Empire turc en prévenant toute intervention, soit à en précipiter la ruine. Les difficultés de la question d'Orient résident dans cet enchevêtrement d'intérêts. Mais les acteurs changent, les rôles qu'ils tiennent se modifient. Plus que jamais l'Orient devient le pays des invraisemblances.

N'est-il pas surprenant, par exemple, de voir l'Empire austro-hongrois et les pays qui relèvent de la Couronne de Saint-Etienne maintenant alliés au Grand Turc? Ce revirement si profond dans la politique suivie par Vienne et par Budapest depuis des siècles, alors qu'ils ont sans cesse défendu le drapeau de la Chrétienté contre le Croissant, rouge du sang de tant de victimes chrétiennes, voilà qui surprend les esprits! Se peut-il qu'on modifie si subitement une politique traditionnelle pour satisfaire des appétits et des désirs immodérés d'agrandissements territoriaux? Voilà où sa politique anti-slave a mené l'Autriche. Pour dominer l'Orient, elle s'allie à l'ennemi séculaire des Slaves, le Turc, jadis leur oppresseur, aujourd'hui vaincu par eux. Plus que jamais on peut dire que l'Autriche a toujours retardé dans ses conceptions politiques; elle devient l'alliée des Turcs alors que leur Empire chancelle. Et que dire de l'alliance germano-turque? Le créateur de l'Allemagne moderne, Bismarck, n'affirmait-il pas que l'Orient ne valait pas les os d'un grenadier poméranien?

En contractant ces nouvelles alliances, le Turc a abandonné son alliée séculaire, la France, à laquelle il était uni depuis François Ier. A part quelques exceptions, la France et la Turquie, depuis quatre cents ans, n'avaient jamais failli à une entente que scellaient des intérêts communs puissamment établis. Le Turc provoque ce renversement des alliances et lutte avec les puissances germaniques contre la France, alors que jadis il combattait contre elles à notre profit.

La solution de la question d'Orient, avec ses étranges complexités, était d'une importance essentielle, non seulement pour ces puissances, mais même pour l'humanité entière, afin que des populations actives, jeunes, pussent remplacer, sur des territoires, insuffisamment productifs d'hommes et de choses, un peuple qui les étouffait. Il fallait que l'histoire revint à ses origines, lorsque, sous le monde romain, l'Orient et l'Occident se rejoignaient, unissant leurs lois, leurs âmes, leurs mœurs, leurs industries, afin que l'Europe prêtât à des peuples, longtemps esclaves, les bienfaits de sa civilisation et de son négoce, afin que l'activité commerciale de la Méditerranée, ce grand lac international, accrue depuis le percement de Suez, fut, comme jadis, le véhicule des idées et du progrès, afin que l'Asie Mineure enfin restât, au profit de la collectivité, par la liberté des transactions, le lien terreste entre l'Extrême-Orient et les pays européens.

Et cet Empire était menacé par les aspirations des nationalités subjuguées, mais qui n'oubliaient pas leur ancienne indépendance. Peu à peu les populations slaves, grecques, arméniennes, arabes, aussi bien chrétiennes que catholiques et musulmanes se détachaient emportant de grands lambeaux de territoires. L'Empire turc s'écroule. Comment le ressusciter avec sa population tarie et son prestige éteint ? Comment refaire un jeune et vigoureux Empire avec un peuple épuisé ? Comment relever même Constantinople qui ne règne plus sur la mer Noire, sur la Tartarie et le Caucase, sur les provinces moldo-valaques et serbes, bulgares, grecques et albanaises, qui a perdu pied en Afrique et voit se soustraire à ses lois et la Géorgie, et la Syrie et l'Arabie ?

La France et l'Angleterre avaient soutenu le principe de l'intégrité de l'Empire ottoman, mais ce principe était fondé sur une politique de réformes respectant les droits des nationalités. La France avait voulu que la Turquie se réformât, car elle avait cru qu'elle le pouvait. L'existence de la Turquie, c'était la possibilité pour la France de conserver en Orient les intérêts qu'elle y possédait. Du reste, un partage de la Turquie au XIXe siècle, c'était une guerre européenne dans des conditions peut-être déplorables pour la France. Mais si la Turquie ne se réformait pas, elle succomberait d'elle-même sous les coups des nationalités qu'elle opprimait. Or, la Turquie pouvait-elle se réformer ?

L'Empire ottoman n'était qu'une magnifique théocratie et reposait sur deux éléments essentiels : le fanatisme et la conquête. L'esprit de prosélytisme était inséparable chez le Turc de l'esprit de conquête. La religion dans l'Orient est le mobile des peuples. Leur nationalité est dans le dogme, leur destinée dans la foi. L'esprit de conquête qui les soulève est l'esprit de propagande. Ce caractère des peuples d'Orient est plus fortement marqué dans la race turque que dans toute autre. Les Turcs se sont crus les élus de Dieu, destinés à asservir les nations qui n'avaient pas leurs croyances. Ils n'étaient point un peuple de commerçants, d'agriculteurs, d'administrateurs. Les voilà, quittant leurs troupeaux, leurs campements, leurs terres, à la voix du Prophète, pour détruire en Perse la barbarie, à Constantinople, en Europe, la luxure, la débauche et le crime. Aux peuples de la Perse, de l'Egypte, de l'Asie Mineure, épuisés, vieux, aux Arabes qui n'étaient qu'une collection de tribus et de hordes, se substituait un peuple qui sortait, aux cris de l'Islamisme, du fond de ses solitudes, avec sa jeunesse, son enthousiasme, son héroïsme. La religion de Mahomet devait faire la grandeur du peuple turc.

Tant que ces principes d'où elle dérivait subsistèrent, la Turquie fut brillante. Mais le jour où la nation n'aurait plus le zèle religieux qui l'avait poussée à propager ses dogmes, le jour où elle aurait perdu les énergies et l'idéal du conquérant, où les populations qu'elle avait soumises et qu'elle pressurait se seraient toutes affranchies, comment pourrait-elle se maintenir en Europe ?

Peu à peu, « la tige glorieuse d'Osman serait étouffée par les parasites qui se greffaient sur son tronc » ; partout les Chrétiens chasseraient les Ottomans, jusqu'au jour où, sur cette terre d'Europe qu'ils avaient envahie cinq siècles auparavant, ils ne posséderaient qu'un îlot avec Constantinople, plutôt grecque et internationale qu'islamique.

En voyant la Turquie menacée, on lui parla de réformes. Mais une réforme de l'Empire supposait précisément une modification des principes sur lesquels il reposait par suite de ses origines mêmes.

Le Mahométisme, qui a fondé l'État, lors de l'invasion en Europe, en est resté le régulateur absolu. Ainsi le Code civil est contenu dans le Coran qui règle le statut des personnes et des biens en même temps qu'il fixe les prescriptions religieuses. La loi civile et la loi religieuse sont confondues. L'organisme international s'identifie avec le dogme et il garde comme lui son caractère immuable et exclusif[1]. D'où la difficulté d'y laisser pénétrer les idées modernes pour faire participer l'État à cette régénération, résultat du progrès des idées et des mœurs. Il faut alors séculariser l'État sur lequel repose la loi musulmane et qui n'admet pas la participation des Chrétiens, des raïas à la vie publique, le rendre indépendant de la loi religieuse. Y peut-on parvenir avec un peuple ignorant, fanatique, qui entend garder les traditions de la conquête, les institutions qui ont fait jadis sa grandeur et sont à ses yeux la meilleure sauvegarde, à l'intérieur contre les infidèles, à l'extérieur contre les ambitions des États voisins?

Les Sultans ont beau modifier la condition politique des Musulmans, ils ne peuvent changer leur condition sociale, les empêcher de réclamer comme leurs droits la pratique d'abus séculaires qui sont pour eux légitimes,

1. Voir Engelhardt, *La Turquie et le Tanzimât*, II vol. Paris, Cotillon, 1882, t. I, p. 4.

parce qu'ils les différencient des raïas auxquels nul texte législatif ne saurait les assimiler : le Coran le leur interdit. Voici donc un obstacle insurmontable à toute réforme de l'Empire.

Aussi, les réformes tentées n'ont jamais pu donner un résultat définitif. En 1856, de même qu'en 1876 et en 1908, le Turc, tout en accordant l'égalité aux Chrétiens, laissait subsister des causes de conflits. La religion musulmane était toujours religion d'État. La langue turque était obligatoire dans les écoles et était la langue de l'État, et ceci dans un Empire où les religions et les langues sont aussi diverses que les peuples, où la nationalité et la religion sont inséparables. La Turquie n'était pas une comme la France de la Révolution proclamant l'égalité des hommes, mais un Empire fait de nationalités juxtaposées : Slaves, Albanais, Grecs, Arabes, Druses, Maronites, Arméniens, tandis que les religions musulmane, catholique, juive, orthodoxe, l'exarchat bulgare et le patriarchat grec, formaient le cadre de ses races, résumaient leurs aspirations. Était-il possible que, par le seul effort de la loi, il n'y eût plus que des citoyens ottomans animés des mêmes sentiments, du même idéal national?

Les traces de la conquête, en dépit de l'octroi de réformes qui n'étaient que des promesses solennelles, subsistaient donc dans les institutions, dans les mœurs, dans la loi même du Coran qui proclamait la supériorité du Musulman. Et puis les Chrétiens, longtemps opprimés, pouvaient-ils oublier si vite les souffrances qu'ils avaient endurées pendant des siècles? Les rancunes, les appétits n'avaient point disparu. Il semblait même que chaque concession faite augmentait les revendications des vaincus; maintenant ils se sentaient redoutables et leurs ambitions historiques, dépassant le cadre des réformes politiques et constitutionnelles qu'on pouvait leur octroyer, visaient aux destinées, à la grandeur de la race. Ainsi les réformes accordées par les Musulmans se trouvaient être insuffisantes, soit qu'elles fussent incompatibles avec la structure même de l'Empire, soit que les nationalités ne voulussent pas abandonner leurs traditions.

Mais si l'Empire ne se réformait pas, il ne pourrait subsister. Menacé, comme nous l'avons dit, par la coalition des ambitions européennes, par les revendications des nationalités, il ne serait plus assez fort pour leur résister. Peu à peu cet État, constitué de façon anormale, reposant sur des principes qui n'étaient plus de mise dans l'Europe moderne, s'effondrerait sous les attaques qui lui seraient portées. D'où les démembrements successifs auxquels nous fait assister une révision rapide de l'histoire de la Turquie, depuis son établissement en Europe. En étudiant chacun des peuples qui composaient l'Empire turc, nous voyons comment, à mesure que les réformes nécessaires ne sont pas accordées au moment voulu, ces peuples grandissent et s'émancipent, et nous voyons ainsi comment il s'affaiblit par la formation, sur son sol même, d'États indépendants.

Il ne conserve plus bientôt que Constantinople et une petite partie de la Thrace que la guerre actuelle, dans laquelle il s'est imprudemment lancé, menace de lui faire perdre, en le refoulant en Asie.

C'est ainsi que se posait, après la conquête turque, ce qu'on a appelé la question d'Orient. Cette question d'Orient par ses origines, par son développement même était une question européenne, elle ne pouvait trouver de solution que dans un bouleversement du système de l'équilibre européen. Elle était donc aussi fatalement une cause de crises nouvelles dans cette Europe soumise depuis tant de siècles aux fluctuations de la politique et des intérêts.

CHAPITRE PREMIER

LES TURCS EN EUROPE

LES PREMIERS REVERS

I

L'un des deux piliers de ce superbe édifice qu'avaient fondé les Césars, l'Empire romain d'Occident, s'était écroulé, après Constantin et Théodore le Grand, sous les coups répétés des barbares. Celui de Constantinople subsistait encore, mais il n'avait plus pour le maintenir l'unité de la foi, il était miné à sa base par des querelles religieuses qui enfantaient d'innombrables hérésies ; il était affaibli par d'incessantes rivalités de palais, dues à un despotisme sans frein, et par les pires débauches orientales; il n'avait plus aucune force à opposer aux envahisseurs. S'il avait repoussé les invasions arabes et bulgares, il voyait les Turcs, venus de Chine, accompagnés de Huns et de Mongols, disparaissant sous leurs pesantes armures, coiffés d'énormes bonnets et semblant aux minces Européens des monstres difformes et effroyables, s'étendre lentement vers l'ouest au début du XIe siècle, enlever Jérusalem aux Khalifes du Caire, après avoir dominé ceux de Bagdad, conquérir l'Arménie, la Syrie, et une grande partie de l'Arabie. Ce furent bientôt des persécutions insoutenables pour les Chrétiens de Palestine. Ces tribus errantes et belliqueuses étaient mues par une foi religieuse nouvelle et ardente qui les unissait, et elles s'ébranlaient pour la répandre. L'Islam partait en guerre contre le christianisme et menaçait le Bosphore. Les Grecs appelèrent à leur secours l'Occident, et le Pape Urbain II sollicita la Chrétienté de « lever l'étendard contre les infidèles. »

Les Francs avaient sauvé, à Poitiers (732), la civilisation menacée par les Arabes; ils prenaient maintenant les armes pour délivrer le tombeau du Christ. C'est de France que part cet admirable mouvement de prosélytisme que rien ne peut arrêter, auquel se rallient comtes, barons, chevaliers, paysans, tout le peuple enfin. La foi, l'enthousiasme, l'amour de l'inconnu, les entraînent; des multitudes entières se portent sur l'Allemagne et sur l'Italie, en route vers l'Asie Mineure. La Croisade, ce fut la France en marche vers l'Orient. Les chroniqueurs de l'époque parlent de foules incalculables massacrées dans des combats divers; les historiens modernes estiment à 600.000 les croisés qui périrent entre Nicée et Jérusalem. Cette première Croisade, la plus grande de toutes, après avoir conquis la Syrie et la Palestine, repris Jérusalem, en 1099, fondait l'Empire latin d'Orient avec Godefroy de Bouillon. Mais resserré sur une côte étroite, en butte aux attaques des empires musulmans, ne recevant pas de la France, épuisée par des envois de chevaliers, de soldats et d'argent, les secours suffisants, le nouveau royaume devait bientôt succomber. En 1187, Jérusalem était emportée. Nous avions résisté près de deux siècles! Mais là-bas, sur cette terre d'Asie, nous avions enfoncé profondément dans le sol le souvenir de la France qui devait y rester toujours vivace, comme une espérance, comme un droit historique.

Cet effort des Français devait se poursuivre encore

pendant près de cent ans, avec Louis VII, Philippe-Auguste, Saint-Louis, dont la douce et noble figure plane au-dessus des Croisades, au point d'en être la vivante incarnation, avec les souverains allemands, Conrad III et Frédéric Barberousse, le Roi d'Angleterre, Richard Cœur-de-Lion, le Doge de Venise, Dandolo. La quatrième Croisade, celle que dirigèrent seuls les grands seigneurs de France et d'Italie, s'emparait, en 1204, de Constantinople, renversant l'Empire grec, établissant, avec Baudouin Ier, l'Empire latin. Sous l'effort civilisateur des Français, les jeunes États chrétiens des Balkans s'organisent : Serbie, Bulgarie ; tandis que se fondent des fiefs, des seigneuries et des États francs que possèdent les princes de Morée et d'Achaïe, les ducs d'Athènes et de l'Archipel, les marquis de Bodonitza, les comtes de Céphalonie, les rois de Thessalonique. La Grèce est devenue une « seconde France », où font souche de lignées féodales les seigneurs de la Roche-sur-l'Ognon, les Villehardouin, les Brienne, les Champlitte ; elle se couvre de châteaux forts construits sur le modèle des nôtres, portant des noms français ; elle reçoit des cathédrales bâties dans le style ogival ; elle retentit de nos chansons de gestes et des poèmes de la Table ronde, adaptés à sa langue par les romanciers grecs. Un siècle après la conquête, un chroniqueur catalan, Ramon Muntauer, disait : « Les princes de Morée prennent leurs femmes dans les meilleures maisons françaises. Ainsi font leurs vassaux, barons et chevaliers, qui ne sont jamais mariés qu'à des femmes descendues des chevaliers de France. Aussi, disait-on que la plus noble chevalerie du monde était la chevalerie française de Morée. On y parlait aussi bon français qu'à Paris [1] ».

Si ces royaumes et ces principautés ne purent résister

1. E. Lavisse, *Histoire de France*, t. III, p. 388, Paris, 1901, et Buchon, *Recherches et matériaux pour servir à une histoire de la domination française aux* XIIe, XIVe *et* XVe *siècles, dans l'Empire grec*, 1840.

aux Turcs, autant par suite de leurs discordes que parce que des divergences religieuses trop profondes séparaient des seigneurs francs, la masse du peuple demeurée inexorablement orthodoxe, au moins tous les établissements qui avaient été fondés à la suite des Croisades, en Asie Mineure, à Chypre, dans les Balkans, étaient français ; nos barons avaient établi pour des siècles, dans ces contrées, notre langue, nos mœurs, nos lois, notre civilisation, et même jusqu'à un certain point nos habitudes religieuses ; l'Orient était pénétré, enveloppé des influences occidentales. Enfin, la France, avec ses Croisades, avait retardé la marche des Turcs, qui ne s'emparèrent qu'en 1453 de Constantinople, près de quatre cents ans après leur arrivée en Syrie ; elle avait même sauvé l'Europe de l'invasion, permettant pendant des siècles à la Pologne, à la Hongrie, à l'Autriche, de sortir de leur torpeur, de secouer les langes anarchiques de la barbarie et de s'organiser en États. Et puis, les Croisades avaient préparé l'octroi des Capitulations que nous devions bientôt obtenir et avec lesquelles nous entrons dans une période de transition, celle où la politique d'intérêt va succéder à la politique de principe morte avec l'enthousiasme des foules et l'apostolat religieux.

La France cessera de considérer les Turcs comme des usurpateurs violents, oubliera leurs conquêtes qu'elle ne peut plus renverser, et pour les nécessités de sa politique conclura avec eux l'alliance célèbre de François Ier et de Soliman le Magnifique. Si François Ier, après le désastre de Pavie, pour combattre l'ambitieux Charles-Quint, c'est-à-dire la puissance allemande et la puissance espagnole réunies sur une même tête, consommait ce qu'on a appelé l'alliance sacrilège de « La Croix et du Croissant », ce n'était pas sans arrière-pensée religieuse et sans défendre les intérêts de la foi. Le traité de 1536, signé par La Forest, reconnaissait aux Français en Turquie, et aux « amis de l'empereur de France », des privilèges religieux en même temps que politiques et commerciaux. Ils pouvaient exercer leur religion et se rendre aux Lieux-Saints; ils jouissaient du bénéfice de l'exterritorialité, c'est-à-dire qu'ils n'étaient pas soumis à l'autorité musulmane; ils pouvaient commercer librement. C'est ce qu'on a appelé les Capitulations, nom qui fut attribué par l'orgueil musulman à ces actes comme à des clauses accordées au vaincu par le vainqueur.

Telles étaient les raisons de notre alliance avec la Turquie.

Les immenses concessions qui nous étaient faites et qui établissaient la suprématie de la France dans le Levant furent précisées, étendues par des actes successifs jusqu'en 1740. Le traité que signa alors le marquis de Villeneuve grandit singulièrement le prestige de la France; nos privilèges étaient maintenus, nos droits historiques et politiques solennellement confirmés, et de plus, l'ambassadeur, après les acquisitions territoriales qu'il avait fait obtenir aux Turcs sur l'Autriche, devenait le conseiller le plus écouté du Sultan, un véritable premier ministre sans portefeuille, et comme on l'a dit : « Le grand Vizir des Chrétiens. »

Les avantages que procura à la France l'alliance avec la Turquie furent considérables, d'abord au point de vue religieux. La sécurité complète était reconnue à tous les catholiques français qui voyageaient en Orient et qui se rendaient aux Lieux-Saints, ou à tous ceux qui se plaçaient sous la protection de la « bannière de France ».

Aussi le Pape, les Rois d'Angleterre et d'Ecosse s'empressèrent-ils d'adhérer au traité de 1536. Peu à peu nous obtînmes que nos missionnaires, nos établissements religieux et les Chrétiens de l'Empire ottoman qui se réclamaient du Roi de France fussent protégés par nous, et en principe l'extension de la protection devint très grande. Ainsi s'établissaient les droits de la France au protectorat des catholiques d'Orient, mais ce protectorat reposait plutôt sur l'usage et la tradition que sur les textes; plus tard, les traités internationaux et les actes du Saint-Siège devaient le reconnaître en droit et lui donner une consécration juridique, alors que depuis longtemps il existait en fait.

A côté de ces privilèges religieux, il nous était accordé en Orient des avantages commerciaux et politiques. Ces avantages commerciaux assurèrent la prospérité du commerce français et surtout de Marseille, qui, grâce aux Capitulations, devait singulièrement se développer. La Turquie fut pour nous comme une espèce de colonie; nous y envoyions nos produits. Marseille allait chercher à Alexandrie, à Beyrouth, à Tripoli de Syrie, les épices, les étoffes de soie, les tapis, les parfums d'Extrême-Orient qui arrivaient en caravanes, et déjà, vers 1600, le commerce du Levant occupait mille vaisseaux et rapportait trente millions de livres.

Enfin l'alliance avec la Turquie fut la base de notre politique extérieure, nous permettant tour à tour, soit de combattre la puissance allemande, soit de limiter en Orient les progrès de la Russie, soit de défendre nos clients naturels, les petits États comme la Pologne et la Suède. Aux heures difficiles des grandes coalitions, les Turcs restaient les alliés fidèles occupant nos ennemis du côté de l'Orient.

II

Les Turcs, vainqueurs des Chrétiens, se sont étendus au-delà du Danube, en Hongrie et sur la mer Noire. Les puissances, pour se délivrer du danger qui les menace, vont se grouper contre eux. L'Empereur Léopold est impuissant à les repousser seul; à l'appel du pape Alexandre VII, un souverain catholique offrira le premier son concours. Louis XIV est tout imprégné de la vieille idée de la Croisade contre les Infidèles. Il envoie à l'Empereur un corps de 6.000 hommes qui prennent part à la bataille victorieuse du Saint-Gothard (1664); un autre corps débarque en Crête pour dégager la garnison de Candie (1667). L'ancienne alliance avec la Turquie venait d'être rompue par le Grand Roi, mais pour un temps seulement.

Cependant les Turcs ont pris Bude; ils avancent jusqu'à Vienne qu'ils ont même assiégée (1683), et ils entrent en lutte contre le roi de Pologne, Jean Sobieski. Affaiblis par les douceurs de la conquête, ils perdent la bataille du Khalenberg (1683), et cet échec va marquer la fin de leur puissance en Europe. Contre eux se forme la Sainte-Ligue avec l'Empereur, la Pologne, la République de Venise, Malte (1683), le Tsar de Moscovie (1686) ; c'est une quatorzième Croisade, comme on l'appela ; « Le moment est venu ou jamais déclare Sobieski, d'expulser de l'Europe les Ottomans. »

Sous la réaction offensive des Chrétiens, les Turcs évacuent Bude, Belgrade, et doivent signer le traité de Carlowitz (1699) qui leur enlèvera la Hongrie, la Transylvanie, l'Exclavonie, la Podolie, puis, après les défaites que leur infligea le prince Eugène (Peterwardein 1716), la paix humiliante de Passarowitz (1718). Celle-ci donnait à l'Autriche la Valachie occidentale sur la rive gauche du Danube et certaines parcelles de la Bosnie sur la rive droite avec une grande partie de la Serbie.

Une nouvelle campagne allait s'engager bientôt; elle devait mettre la Turquie à deux doigts de sa perte. Attaquée par l'Autriche et la Russie, elle aurait succombé si la France, représentée à Constantinople par le marquis de Villeneuve, ne lui avait prêté son appui moral, et n'avait obtenu pour elle certaines concessions, au traité de Belgrade (1739). Elle recouvrait les territoires, dont la Serbie, que le traité de Passarowitz lui avait fait perdre. Nous avions alors sauvé la Turquie de sa perte et en même temps nous avions fait reculer l'Autriche qui abandonnait les territoires conquis par le prince Eugène, l'Autriche contre laquelle nous luttions en Occident pour conserver au Roi Stanislas Leckzinski la couronne de Pologne.

III

Pendant la période qui suivit, un revirement politique s'opérait dans notre diplomatie ; ce fut le renversement des alliances. Nous soutinmes l'Autriche pendant la guerre de Sept ans contre la Prusse de Frédéric II, après l'avoir combattue pendant deux siècles, notamment de 1740 à 1748, avec ce même roi de Prusse, désormais notre ennemi. Qui plus est, le Dauphin épousait une archiduchesse. Les Turcs, gens de routine, ne comprirent guère cette modification radicale dans notre système d'alliances destiné à s'opposer aux ambitions prussiennes; aussi plus tard accueillirent-ils avec plaisir la révolution française, car « ce gouvernement étant femme ne pourrait épouser une archiduchesse ». En même temps qu'elle s'alliait avec l'Autriche, la France entretenait de bonnes relations avec la Russie, quoique Louis XV, par sa diplomatie occulte, ne cessât de rester en contact avec ses alliés traditionnels ennemis de la Russie : Suède, Pologne, Turquie.

Voici que se pose à nouveau la question de Pologne, à la mort d'Auguste III : elle va, comme en 1733, avoir son contre-coup en Orient. Catherine de Russie veut y implanter son candidat Poniatowiski; la noblesse, soutenue par la France, s'y oppose, et pour défendre notre vieille alliée nous intriguons contre la Russie en rappelant au Sultan quel intérêt il possède à maintenir l'intégrité de la Pologne. Les empiétements de la Russie le menacent autant que les Polonais, il faut les prévenir aussi bien sur la Vistule que sur le Dniester. La Tsarine en effet envoie des troupes vers le sud de la Pologne en violant le territoire turc à Balta. Le sultan Mustapha III demande des explications et déclare la guerre à la Russie (1768).

Les Russes s'avancent à travers les Principautés moldo-valaques, franchissent le Danube, et pénètrent dans les Balkans, pendant que leur flotte, l'année suivante, incendie les bateaux turcs à Tchesmé (1770). L'Empire ottoman sembla près de sa ruine ; on crut que les Russes allaient forcer les Dardanelles. La France, affaiblie par la guerre de Sept ans, ne pouvait venir au secours de son alliée. En même temps que la Pologne s'effondrait sous les coups des trois alliés, la Turquie était ébranlée par les victoires russes. Ce fut le dernier cri de l'islamisme en Europe : « une nation blonde avait surgi pour détruire la Turquie ». Chaque année depuis, une pierre se détachera de ce monument, un instant grandiose, qui s'affaissera peu à peu, soutenu uniquement par la coalition des ambitions contraires, par la fiction diplomatique de l'intégrité de l'Empire turc.

La Turquie signa alors le traité désastreux de Koutchouk-Kaïnardji (1774) qui lui enlevait le versant septentrional du Caucase, Kertch, Iénikalé, rendait la Crimée indépendante, accordait à la Russie la libre navigation sur la mer Noire et plaçait les Principautés moldo-valaques, ainsi que les Chrétiens orthodoxes de l'Empire ottoman, sous son protectorat. Ce traité consacrait, peut-on dire, la fin de la puissance turque. En Orient, les droits religieux et les droits politiques sont confondus ; la Russie profitera donc de cette clause du traité de Koutchouk-Kaïnardji pour s'immiscer dans les affaires de la Turquie quand les intérêts si nombreux des Chrétiens orthodoxes se trouveront en jeu. La Turquie devenait ainsi « une sorte de province russe » ; la Russie cherchera à en précipiter la ruine, tandis que les nationalités balkaniques, soutenues par elle, aspireront à l'indépendance.

Catherine II va rêver de rejeter les Turcs en Asie, de s'emparer de Constantinople et d'en faire le siège de l'Empire grec restauré sous la dépendance de la Russie. La complicité des Habsbourg et des Romanoff se manifestera aussi bien contre les Turcs que contre les Polonais. Ensemble ils continueront la croisade contre le Croissant et se partageront les dépouilles de l'Empire turc. Un premier projet de partage est élaboré en 1772, attribuant à la Russie l'est du Balkan : Moldavie, Valachie, Bulgarie, Roumélie avec Constantinople et les Dardanelles, l'ouest à l'Autriche avec la Serbie, la Bosnie-Herzégovine, l'Albanie et la Macédoine. En 1781, il prenait une forme plus précise, prévoyant la formation d'États chrétiens : la Moldo-Valachie avec un prince souverain, l'Empire grec restauré pour Constantin, le second des petits-fils de l'impératrice, pendant que l'Autriche, de la Valachie à l'Adriatique, se constituerait de magnifiques provinces.

La diplomatie française ne peut assister impuissante à ce dépècement de l'Empire turc. Cette question d'Orient était toujours la pierre d'achoppement entre la Russie et nous, et chaque tentative de rapprochement avec la grande puissance du Nord était entravée par ses ambitions sur Constantinople. Nous eûmes alors la pensée d'abandonner la Turquie pour obtenir l'Égypte, la Syrie (projet de M. de Ségur à Saint-Pétersbourg). Notre diplomatie, trop éprise de dogmes, pas assez réaliste, n'était pas faite à l'idée de laisser anéantir l'Empire turc. Elle chercha avec l'Angleterre, son ennemie de la veille, le moyen d'arrêter la Russie. Mais l'Angleterre refusa toute entente avec nous, et la Turquie, sous notre médiation, dut céder la Crimée à la Russie (convention de 1783).

Les ambitions russes ne connurent plus de bornes. Il

y eut en Crimée, à Kherson un voyage triomphal de Catherine et de Potemkin ; des arcs de triomphe portaient en inscription : « chemin de Byzance ». Les Turcs virent dans ce voyage une provocation et l'ambassadeur russe fut jeté au chateau des Sept Tours. Malgré nous et notre ministre Vergennes, les Turcs, qui n'étaient pas prêts, déclarèrent la guerre à la Russie (1787). Or, les débuts de la campagne leur furent favorables. Ils purent d'un côté contenir les Russes, tandis que de l'autre ils battaient les Autrichiens. Mais dans une nouvelle campagne, les Russes reprenaient l'offensive, et les Turcs signaient la paix de Jassy (1792) qui confirmait la Russie dans ses conquêtes précédentes en lui donnant Oschakow. Les affaires de Pologne, vers lesquelles la Tsarine porta toute son attention, l'avaient empêchée de poursuivre ses succès.

IV

La Révolution française éclate et Bonaparte entre victorieux à Venise. Là, il voit la Turquie, affaiblie par trente ans de guerre, battue en brêche par la Russie, attaquée par l'Autriche, menacée de partage et désorganisée par les exactions des Pachas dont quelques-uns, tels ceux de Janina, de Vidin en Bulgarie, de Saint-Jean d'Acre, se rendent indépendants du pouvoir central. Il va reprendre le projet caressé sous Vergennes, celui d'introduire la France dans des provinces turques, où elle établira une solide barrière à l'influence anglaise. Bonaparte fait adjuger à la France, à Campo-Formio, les Iles Ioniennes et propose au Directoire de conquérir la Méditerranée en prenant Gibraltar, Malte, l'Égypte, accomplissant ainsi « ce rêve qui depuis les Croisades hante les imaginations françaises. »

Nos armées occupent Malte, ce nid d'aigle contre lequel se brisa souvent l'effort musulman, le Caire, les Pyramides, où Bonaparte apparut « grand comme le monde », le mont Thabor, pour échouer, comme jadis Philippe-Auguste, devant Saint-Jean d'Acre. On pensa à Paris que nous n'étions pas en guerre avec la Turquie en nous emparant de l'Égypte, puisqu'elle était aux mains des Mameluks, et que les Beys s'y livraient à de nombreux pillages contre le commerce étranger; mais la Turquie néanmoins prit part à la coalition que l'Angleterre et la Russie formèrent contre nous. Voici donc la France en guerre contre sa vieille alliée la Turquie.

Après l'échec de l'expédition d'Égypte, les victoires de Bonaparte sur le continent et la fondation de l'Empire, le grand conquérant reprit ses projets ambitieux sur l'Orient. Il les soumet au Tsar Alexandre à Tilsit; il les précise dans une lettre personnelle de février 1808. « Il faut être plus grands malgré nous... » écrit-il; il pense encore vaincre l'Angleterre aux Indes, en se dressant formidable sur la Méditerranée qu'il débordera par les Balkans, l'Égypte, la Palestine. Il voulait faire plus grand qu'Alexandre, plus grand que tous les conquérants du monde. A la base de l'alliance de Tilsit, il y avait donc un partage de l'Empire ottoman entre la France et la Russie. Mais jusqu'à quel point Napoléon voulut-il un partage sincère avec Alexandre? Ne cherchait-il pas plutôt à entraîner ce souverain contre l'Angleterre? Le voilà déjà, par la convention d'Erfurt, qui lui demande son concours contre l'Autriche, et lui offre en compensation les Principautés moldo-valaques. Voulait-il séduire Alexandre avec de belles promesses pour exécuter à lui seul son projet d'aller aux Indes? Quoi qu'il en soit, le désaccord entre les deux partenaires ne tarda pas à éclater à propos même de l'Orient : en Pologne que Napoléon voulait agrandir avec la Galicie, et dans les Balkans même où l'attribution de Constantinople et des Détroits restait la principale difficulté.

De la formidable guerre qui avait bouleversé l'Europe

centrale depuis 1792, la Turquie sortait presque intacte. La Russie s'était bien installée à côté du Danube, en Bessarabie (traité de 1812), et l'Angleterre en Égypte, mais ce n'étaient là que des occupations à titre temporaire, et la Turquie, n'était pas diminuée par la tourmente. Mais les désirs ambitieux de la Russie, les projets de Napoléon, et surtout les idées de la Révolution française, avaient produit, parmi les nationalités chrétiennes des Balkans, une grande effervescence. Tandis que les potentats voulaient se partager l'Empire turc comme une matière inerte, les peuples chrétiens se réveillaient, perçant la couche épaisse de servage et d'ignorance sous laquelle ils avaient été ensevelis jusque-là.

C'est à partir de 1812, que les nationalités chrétiennes, que dominait la Turquie depuis près de quatre siècles, en Serbie, en Grèce, en Moldo-Valachie, vont renaître à la vie. Jusqu'à présent, l'Empire ottoman avait dû lutter contre les nations étrangères qui voulaient s'approprier ses dépouilles; désormais le travail lent de désagrégation qui doit précipiter sa ruine s'opérera dans son sein même, parmi les peuples qu'il avait conquis. Manifestations splendides des aspirations nationales chez des races longtemps opprimées qui prennent enfin conscience d'elles-mêmes!

En examinant comment ces diverses nationalités se sont peu à peu émancipées du joug ottoman, en décrivant leurs aspirations nationales, leur développement politique au cours du XIXe siècle, nous montrerons par là même les causes d'affaiblissement de l'Empire turc.

Ces nationalités ont des ambitions plus vastes, d'où la lutte continuelle contre le Turc pour recouvrer les territoires peuplés de la même race et jadis indépendants. La politique de la Turquie sera de résister à ces peuples, mais ici la force ne suffit pas, il faudrait la douceur, la persuasion. Pour prévenir cette dissociation fatale, il serait nécessaire que ces nationalités, qui désirent se réunir à leurs frères de race, eussent profit à vivre sous le drapeau turc! En était-il ainsi? Il semblait au contraire que la Turquie n'accordait pas les réformes indispensables à l'amélioration du sort de ces peuples, et précipitait ainsi une crise fatale.

V

Quels peuples habitent la Péninsule des Balkans sur laquelle s'est étendue la domination turque, cette Péninsule qui va des plateaux élevés de la Bosnie pour s'abaisser vers les vallées croates de la Save et serbes de la Morava, en comprenant la vaste plaine danubienne, et s'étend à travers la Thrace, les vallées de la Mesta et de la Strouma, du Vardar, la plaine macédonienne, la Thessalie, jusqu'à la Méditerranée? Il est difficile de prime abord de fixer exactement l'emplacement des diverses races qui se sont succédé tour à tour dans la Péninsule, les Empires les plus divers les ayant successivement dominées. De même on ne parvient qu'avec peine à dresser une statistique approximative des nations slaves et non slaves, comme par exemple en Macédoine, car le mélange des peuples a produit un véritable amalgame des nationalités. Mais à part la Macédoine, les peuples balkaniques, après des vissicitudes nombreuses, se sont situés dans des parties bien déterminées.

Par rang d'ancienneté, voici le peuple grec qui s'est concentré au sud de la Péninsule balkanique, dans une partie de la Macédoine, et en Albanie où les Pélasges ont été, paraît-il, les ancêtres des Albanais d'aujourd'hui, dans les îles de la mer Egée, sur la côte d'Asie Mineure, et même à Constantinople où leur civilisation rayonna au moyen-âge, et où une colonie des plus importantes y vit encore. Byzance hellénisée prétendit même dominer la Péninsule.

Puis des tribus slaves, chassées des rives du Danube par les Huns, s'établirent au Ve siècle dans l'est, et les Slaves macédoniens en seraient même les descendants. Parmi ces peuples slaves, les Croates habitèrent les vallées de la Save et de la Drave, l'Istrie et la Dalmatie; les Serbes se fixèrent au sud-est des Croates.

Les Bulgares, passant le Danube, envahissaient les plaines situées au nord et au sud. C'étaient, de même que les Huns, les Magyars et les Turcs, des Touraniens venus d'Asie. Ces races se poussaient les unes les autres, ce qui explique, dans plusieurs des territoires de leurs frontières actuelles, les revendications qu'elles font valoir.

Au Xe siècle, au moment où fléchissait la domination grecque, l'Empire bulgare qui avait écrasé les Serbes s'étendait jusqu'à la banlieue de Constantinople, et, au XIe siècle, englobait la Macédoine et l'Albanie. Puis un royaume croate qui infligea de graves défaites aux Bulgares se constituait dans la partie habitée aujourd'hui par les Serbes; et au XIIe siècle, le Royaume de Croatie était uni au Royaume de Hongrie.

Nous voyons au XIIe siècle un nouvel Empire, l'Empire Vlako-Bulgare, formé de Slaves, de Valaques et de Koumans qui entra en lutte contre l'Empire latin de Constantinople, mais sans absorber les pays serbes.

Puis au XIVe siècle, l'Empire du grand Douchan règne sur les pays serbes, la Macédoine, et menace Constantinople. Mais l'invasion turque s'avance; les Serbes alliés aux Croates, aux Bulgares et aux Valaques sont vaincus à Kossovo (1389), Constantinople est prise (1453), et la Péninsule devient turque.

Telles sont les diverses nationalités qui tour à tour, au cours des siècles, se sont fixées dans les Balkans.

CHAPITRE II

LES DÉMEMBREMENTS
LA FORMATION
DES NATIONALITÉS BALKANIQUES

LA CONSTITUTION DE L'ÉTAT SERBE

Si nous suivons l'ordre géographique plutôt qu'historique, pour indiquer comment les peuples des Balkans ont recouvré leur indépendance, nous nous trouvons dans le nord des Balkans en présence des Serbes, puisqu'aussi bien aujourd'hui se concentre sur cette vaillante nation tout l'intérêt du monde civilisé.

I

Il est peu de pays qu'on connaisse en France aussi imparfaitement que la Serbie, et dont on ait souvent parlé avec autant de malveillance et de légèreté que d'incompétence. Il est vrai qu'à examiner les choses d'une manière superficielle, à ne songer qu'au scandale donné par quelques-uns de leurs souverains, les rois Milan et Alexandre, à leur système de gouvernement qui fut souvent déplorable, à la tragédie sanglante par laquelle disparut brutalement la dynastie des Obrénovitch, la Serbie ne semblerait mériter que des appréciations sévères. De tels incidents, regrettables dans la vie d'une nation, ne suffisent point à la condamner. Les révoltes, les surexcitations du sentiment national contre un gouvernement qui ne connaît ni frein ni mesure, sont souvent très explicables. Ces écarts, les Serbes devaient les racheter par leur héroïsme, ces années passées.

Ces bouleversements intérieurs, si fréquents du reste chez les puissances orientales, montreraient plutôt, dans ce cas, à un observateur attentif les difficultés prodigieuses auxquelles s'est heurtée la formation de l'État serbe. Il existe peu de problèmes qui soient, historiquement parlant, aussi difficiles à résoudre. Aussi, à bien des égards, la Serbie attire-t-elle la sympathie. Nous sommes là en présence d'un peuple opprimé, resserré entre d'étroites frontières, voulant vivre et se développer et se trouvant entouré de difficultés intérieures et de difficultés extérieures qui expliquent les soubresauts de son histoire. De l'excès des maux, est sorti, avec la dynastie actuelle, le remède, et la Serbie, bien organisée, présente des forces qui lui assureront le salut.

* * *

Le Serbe n'a connu pendant longtemps comme patrie que son village; il n'avait pas la notion de l'État; son horizon politique était des plus restreints. Cette difficulté de groupement et de cohésion explique sans doute l'oppression que les Turcs firent pendant si longtemps peser sur les Serbes.

Ceux-ci n'avaient pas de chefs. La noblesse serbe avait en partie disparu à Kossovo, ou bien elle avait émigré au XVe siècle, sous le régime établi par les Turcs, préférant l'exil à l'apostasie. Certains propriétaires s'étaient retirés dans les montagnes et les forêts, et s'illustrèrent sous le nom de Haïdouks, en venant par bandes attaquer les Turcs. D'autres se fixèrent sur le littoral adriatique et dans la Hongrie méridionale[1]. Dans les villages, ceux qui avaient conservé un certain privilège de fortune, les Knèzes, étaient soumis aux mêmes outrages que le vulgaire, et ne possédaient aucune influence. Le paysan, lui, se laissait vivre.

C'est ainsi que le village serbe, qui avait une forte organisation, formait comme une république démocratique où tous étaient égaux, mais où cependant l'autorité appartenait aux vieillards. Le Serbe est même resté attaché à cette organisation communale et à ces coutumes. Les siècles d'oppression turque n'ont pu lui inculquer que plus profondément ces idées. En somme, il n'avait pas de patrie. Aussi, l'insurrection serbe, au début du XIXe siècle, a-t-elle été provoquée plutôt par les ressentiments individuels des Serbes contre leurs oppresseurs, que par un mouvement de solidarité nationale.

Mais pour se défendre contre la domination turque au fur et à mesure qu'elle reculait, les villages serbes furent dans l'obligation de se solidariser étroitement et de disparaître progressivement au profit d'un État centraliste. De là naquirent bien des difficultés. Sur quelles bases organisera-t-on le pouvoir central? Sera-ce une fédération de communes, de villages, gardant le plus d'autonomie possible et ne déléguant que les pouvoirs diplomatiques et militaires? Ou, au contraire, devra-t-il, dominant la commune serbe, s'appuyer directement sur l'individu, n'admettre aucun intermédiaire entre l'État et le citoyen? Devra-t-il, en somme, respecter le plus possible les tendances séculaires des Serbes ou les briser?

Dans le premier cas, on voit très bien que la formation d'un État puissant sera plus lente, et même on peut craindre qu'elle ne soit compromise. Comment établir

1. Grégoire Yakschitch, *L'Europe et la résurrection de la Serbie, 1804-1834*. Paris, 1907, P. 7 et suiv.

un budget national, développer l'instruction, etc..? Dans le second cas, on aboutit plus rapidement à la constitution d'un État serbe, mais que de privilèges, très enracinés chez les Serbes, ne va-t-on pas heurter?... Toute l'histoire de la Serbie nous montre l'impossibilité de s'abandonner à l'une ou à l'autre de ces tendances, et d'assurer le pouvoir aux partis qui les représentent.

Pendant longtemps, le prince jouit d'un pouvoir absolu. C'était lui qui avait à lutter contre le particularisme serbe, contre l'autorité des chefs de village, des Knèzes; parfois, il n'en put venir à bout qu'à la condition de céder, souvent même il se donna l'apparence de partager le pouvoir central avec une assemblée formée de ces chefs de village. C'est déjà à ces deux tendances qu'il faut attribuer en partie, au lendemain de la guerre de 1813, la lutte entre les Karageorgevitch et les Obrénovitch.

On sait quel fut le beau rôle du héros de l'indépendance serbe, George Pétrovich, surnommé Kara-George ou Tsernî-George (George le Noir), le grand-père du roi Pierre Ier, au milieu de quelles difficultés il dut lutter. Sa vie est une épopée. Issu d'une pauvre famille de paysans, il avait combattu comme volontaire contre les Turcs, d'abord parmi les Haïdouks, puis dans les troupes serbes. Quand il n'était pas en guerre contre les ennemis de sa race, il s'adonnait paisiblement à l'élevage et à l'agriculture. Taillé en colosse, il était impétueux et violent, mais d'une énergie sauvage et d'un courage surhumain.

Sur le point d'être massacré dans son village de Pepola par les Dahis (janissaires révoltés contre le pachalick) qui dominaient et ravageaient le pays, il s'enfuit le fusil à la main et rencontre quelques paysans des environs. Son audace surexcite ces pauvres gens réduits au désespoir. Au bout de trois jours, ils étaient neuf et bientôt deux mille. L'insurrection ainsi commencée dut se choisir un chef. Les Knèzes ne voulaient pas se compromettre, craignant un retour offensif des Turcs. Ils offrirent le poste à Kara-George qui n'était ni Haïdouk ni Knèze, mais déjà connu dans le peuple. « Je n'y entends rien, dit-il, ce n'est pas mon affaire de gouverner les hommes. » — « Nous te conseillerons, repondirent les Knèzes. » — Mais je me connais trop, répondit-il, je suis violent; je ne puis me contenir; si l'on me désobéit, je ne saurai rétablir mon autorité par de bonnes paroles, je frapperai, je tuerai... » — « Tant mieux, répondirent les assistants, dans la crise où nous sommes, il nous faut un chef qui se fasse craindre ». Et Kara-George accepta[1] (1804).

Dévoué à la cause sacrée de l'indépendance, sans ambition égoïste, il n'avait pas recherché le pouvoir, mais puisqu'il lui était conféré, il voulait l'exercer sans faiblesse pour le salut de tous. Il fut l'âme de la résistance, conquérant Belgrade (12 décembre 1806) et étendant les conquêtes serbes jusqu'à la Drina à l'ouest, sur les bords du Danube jusqu'à Négotin, et au sud jusqu'à Novi-Bazar. C'était déjà la revanche de Kossovo. Kara-George renouvelait les exploits de Douchan et de Lazare. Ce modeste pâtre du XIXe siècle renouait la chaîne des temps avec les princes du XIVe siècle. Les populations serbes croyaient, d'après leurs légendes et leurs pesmas héroïques, que le héros Marko Kraliévitch s'était réveillé dans sa caverne des Balkans, où il dort depuis des siècles, pour affranchir la race serbe !

Mais Kara-George allait se trouver en butte aux difficultés que nous avons signalées et qui se manifesteront dans tout le cours du XIXe siècle. Elles provenaient des résistances des Hospodars qui constituaient, à la manière ottomane, une sorte d'aristocratie guerrière issue de la révolution, de féodalité militaire, puissante grâce au concours des chefs de village et qui refusaient souvent

1. Saint-René Taillandier. — *La Serbie au* XIXe *siècle*. — Paris, 1875, p. 72.

de lui obéir. Dans la lutte contre les Turcs, ces Hospodars firent appel à la Russie, la protectrice des Slaves, surtout pour diminuer, grâce à son appui, l'autorité de Kara-George. Le commandant des Serbes, de son côté, se tourna vers l'Autriche, puis vers Napoléon, qui venait de remporter la victoire de Wagram, et lui envoya le capitaine Rado Voutchinitch. « La nation serbe, déclarait Kara-George, dans sa lettre à l'empereur, serait heureuse de recevoir de Votre Majesté, son salut et sa loi. » (Août 1809).

Ces négociations échouèrent, tandis que la Russie offrait son appui à Kara-George, mais pour développer sa propre influence en Serbie. Le Sénat de 12 membres, imposé par la Russie, devint un élément d'opposition à Kara-George, et la lutte s'accrut entre le chef des Serbes et les hospodars russophiles. Si Kara-George parvenait, avec l'appui de la Skoupchtina, à briser l'indépendance de la féodalité militaire (coup d'État de 1811), afin de mettre les chefs intérieurs de villages, les Knèzes, en rapport direct avec le pouvoir suprême, la résistance reparaissait sourdement sur d'autres points. Lorsque les Turcs, après le traité de Bucarest (1812), qui leur faisait le champ libre en Serbie, l'envahirent à nouveau, Kara-George, à bout de forces, dut déposer les armes et chercher son salut dans la fuite, autant pour se soustraire à ses ennemis serbes que pour échapper aux Turcs. Il n'avait plus en main les moyens nécessaires pour réparer le désastre. C'est que l'instinct autoritaire de Kara-George, qui voulait faire de la Serbie un État centralisé et indépendant, lui avait aliéné nombre de ses partisans [1].

1. Kara-George voulut, en 1817, revenir en Serbie pour la délivrer définitivement, ainsi que tous les pays serbes, du joug des Turcs. Il fut assassiné, probablement sur l'ordre de son rival Miloch (24 juin 1817). Dans une lettre aux députés serbes de Constantinople, Miloch se vante en effet du crime commis (8 juillet 1817), en leur envoyant la tête de l'« assassin du peuple serbe ! » (voir Gré-

II

Sous l'oppression nouvelle que les Turcs envahisseurs firent peser sur les Serbes, un homme surgit encore du sein du peuple, et devait conduire à bonne fin la tâche commencée par le héros de l'indépendance nationale. C'était Miloch Obrénovitch [1]. Élu Knèze suprême par tous les Serbes dans une Assemblée générale, le 25 mars 1815, il releva le courage des insurgés et parvint à triompher des Turcs.

Un firman ayant reconnu Miloch, il se trouva dans l'obligation de ménager aussi bien les susceptibilités des Turcs que le particularisme serbe. Il se présenta comme un moyen terme. Du reste, l'héroïsme de Kara-George eût été à cette époque moins utile qu'une habile politique. Ce fut celle de Miloch. Voulant, en affranchissant la Serbie, faire consacrer dans sa famille la dignité de prince héréditaire, il se posa en serviteur du Sultan et obtint d'être reconnu prince héréditaire en 1830.

Mais cette politique, en même temps, l'obligea à établir un régime personnel et absolu pour soumettre les autres Knèzes; elle devait, comme jadis pour Kara-George, causer sa perte. Devant la révolte générale, il accepta bien la constitution de 1835 qui créait un Conseil d'État de 16 membres, et partagea le pouvoir avec ces nouveaux « chefs de village ». Mais bientôt il voulut s'affranchir de leur tutelle, et la faction oligarchique ambitieuse, se servant encore à son profit de l'influence russe, obligea Miloch à abdiquer en faveur de son fils Michel. Voilà

goire Yakschitch, *op. cit.*, pages 379-380; et Pétrovitch, *Matériaux pour l'histoire moderne de la Serbie.* — Belgrade, 1884, Tome II, pages 181-182.

2. Son père Tescha ou Théodore était un pauvre valet de ferme. Il épousa la riche veuve d'un paysan appelé Obren. Leur fils aîné Miloch, au lieu de prendre le nom de Théodorovitch (fils de Théodore), a porté celui du premier mari de sa mère, Obrénovitch (fils d'Obren), ce qui était inexact.

encore les mêmes causes produisant les mêmes effets.

Les intrigues reparurent du reste sous le prince Michel. A son inexpérience, s'ajoutaient les divisions au sein de sa famille et qui se manifestaient même parmi les Régents. Il dut abdiquer, et le fils de Kara-George fut appelé par la Skoupchtina à monter sur le trône (1842). On se rappelait que le premier Kara-George n'avait pu arriver à constituer un pouvoir centralisateur, et on supposait que son fils serait un souverain tolérant, qui ne résisterait pas à la faction oligarchique.

C'est sous son gouvernement libéral, qui succédait à la dictature violente de Miloch, que la Serbie connut pour la première fois une ère de tranquilité et de prospérité. Une série de lois bienfaisantes furent édictées, au plus grand profit de l'ordre et de la sécurité publics. Si son règne prenait fin brusquement, en 1858, au lendemain de la guerre de Crimée, c'est peut-être à cause de son caractère trop conciliant, parce que les Serbes jugeaient excessives ses complaisances à l'égard de l'Autriche et de la Turquie ; ils en vinrent à désirer au-dessus d'eux un pouvoir plus fort et plus indépendant. A ces diverses causes, ajoutez l'hostilité de la Russie et les intrigues du Sénat, celui de 1838, établi pour limiter l'influence du prince et composé d'oligarques, et le voilà sommé d'abdiquer par la nouvelle Skoupchtina qu'il vient de convoquer !

Le vieux Miloch était rappelé (23 décembre 1858), et le prince Michel, qui devait être un souverain autoritaire et centraliste, lui succédait. Il obtint par son habileté et l'aide de la France, l'évacuation par les Turcs de toutes les forteresses serbes (1867).

III

Ces difficultés intérieures, qui retardaient en Serbie la constitution d'un pouvoir fort, étaient accrues par des difficultés extérieures. Ce fut un malheur pour les Serbes d'être les voisins d'un État qui croyait avoir intérêt à surveiller, sinon à limiter, leur développement économique et politique. Ils furent en butte à l'hostilité de l'Autriche qui voulait d'autant moins d'un puissant État serbe sur sa frontière qu'elle savait les Serbes pleins d'amour et de gratitude pour la Russie. C'est contre la Russie qu'elle soutint le second des Karageorgevitch, tandis que cette puissance faisait arriver au trône de Serbie Miloch et Michel Obrénovitch.

Le grand danger pour l'Autriche était dans la réunion des Serbes des Balkans qui lui barreraient la route vers Salonique, limiteraient son extension économique, et surtout compromettraient sa situation sur l'Adriatique. Trieste, Fiume, les deux seuls ports par lesquels l'Autriche et la Hongrie puissent écouler leurs produits, ne sont-ils pas en plein pays dalmate, c'est-à-dire en pays serbe? Et le danger de contagion est souvent le plus redoutable. Empêcher la formation de cette grande patrie serbe, qui s'étend de la mer Égée au golfe de Trieste, telle a été la politique de l'Autriche, pendant tout le XIXe siècle. Elle a profité de son voisinage pour intervenir sans cesse dans les dissensions entre Serbes, afin de paralyser leur influence dans la Péninsule. Sous les derniers Obrénovitch, le roi Milan, en 1872, et son fils Alexandre, cette politique autrichienne devint une politique de domination.

La Serbie, du reste, de 1876 à 1878, traversait une période troublée ; les Balkans étaient en feu. Elle était partagée, sous l'incapable roi Milan, entre le désir de ne pas mécontenter l'Autriche et celui de rivaliser avec les nationalités balkaniques, qui, avec le secours de la Russie, espéraient s'agrandir dans la Péninsule. Elle subit à l'extérieur toutes les humiliations par les défaites de 1877 et de 1885, et par l'occupation de la Bosnie-Herzégovine. Milan, dans un traité secret, en 1881, ne faisait-il pas de la Serbie, comme une vassale de l'Autriche, contre des garanties de protection données à sa dynastie? Du reste, grâce à l'Autriche, il était bientôt reconnu roi (1882).

A l'intérieur, la Serbie devint le théâtre d'une lutte politique ininterrompue, entre les partisans de l'influence autrichienne, du côté desquels s'était rangé le roi Milan, et les radicaux qui avaient pour eux la majorité du pays et que soutenaient la Russie. Le pays subissait, sous l'influence autrichienne et avec le parti progressiste, l'omnipotence d'un pouvoir presque dictatorial (1882). La Skoupchtina n'était plus qu'un instrument à voter les projets du gouvernement et toutes les libertés étaient suspendues ; l'autonomie communale, que soutenaient les radicaux opposés à toutes ces mesures, était supprimée.

En 1889 (22 février-7 mars), le roi Milan abdiquait et laissait la couronne à son fils Alexandre, sous l'autorité de trois Régents. Il serait fastidieux de raconter les dissensions entre libéraux, progressistes et radicaux, la succession au pouvoir des divers ministères de partis. Ce qu'il faut retenir, c'est que le roi Alexandre, d'un caractère autoritaire et dominateur, rétablit le régime dictatorial de Milan, dès sa majorité, en 1893, en abolissant la constitution de 1888. Ses méthodes de gouvernement provoquèrent la dernière révolution. La constitution éphémère de 1901 qui créait un Sénat, contrepoids à la Skoupchtina, et ressemblait à la constitution acceptée jadis par Miloch, eut pour unique résultat, comme à cette époque, de précipiter le cours des événements. Les abus du pouvoir absolu, autant que la conduite privée du roi, les humiliations que subissait le patriotisme serbe, avaient ruiné la dynastie des Obrénovitch dans l'estime populaire ; elle était condamnée.

IV

Nous avons vu à quelles difficultés intérieures, qui tenaient à sa constitution la plus intime, la Serbie dut faire face depuis la guerre d'indépendance; nous avons indiqué que sa situation géographique la mettait en butte aux jalousies et aux rivalités voisines. Quoi de plus naturel que ce petit royaume ait été agité, presque périodiquement, par des crises politiques? Gestation d'un État en formation qui lentement se constitue avec la cohésion des forces nationales; labeur pénible d'un peuple héroïque qui tend invinciblement à l'indépendance et à la liberté!

Depuis l'avénement de Pierre Ier, la Serbie, en dépit d'une crise récente, qui fut peut-être à certains égards une des plus graves, semble entrée au point de vue intérieur dans une ère de calme et de prospérité, dans une ère nouvelle. A la période de luttes presque barbares, a succédé une période d'organisation, une période libérale.

Qu'était le nouveau roi Pierre Ier? Pierre Karageorgevitch n'avait que quatorze ans quand son père, prince régnant de Serbie, fut obligé, en 1848, d'abandonner sa patrie. Il se trouvait alors dans un lycée, à Genève, et le quittait peu après pour aller à Paris, au collège Sainte-Barbe, terminer ses études. En 1862, il entrait à Saint-Cyr et en sortait comme sous-lieutenant, en 1864, dans la promotion de Puebla. Promotion glorieuse, qui s'illustra, pendant la guerre de 1870, sur tous les champs de bataille, à Reischoffen, Spickeren, Rezonville, Metz, Paris! Pierre Kara — ainsi que le nommaient familièrement ses camarades de Puebla — était fier d'y appartenir. Il le montra bien, en recevant au palais royal de Belgrade, en 1904, à l'occasion d'un dîner de promotion, cinquante officiers de l'armée française. Proclamant la France sa seconde patrie : « Vous direz à vos camarades, s'écria-t-il dans un dernier adieu, que ma pensée n'a pas quitté ceux qui sont loin, et je leur demande de ne pas oublier Kara, oui Kara. Ce n'est pas le roi de Serbie, mais un camarade de promotion, un ami fidèle, un frère, qui vous a reçus ! »

Il avait de qui tenir dans ses sympathies pour la France ; son grand-père Kara-George n'avait-il pas demandé, pendant la guerre de 1809, à celui que les Serbes appelaient le grand Empereur, à Napoléon Ier, son amitié et sa protection? S'est-il souvenu de ce beau geste, lorsqu'il vint, en 1870, nous offrir noblement son épée, à cette heure inoubliable où la France réclamait de tous ses enfants le sacrifice suprême? Ou ne sont-ce pas plutôt ces voix héroïques, celles qui chantent dans les poèmes serbes et dans toute l'histoire de ce peuple fier et courageux, qui réveillèrent dans ses veines le sang généreux et bouillant du martyr de l'indépendance?

Dès nos désastres, Pierre Karageorgevitch fut un des premiers à s'enrôler au sein des volontaires, au 5e bataillon de la légion étrangère, en formation à Tours. « Confondu parmi les engagés belges, italiens, polonais, irlandais, etc..., le prince gardait son incognito. Très simple, sans fierté, ayant le geste généreux avec ses nouveaux compagnons, il s'était fait aimer d'eux, lorsqu'ils apprirent sa qualité par les officiers professeurs de l'école de Saint-Cyr, désignés pour commander les volontaires étrangers. Et ce fut pour tous un jour de fête, quand un peu plus tard, le gouvernement de la Défense nationale nomma le prince Kara lieutenant au bataillon, en même temps qu'il désignait Victor Arago pour en prendre le commandement. Les Tourangeaux purent voir alors chaque jour le prince faire faire l'exercice à ses hommes sur le boulevard Béranger. Jeune (il n'avait que vingt-six ans), portant l'uniforme avec une crânerie toute saint-cyrienne, ce fut l'officier le plus populaire de la garnison. »[1]

1. Edouard Daveluy, *La Serbie, notes historiques, statistiques et commerciales*. Bruxelles, 1907. P. 46-55.

Le prince participa à l'attaque de la gare des Aubrais et à la défense de la gare d'Orléans. Là, dans un sanglant combat, cerné par les Allemands, il fut sur le point d'être fait prisonnier. Mme Baillon-Barbier, de Saint-Jean-de-la-Ruelle, près d'Orléans, a raconté, dans une lettre privée à M. Daveluy, qui la rapporte dans son intéressant ouvrage, comment il se sauva en traversant la Loire à la nage. « Les ponts étaient gardés par les Prussiens qui l'avaient dévalisé de sa ceinture. C'est même grâce à cette ceinture qu'il put s'évader, parce qu'elle contenait une somme de dix mille francs en rouleaux d'or. Les Prussiens, apercevant ces rouleaux, s'écrièrent : « Cartouches ! Cartouches !... » Le prince put s'échapper, en leur laissant sa ceinture, pendant qu'ils étaient occupés à se disputer et à s'arracher l'or des mains. C'est ainsi qu'il se dirigea sur la Sologne et atteignit Salbris... Le prince s'amusait souvent à jouer des airs de sa patrie sur notre petit harmonium ! » Lorsqu'elle apprit que Pierre Kara était devenu roi de Serbie, elle ne put résister, quoique dans une situation obscure, au « désir de lui transmettre ses humbles félicitations pour son bonheur et celui de son peuple. » Et Pierre Ier lui fit écrire, le 20 juillet 1903, la lettre suivante :

« Madame,

« Sa Majesté le roi de Serbie me charge de vous écrire « pour vous accuser réception de votre lettre du 15 juil- « let.

« Sa Majesté a été touchée du bon souvenir que vous « avez gardé de l'officier de la légion étrangère, et vous « remercie des bons soins qu'il a reçus de vous à Salbris « pendant dix jours.

« Tous les souvenirs du temps où Elle combattait pour « la France sont sacrés pour Sa Majesté.

« Vous recevrez prochainement, Madame, un portrait
« du roi Pierre Ier, signé de lui.
« Veuillez agréer, Madame, mon profond respect.

« Signé : Nénadovitch. »

Et cette lettre du monarque à l'humble Française qui l'avait recueilli est un souvenir émouvant de cette malheureuse guerre où il avait lutté pour notre patrie. Sur le champ de bataille de Villersexel, le général Bourbaki conférait à Pierre Karageorgevitch la croix de la Légion d'honneur, et à la fin de la campagne, il était nommé capitaine. Puis il rentra modestement dans la vie privée.

En 1875, il combattait pour la nation serbe en organisant un corps de volontaires qui opérait en Bosnie. En juin 1903, après le drame de Belgrade, il était appelé par une députation de la Constituante serbe, à ceindre la couronne royale de Serbie. Mais s'il rentra dans la patrie de ses ancêtres dans des circonstances tragiques, rien ne prouve qu'il ait pris une part quelconque aux tristes événements qui ensanglantèrent le Konak et indignèrent l'Europe civilisée. Il n'y a rien à retenir, à cet égard, des accusations de l'espion autrichien Nastitch, qui a joué, en 1908, le rôle odieux que l'on connaît[1].

Voici, au contraire, ce qu'a publié l'agence télégraphique suisse dont l'envoyé spécial avait vu le prince Karageorgevitch, le lendemain de l'assassinat (31 mai-11 juin 1903). Il lui demanda de lui faire connaître ses appréciations sur le drame qui venait de se produire et ses intentions. Le prince lui déclara : « Pour le moment, j'attendrai tranquillement les événements. Je n'ai pas de raison pour partir en Serbie jusqu'à ce que je reçoive des propositions formelles de Belgrade. Je reste où je

1. Voir l'intéressante brochure de P. de Sokolovitch : *Pierre Ier de Serbie et ses calomniateurs*, 1909. Pages 4 et suiv., et notre article dans le *Mois colonial : Les Serbes devant l'Europe*, mars 1909.

suis, car personne n'a demandé ma présence en Serbie, personne ne m'a offert la couronne. Je n'ai aucune nouvelle de mes parents habitant Belgrade et les autres villes. En ce qui concerne mon opinion sur les événements de Belgrade, je regrette profondément qu'ils aient jugé nécessaire de verser tant de sang !

« Je n'approuve pas les moyens violents sous toutes les formes. Et surtout je regrette que l'armée les ait employés, car elle a d'autres devoirs plus nobles à remplir que de commettre des assassinats. Il aurait été suffisant de contraindre le roi Alexandre à l'abdication. Il est horrible de verser le sang ! » Un homme qui, loyalement, le lendemain de la tragédie du Konak, émet une telle opinion, ne peut être accusé d'avoir participé au crime. Une autre preuve, c'est qu'il décida d'éloigner de l'armée les principaux conjurés, ce qu'il eut fait bien difficilement s'il avait trempé dans la conjuration.

S'il fut, comme son aïeul, un vaillant soldat, devenu roi, il devait être un conducteur d'hommes, un souverain résolu à organiser et à pacifier la Serbie, à la délivrer de ses querelles intestines et à en faire un État où la légalité et les garanties constitutionnelles seraient strictement sauvegardées.

Aussitôt au pouvoir, le roi, élu à l'unanimité par la Skoupchtina, prêta serment à la constitution de 1888 remise en vigueur. Elle établissait la responsabilité ministérielle avec une Chambre unique, étendait le rôle législatif du Conseil d'État, choisi en partie par le Roi et par la Sckoupchtina. Si la situation intérieure, au début de son règne, était très difficile, Pierre Ier sut habilement maintenir l'équilibre des partis. Quelles qu'aient été à Belgrade les intrigues de la diplomatie autrichienne qui aurait voulu faire de Pierre un autre roi Milan, les Serbes sont restés attachés à leur dynastie nationale.

Sous ce nouveau règne de huit années déjà, la Serbie n'a plus connu les crises intérieures qui l'avaient jadis tant de fois bouleversée pour les raisons que nous connaissons. Le monarque plane au-dessus des partis et gouverne le pays. Son autorité est respectée et il est en même temps un souverain tolérant et libéral dans un État centralisé, mais d'essence et de constitution démocratiques.

En politique extérieure, le gouvernement adopta également une attitude nouvelle. Ce fut une politique nationale, exempte des compromissions passées. Les radicaux, désormais au pouvoir, eurent à l'égard de Vienne et de Budapest une politique indépendante. On le vit bien, lors de la rupture des relations commerciales avec l'Autriche-Hongrie, en 1906. A la manifestation d'entente douanière avec la Bulgarie, de rapprochement entre les pays de langue et de race slaves, préparé par le cabinet Pachitch, l'Autriche ripostait en refusant l'entrée de sa frontière aux produits serbes, en l'obligeant, comme condition du futur traité de commerce, de s'adresser à l'industrie et aux banques autrichiennes pour ses commandes d'artillerie et son emprunt. Résolument le gouvernement conclut des contrats commerciaux avec les pays voisins et expédia ses porcs vivants, ses porcs salés, ses pruneaux, ses marmelades, ses céréales, ses bois, par le Danube, la mer Noire, Salonique. L'emprunt était émis sur le marché français et les usines Schneider, du Creusot, recevaient une importante commande de canons. La Serbie montrait bravement qu'elle pouvait se passer de l'Autriche.

Du reste, à Vienne, on devint plus conciliant devant les résistances de la Serbie, et puis l'absence du bétail serbe faisait hausser le prix de la viande en Autriche et en Allemagne. On préféra une entente à la guerre économique. Ce fut le traité de commerce de mars 1908.

Nous sommes en 1908. A cette époque éclate ce qu'on a appelé la querelle des Chemins de fer balkaniques provoquée par la politique ambitieuse du ministre d'Autriche-Hongrie, le comte d'Aehrenthal, et se produit l'annexion de la Bosnie-Herzégovine, cause directe de la crise de juillet dernier. Mais comme ces événements intéressaient directement un autre peuple serbe, son voisin immédiat, le Monténégro, il est utile, avant d'en faire le récit, et avant d'indiquer les luttes des Bulgares, des Roumains et des Grecs pour l'indépendance, de montrer quel a été le développement de ce vaillant État.

CHAPITRE III

LE MONTÉNÉGRO

I

A côté des Serbes, fixés en Bosnie et en Herzégovine, dans la vallée de la Save, de la Morava et du Vardar, se trouve, sur les bords de l'Adriatique, un autre peuple de même race, les Monténégrins. Le minuscule Monténégro, la Tsernagora ou Montagne Noire, pour l'appeler du nom que lui donnent ses habitants, a joué comme ses frères de Serbie, dans la lutte de l'Islam contre la Chrétienté, un rôle des plus importants, étrangement disproportionné avec son étendue géographique. Ce nain parmi les États a pourtant écrit dans l'histoire de l'humanité des pages d'un héroïsme grandiose. Ses annales s'ouvrent à nous comme une épopée de longue haleine, une Iliade de plusieurs siècles, chantée par une muse populaire, digne des âges primitifs. C'est que le Monténégro est la citadelle aux pieds de laquelle est venu se briser à maintes reprises le flot montant de l'Islam, citadelle portant toujours à son sommet le drapeau de l'indépendance chrétienne, et particulièrement celui de la race serbe !

Mais cet aspect héroïque sous lequel se présente l'histoire monténégrine, s'il est le plus saisissant, n'est pas le seul qui frappe les yeux d'un observateur at ten tif, bien au fait de son évolution intérieure. Il en est un autre beaucoup moins connu, et peut-être plus intéressant, le seul qui puisse permettre au narrateur d'éviter à l'histoire de la Principauté la sécheresse et la monotonie résultant de la répétition continuelle des mêmes faits de guerre contre les Turcs, combats qui sont tantôt victoires, tantôt défaites, et si fréquents qu'on est tout surpris de trouver de temps en temps, mais bien rarement il est vrai, un intervalle de quelques années employé aux travaux de la paix.

Ces guerres, en effet, ne sont qu'une suite ininterrompue des mêmes malheurs. Les Monténégrins, encerclés dans leurs montagnes, peuvent y braver en sécurité les attaques des Ottomans ou porter la guerre, mais avec moins de succès, dans la plaine qui gît au bas, pendant que leurs femmes, fouillant un sol ingrat, lui arrachent péniblement les maigres récoltes qui les feront vivre avec leurs maris et leurs enfants.

Quel est donc ce caractère qui donne à l'histoire de la Principauté un intérêt particulier et inattendu, en dehors de celui que suscitent son héroïsme et ses combats? Il a consisté, si nous ne nous trompons, en une faculté vraiment remarquable de s'adapter à des conditions de milieux successifs et divers, qui lui a valu d'être toujours propre à la tâche qu'elle avait à remplir, en sorte que, selon nous, trois sortes de causes expliquent la survivance et le triomphe du Monténégro, en dépit des tempêtes parfois terribles qui ont menacé de le submerger. Ses montagnes, l'amour de son peuple pour l'indépendance, et enfin cette faculté d'adaptation à des milieux nouveaux qui fait songer au *mimétisme* dont nous parlent les naturalistes, voilà ce qui se dégage de l'examen du passé! Ce passé est un gage de prospérité pour l'avenir.

Le Monténégro, emprisonné depuis des siècles dans

ses montagnes, du jour où il a recouvré un débouché sur la mer Adriatique et une fenêtre sur l'Europe, a pris une importance plus grande que jadis. Les nations occidentales qui, jusque-là, l'avaient presque ignoré, se sont empressées d'entrer en relations avec lui. Il est arrivé ainsi à jouer, dans les récentes convulsions balkaniques, un rôle des plus importants.

***

Avant d'étudier l'histoire du Monténégro, il nous faut bien dire un mot de sa constitution physique, puisque, aussi bien, elle a été une des causes et même la plus ancienne et la plus essentielle de son indépendance à travers les âges. Une légende naïve et bien curieuse que, chose surprenante, on retrouve également dans une de nos régions françaises, le Périgord, a cours parmi les populations de la Principauté. Le bon Dieu, lorsqu'il créa le monde, portait à la main un grand sac dans lequel étaient contenues les montagnes qu'il semait çà et là sur la surface du globe. Comme il passait au-dessus du Monténégro, le sac vint à crever, et les montagnes tombant pêle-mêle et sans ordre formèrent le massif tourmenté de la Tsernagora. C'est l'aspect que nous offre la partie septentrionale de la Principauté, continuation du massif montagneux formé par la réunion des Alpes de Dalmatie et des monts Balkans. Cette région, nommée par les Monténégrins, la Berda (Brda), constitue en effet un enchevêtrement indescriptible de hauteurs inaccessibles et de plateaux superposés.

La partie fertile du Monténégro est formée par les bassins réunis de la Zenta et de la Moratcha. Là, se trouvent les grandes villes, les belles forêts, les vastes pâturages, principale richesse du pays. Plus tard encore, le sol devient très fertile; les orangers, les mûriers, la vigne, les grenades, sont cultivés avec succès.

Le haut Monténégro au contraire fait contraste avec cette belle nature et n'est pas aussi riant au point de vue physique. Les grands sapins couvrent les flancs des montagnes, donnant au pays un aspect triste et sombre qui lui vaut son nom.

La population de la Principauté est malgré cela un des plus beaux spécimens de la race jougo-slave. A la suite de plusieurs émigrations, une partie de la grande famille slave, précédemment fixée sur les rives du Don, descendit, vers le VIIe siècle de l'ère chrétienne, dans la Péninsule balkanique et s'établit bientôt par la force entre le Danube et la mer Adriatique. Les Serbes formaient la plus importante fraction des nouveaux venus, et parmi les pays qu'ils arrachèrent à la faiblesse des empereurs d'Orient, figurait le Monténégro actuel. Les Monténégrins appartiennent donc à la grande race serbe, ainsi que leurs voisins les Bosniaques et les Herzégoviniens. La langue, l'emploi des caractères cyrillins pour l'écriture, la religion orthodoxe sont les mêmes; le type physique ne diffère pas sensiblement de celui des habitants de la Serbie[1].

Par suite de leur situation géographique, les Monténégrins vécurent forcément isolés au milieu de leurs montagnes. De là, ce caractère de noblesse, de grandeur, qui se décèle dans tous leurs mouvements. Ils ne sortent jamais sans leurs armes qui sont généralement un ou deux pistolets et un long poignard à la ceinture, un fusil sur l'épaule. La bravoure est, en effet, innée au cœur du Monténégrin, à tel point que la mort naturelle était, jusqu'à ces dernières années, considérée comme un déshonneur, et que le souhait suivant accompagnait le nouveau-né sur les fonts batismaux : « Dieu le préserve de mourir dans son lit. »

Ce peuple était donc fait pour la guerre, mais il y était

1. Coquelle. — *Histoire du Monténégro et de la Bosnie.* — Paris, 1895, p. 7.

contraint aussi par sa position géographique, car il lui fallait acquérir dans la plaine un peu de la terre arable qui, sur les hauteurs, lui faisait défaut. De là, en plus de sa foi religieuse, le motif de ses longues luttes contre les Turcs. Rien d'étonnant non plus qu'un tel peuple, doué des facultés que nous lui connaissons, ait pu tenir en échec, pendant cinq cents ans, la puissance ottomane, pour laquelle l'existence de la Principauté constituait une bravade, en même temps qu'elle était un espoir de relèvement pour la race serbe. Mais nous ne raconterons pas ces guerres fastidieuses dont l'unique effet était celui que nous avons marqué, d'entretenir chez les habitants de la Tsernagora, en même temps que chez les raïas des Balkans, un héroïsme journalier. Ce qui importe le plus de souligner, c'est l'évolution intérieure de la Principauté et sa facilité à s'adapter à des conditions extérieures nouvelles. Si ces transformations successives furent généralement l'effet du hasard, plutôt que de la volonté réfléchie des hommes, qu'importe! elles n'en constituent pas moins un phénomène historique assez curieux.

II

Nous passerons rapidement sur les origines du Monténégro qui ne semblent pas présenter un intérêt très grand. Le trait le plus caractéristique en est d'ailleurs que le Monténégro a toujours, même au milieu de ses frères serbes, formé un pays à part, et qu'il a manifesté le plus grand amour de l'indépendance. Cette indépendance, il la revendiqua davantage encore à l'égard des étrangers. Berceau de la race serbe, dont Raguse avait été la première capitale, après l'entrée des Slaves dans la Péninsule (650), il fut le principal noyau de la résistance contre l'envahissement des Bulgares au XIe siècle;

et quand le reste de la Serbie fut enfin subjugé par eux, il donna la preuve de son indomptable énergie. Pas davantage, le Monténégro n'accepta la domination de l'empereur de Byzance, même au moment où les Serbes crurent devoir acheter la paix de celui-ci au prix de la cession de la province monténégrine. Même au temps du grand tsar de Serbie Douchan, sous lequel la race serbe connut tout l'enivrement de la victoire et étendit son empire jusqu'aux portes de Constantinople, la subordination du Monténégro fut en grande partie volontaire. En obéissant au chef commun des Serbes, les Monténégrins recherchaient avant tout la gloire des combats.

Du reste, après la mort de Douchan, l'affaiblissement du pouvoir central et l'établissement de la féodalité favorisèrent, non seulement chez les Monténégrins, mais chez tous les Serbes, des tendances naturelles au morcellement. Des princes régnèrent sur la Bosnie, l'Herzégovine, la Serbie, et le Monténégro connut une première dynastie indépendante, qui fut celle des Balsa, à laquelle devait succéder celle des Czernovitch. Cependant les temps allaient devenir plus durs pour la race serbe. Aux Bulgares et aux Grecs de Byzance s'étaient substitués des ennemis plus redoutables : les Ottomans. Dans les champs de Kossovo (1389), s'effondra, sous leurs coups, l'indépendance des principautés serbes. La Serbie proprement dite y perdait non seulement sa dynastie royale, mais toute sa noblesse, et désormais privée de ressort, subissait le joug du Musulman détesté. Tandis que la noblesse bosniaque préférait acheter la clémence du vainqueur et sa sympathie en adoptant sa religion, le Monténégro seul, renfermé dans ses montagnes, bravait les armes de l'Islam.

La partie d'ailleurs ne semblait pas complétement gagnée par le Croissant. Les Roumains, les Hongrois continuaient de lui opposer une barrière en apparence infranchissable et derrière eux l'Europe s'inquiétait. Le Monténégro, durant tout le XVe siècle, même après la chute de Constantinople, ne fut pas abandonné complétement de la Chrétienté. Il réussissait d'ailleurs à garder ses communications maritimes sur l'Adriatique et par là pouvait recevoir des secours. Mais au début du XVIe siècle, la situation devint terriblement critique. Roumains et Hongrois avaient succombé devant l'Ottoman, et la lutte de la maison de France contre la maison d'Autriche, d'une part, de l'autre les guerres religieuses que suscitait partout l'apparition du protestantisme, allaient faire oublier aux Chrétiens d'Occident la nécessité de la croisade, et par suite devaient provoquer l'isolement complet du Monténégro. La domination ottomane va d'ailleurs s'étendre, telle une nappe uniforme, jusqu'aux portes de Vienne, et le Monténégro ne pourra plus compter que sur lui-même dans ses luttes contre les infidèles.

Or, juste à cette heure, disparaissait la dynastie des Czernovitch qui avait succédé, quatre-vingts ans auparavant, à celle des Balsa; chose curieuse, elle disparaissait volontairement ! Le dernier d'entre eux, Georges V Czernovitch, qui n'avait aucune des qualités requises pour partager l'existence précaire des montagnards, préférait se retirer (1516), certain de ne pouvoir arracher aux Ottomans les vallées de la basse Zenta et le rivage de l'Adriatique que le Monténégro venait de perdre. Qu'allait-il advenir des montagnards menacés par les Turcs, et mis par l'absence d'un chef, dans l'impossibilité d'organiser la défense? Heureusement, avant de partir, Georges V avait désigné son successeur : c'était un évêque, le métropolite Babylas.

III

Quelle situation périlleuse pour le Monténégro si, à cette heure troublée, il ne s'était pas transformé intérieurement pour se rendre plus apte aux conditions nouvelles au milieu desquelles il devait vivre! Il est probable qu'il eût succombé sous le découragement. Mais cette transformation, ménagée par le dernier prince, était de nature telle qu'elle devait lui permettre de subsister et de combattre à outrance, et, semblait-il, à perpétuité, pour son indépendance. En même temps, elle écartait les ambitions qui n'auraient pas manqué de se faire jour parmi les chefs de clans pour acquérir la dignité suprême.

Cette évolution intérieure devait écarter un autre danger qui subsistait encore. Comme suffragant du patriarche d'Ipek, devenu, à l'instar de celui de Constantinople, un fonctionnaire de la Sublime Porte, l'évêque eut été lui-même un sujet du Sultan, et l'indépendance du Monténégro fut devenue un mythe. L'octroi de certains privilèges religieux, obtenus dans des circonstances que nous ne pouvons rapporter, pourvut à cet inconvénient capital. L'évêque serait nommé par les chefs de clans et non plus arbitrairement désigné par son supérieur hiérarchique, duquel il ne devait plus recevoir que la seule investiture religieuse. C'était la séparation du spirituel et du temporel, véritable anomalie dans ces pays d'Orient qui n'avaient rien connu de tel sous les empereurs de Byzance et ne devaient pas davantage le connaître sous le gouvernement de la Porte. Mais cette singularité n'était pas frappante ; au contraire, à n'en juger que par le premier aspect, les Monténégrins, parce qu'ils étaient groupés autour d'un évêque, comme tous les raïas des Balkans qui vivaient autour d'eux, ressemblaient plus complètement à leurs frères, et une telle organisation politique leur rendait avec eux les rapports plus faciles. Les communications, les avis d'urgence se transmettant d'évêque à évêque devaient mieux leur parvenir. C'était là un exemple de ce phénomène de *mimétisme*, dont le Monténégro a été coutumier et dont nous avons souligné l'intérêt.

Mais encore une fois, ce que cette transformation offre de capital, c'est que le Monténégro semblait abjurer tout intérêt égoïste dans la grande lutte qu'il entamait contre l'Islam et devenait le protagoniste d'une cause infiniment plus large que celle de son indépendance propre, à savoir l'émancipation de ses frères opprimés, la libération de toute une religion.

D'ailleurs, l'aspect nouveau sous lequel se présentait le Monténégro n'allait pas jusqu'à une identification complète avec ce qui l'environnait; il gardait sa personnalité distincte, et son organisation n'était qu'en apparence, et surtout par le dehors, théocratique. L'évêque n'avait pas toutes les attributions du pouvoir, quelques-unes n'étaient-elles pas incompatibles avec le caractère d'un prélat? Pouvait-il vraiment conduire des guerriers au combat? Aussi, en fait, désignait-il une espèce de lieutenant civil, chargé d'organiser pratiquement la défense du pays et de commander les troupes en cas de guerre. Le Monténégro nous offre ainsi le seul exemple, en Europe, d'un gouvernement dualiste qui ait fonctionné, sans interruption, pendant trois cent vingt ans, depuis 1516 à 1833, époque où le gouverneur civil disparut.

IV

Nous ne raconterons pas les fréquentes, longues et sanglantes guerres que le Monténégro dut soutenir à peu près seul contre l'Ottoman, pendant que dura ce gouvernement des Vladikas électifs, jusqu'à la fin du XVIIe siècle (épiscopat de Danilo, 1697), époque à laquelle une nouvelle transformation s'opéra dans son organisation intérieure, coïncidant une fois de plus avec un changement dans la situation extérieure de la Principauté.

Jusqu'alors le Monténégro était demeuré isolé dans ses luttes épiques contre le Croissant. Parfois seulement, Venise lui avait prêté l'appui de ses armes et lui avait procuré les munitions, ou même dans les années de famine, le blé dont les montagnards avaient besoin. Mais ce n'avait été là, pour le Monténégro, qu'un appui bien précaire. Les Vénitiens ne se faisaient aucun scrupule de l'abandonner quand leurs intérêts mercantiles l'exigeaient. L'union ne fut donc pas exempte de nuages; telle qu'elle, elle donna au Monténégro le moyen de subsister.

Donc, à la fin du XVIIe siècle, et au début du XVIIIe, l'Europe se transforme et la Porte se trouve en présence de nouveaux adversaires. L'Autriche recommence la croisade, en même temps qu'elle reprend sa marche vers l'Est. A Passarowitz et à Carlowitz, elle fait reculer le Croissant jusqu'au delà de la Save, Belgrade devient une de ses forteresses, et une partie du royaume actuel de Serbie lui est soumise. A la même heure, entre en ligne contre les Ottomans, la Russie, cette puissance redoutable qui va être leur ennemie mortelle et qui prépare secrètement la grande émancipation des Chrétiens des Balkans. À cette dernière désormais appartiendra le vrai rôle de la protection des orthodoxes, en même temps que vers elle iront les espoirs de tous les Slaves. Le rôle du Monténégro perdra désormais en grandeur morale.

L'intervention de ces deux puissances est d'ailleurs pour lui chose capitale; toutes deux, semble-t-il, seront ses alliées, mais en réalité, l'une, si elle était victorieuse, chercherait à l'asservir. Subir le joug du Habsbourg, au lieu du joug de l'Ottoman, n'était pas un sort qui parût désirable au Monténégro. Le danger que courait son indépendance au fond demeurait le même. Dès lors, il combattra non plus uniquement pour sa foi religieuse, mais aussi pour sa liberté politique et celle de sa race. Il a besoin à sa tête d'un chef qui ne soit pas uniquement un prédicateur de croisade, mais qui ait un caractère civil et politique, qui soit un véritable souverain. En outre, une protection extérieure contre ce double danger qui menacera désormais son indépendance et sa foi, lui devient des plus nécessaires. Voici alors comment les choses s'accomplissent.

Des rapports sont établis avec la grande puissance orthodoxe qui assume désormais la tâche de la délivrance des Chrétiens. Le Vladika va chaque année à Pétersbourg (en 1739, voyage du Vladika Sava II; en 1753, voyage de Basile II); il en reçoit des subsides et en même temps accepte d'être considéré comme le protégé et presque comme le vassal de la Russie. Un manifeste célèbre[1] de Pierre le Grand consacre bientôt cette situation et par là se trouveront tenues en échec les ambitions autrichiennes. Mais ce n'est pas suffisant. A la dynastie des Habsbourg, il importe d'opposer une dynastie vraiment nationale; à la Russie, perpétuelle alliée, mais protectrice lointaine, il est bon aussi d'offrir la parfaite stabilité d'une tradition qui s'accorderait mal, tant avec la difficulté des communications qu'avec la conservation du système électif. L'état de subordination passagère qu'accepte le Monténégro à l'égard de son puissant protecteur lui facilite la solution de ce problème : conserver un évêque à sa tête et cependant lui conférer un pouvoir héréditaire. Le Tsar investit la famille des Niegosch, à laquelle appartient Danilo, de ce privilège de fournir l'évêque qui, désormais et régulièrement pendant un siècle et demi, transmettra à l'aîné de ses neveux, avec sa charge et une plus grande autorité sur les chefs de clans, la précieuse amitié de la Russie : loi de succession très curieuse et unique en Europe.

Le caractère semi-théocratique du gouvernement monténégrin se voyait ainsi du même coup accentué, son chef spirituel étant en même temps son chef temporel. Mais cette organisation nouvelle, qui suffit à faire face

1. Marcotti, — *Il Montenegro e le sue Donne*, — Milano 1896, p. 230.

aux dangers divers menaçant le Monténégro, et qui lui valut notamment de pouvoir résister à l'invasion française sous Napoléon Ier, en revanche pouvait lui créer de sérieuses difficultés dans une Europe moderne toute transformée par le souffle révolutionnaire. Après 1848, à la veille de la guerre de Crimée, elle eût été une monstrueuse anomalie, et sans doute eût empêché le Monténégro de vivre. On ne voit guère un souverain moderne comme Napoléon III protégeant l'existence d'un État théocratique, résidu des conceptions politiques du moyen-âge!

Ajoutons qu'au moment où s'effondre le protectorat de la Russie sur les Chrétiens d'Orient, le caractère de vassalité lointaine, que garde le Vladika, aux termes du fameux manifeste de Pierre-le-Grand, eût pu lui faire dénier tout droit à l'indépendance.

V

Le Monténégro, une fois de plus, va devancer les événements. En 1851, le Vladika Pierre II, étant venu à mourir, son successeur à l'épiscopat devait être, suivant la coutume, son neveu Danilo II. Or, Danilo, jeune homme à l'esprit ouvert aux choses de l'Occident, se trouvait précisément à ce moment à l'étranger, où il voyageait pour s'instruire. N'ayant nul goût pour le célibat, amoureux en outre d'une jeune Dalmate, il voulut profiter de ce qu'il était devenu son maître pour opérer une transformation dans le gouvernement. Il courut à Vienne pour s'assurer que l'Empereur ne mettrait aucun obstacle à ses projets, et de là écrivit aux chefs de clans qui composaient le Sénat monténégrin. Ceux-ci applaudirent à sa résolution et le changement de constitution fut ainsi opéré d'un consentement unanime. La Russie, prévenue après coup, dût reconnaître la transformation qui venait d'avoir lieu. Elle s'était faite en réalité en dehors d'elle et constituait à son égard une véritable émancipation.

D'ailleurs, comme pour calmer toute appréhension du Tsar, protecteur des Chrétiens d'Orient, et montrer à tous que le Monténégro n'abdiquait pas son rôle de champion des Orthodoxes, Danilo jugeait à propos, lui chef civil d'un État sécularisé, d'entraîner ses sujets dans une lutte contre le Croissant. Le prétexte en était tout trouvé. Le Sultan avait justement refusé de reconnaître la nouvelle forme politique qui allait donner plus de puissance à l'État monténégrin.

Cette guerre fut d'ailleurs sur le point de devenir périlleuse. Avec une armée formidable, Osman-Pacha tenta de forcer les passes des montagnes. C'est l'Autriche qui, une fois de plus, protégea les Monténégrins, craignant que la Russie n'intervînt pour déchaîner une guerre plus formidable. Le Sultan, sommé par elle, en 1853, de suspendre les hostilités, s'exécuta.

Cette intervention de l'Autriche allait déterminer Danilo, pendant la guerre de Crimée, à résister au mouvement d'opinion de son peuple tout dévoué aux Russes, et à garder une stricte neutralité. Attitude politique au premier chef, qui fut approuvée des puissances occidentales, France et Angleterre, et qui devait valoir au Monténégro sa récompense, lors du traité de Paris. C'est en vain qu'au Congrès de Paris, la Turquie revendiqua sur le Monténégro (« partie intégrante de l'Empire ottoman », suivant la déclaration d'Ali-Pacha), la reconnaissance de sa souveraineté. Napoléon III, aidé de la Russie, permit à Danilo d'échapper au sort pénible qui lui était réservé. Il est vrai qu'il ne put obtenir aucune rectification de frontière, ni le port d'Antivari qu'il convoitait.

Mais, en 187, la nouvelle situation internationale de la Principauté reçut une sorte de consécration, quand Danilo se rendit à Paris et fut reçu par Napoléon III, comme un prince indépendant. Tout cela s'était fait sans offenser la Russie qui, d'une part, avait trop besoin du Monténégro pour ne pas lui conserver son amitié et, de l'autre, affectait de se comporter en amie de la France. Cette double protection de la France et de la Russie constituait comme une espèce de transition dans l'histoire du Monténégro, en même temps qu'elle lui rendait les services les plus efficaces. En 1858, au moment où les Turcs, peut-être poussés par l'Autriche, envahissaient la Montagne Noire sans déclaration de guerre, la Russie et la France parvenaient à les arrêter, provoquaient à Constantinople la réunion d'une commission européenne pour procéder à la rectification de frontière qu'on n'avait pas admise en 1856, et à défaut d'Antivari, faisaient céder au Monténégro les districts de Grahovo, de Rudina et de Lupa.

Tout-à-coup, à Cattaro, le 13 août 1860, Danilo mourait assassiné. Par un caprice du sort, il ne laissait qu'une fille, si bien que la succession dut se faire encore d'oncle à neveu. Ce fut le prince Nicolas, actuellement régnant, qui lui succéda. La transition entre des formes gouvernementales différentes était respectée une fois de plus au Monténégro.

VI

Deux idées ont dominé le règne du prince actuel; il les a appliquées avec une patience inlassable : civiliser le Monténégro, secourir et relever les Serbes en les groupant tous ensemble, si possible, pour leur assurer le droit à la vie et le bénéfice d'une union future. Il s'apprêtait à mener à bien ses réformes intérieures quand l'insurrection de l'Herzégovine, en 1861, le força d'interrompre ses travaux. Les Monténégrins prirent fait et cause pour les Chrétiens, mais abandonnés par les grandes puissances, ils durent signer la paix à Scutari (1862).

Malgré le honteux massacre de Podgoritza, en 1874, le prince Nicolas persévéra dans la ligne de conduite qu'il s'était tracée et se rapprocha du prince de Serbie. En habile diplomate, il dissimula sa haine pour les Ottomans et continua de vivre avec eux en termes courtois. Le moment de la vengeance n'était pas encore venu, mais il se présenta bientôt. En 1875, l'insurrection de l'Herzégovine fut l'étincelle qui alluma la guerre générale dans la Péninsule balkanique, et l'entente fut conclue secrètement entre Nicolas et le prince Milan.

La Porte aurait pu éviter cette guerre longue et coûteuse, en cédant aux prétentions des Monténégrins et des autres peuples de race serbe. En jetant un coup d'œil sur les frontières monténégrines de 1875, on constate que les villes de Niksitch et de Spritch s'enfoncent comme deux coins dans le cœur de la Principauté, la coupant en deux parties et formant deux postes avancés dont la situation met le Monténégro à la merci des Turcs. Depuis longtemps le prince Nicolas réclamait inutilement la cession de ces districts. La Turquie se dérobait toujours. En présence de l'insurrection bosniaque qui prenait bientôt de redoutables proportions et s'étendait de proche en proche jusqu'en Bulgarie, le prince de Monténégro n'avait plus à reculer, tout l'engageait à la lutte. Lorsque le prince Milan de Serbie eut envoyé sa déclaration de guerre à Constantinople (juillet 1876), le prince Nicolas, jetant le masque, entra à son tour dans la lice. Ses troupes infligèrent aux Turcs des pertes cruelles et il s'empara d'Antivari et de Dulcigno.

Au traité de San Stéfano qui mettait fin à la guerre, la Russie sut reconnaître les services que le Monténégro lui avait rendus par la diversion opérée sur son flanc droit et le secours inappréciable de ses vaillantes troupes. Le prince recevait, en effet, 192.000 kilomètres carrés et 210.000 habitants, avec les places fortes de Niksitch, de Spritch, de Podgoritza, pour ne citer que les principales, et les deux magnifiques ports d'Antivari et de Dulcigno.

Mais le traité de San Stéfano devait malheureusement rester lettre morte par suite des intrigues de l'Angleterre et de l'Allemagne. L'Europe, réunie à Berlin, réduisait le Monténégro à la portion congrue (protocole du 13 juillet 1878). Le plus vaillant, le plus heureux des champions de la race slave fut privé des deux tiers au moins de ses avantages. Au lieu du large accès sur la mer tant convoité, il ne garda qu'un port, Antivari, et encore sous la menace de Spizza donné à l'Autriche, de Dulcigno laissé à la Turquie; avec défense d'avoir des bâtiments de guerre de toutes les nations, et de construire ni routes ni chemins de fer sans l'agrément de l'Autriche. Les fortifications élevées sur le rivage de la mer devaient être rasées et il était défendu d'en bâtir de nouvelles. Puis, du côté de l'Herzégovine, on lui retranchait le district de Gatzko; du côté de Novi-Bazar, pour assurer à l'Autriche la route de Salonique, le territoire à annexer fut diminué de plus de moitié sur ce point. Quoique la population du Monténégro fut portée à 280.000 habitants et sa superficie à 9.433 kilomètres carrés, il n'avait pas ce à quoi il avait droit.

Disons enfin que la pleine indépendance du Monténégro était reconnue par la Porte et par les hautes parties contractantes. Mais elle ne fut ni concédée, ni imaginée en 1878, car sans être acceptée de tous explicitement, elle existait déjà, bien que la Turquie y eût toujours contredit. La question restait indécise au point de vue diplomatique. On ne savait pas si le Monténégro était un État affranchi de tout lien de vassalité ou de dépendance ou si au contraire c'était, comme le prétendait le gouvernement de Stamboul, une province vassale.

Désormais, la question était tranchée et sans trop de protestations de la part de la Porte. Au congrès de Berlin (10e séance), Kara-Théodori-Pacha s'éleva contre la délimitation de San-Stefano au point de vue stratégique et ethnographique.

Certes le Monténégro pouvait se louer des avantages obtenus. Il avait un accès considérable à la mer; il était débarrassé au nord de Niksitch qui le dominait, au sud, des fortins de Jabliak et de Sponze, qui, appuyés sur Podgoritza, lui fermaient tout accès sur la plaine d'Albanie. Les Monténégrins ne seraient plus obligés pour vivre d'émigrer ou de faire des razzias contre les Musulmans, car ils avaient retrouvé une partie des Kutchis et acquis des terres fertiles. Et cependant le prince n'accepta que difficilement cette situation; il protesta auprès des puissances et affirma ses droits sur Dulcigno.

L'exécution du traité de Berlin, en ce qui concernait les frontières albanaises, donna lieu du reste à des complications et faillit amener la guerre. Les Albanais, sous la domination turque, avaient conservé une certaine indépendance et vivaient en tribus, les unes musulmanes et les autres catholiques, et par conséquent ennemies des Monténégrins orthodoxes. Aussi les districts albanais de Gusinje et de Plava prétendirent ne pas accepter la suprématie du Prince, et la ligue albanaise soutint leur révolte. Les Turcs, avec une mauvaise foi évidente, encourageaient cette résistance (janvier 1880).

L'Europe s'émut, car la situation devenait grave. Pour sortir d'embarras, un compromis, suggéré par le comte Corti, ambassadeur d'Italie à Constantinople (Arrangement Corti, 12 avril 1880), fut accepté par les puissances. La Porte résista d'abord et finit par céder. Gusinje et Plava étaient rendus à la Turquie, pendant que le district et le port de Dulcigno étaient adjugés au Monténégro.

Mais lorsqu'il s'agit d'occuper ces territoires, les difficultés recommencèrent avec les Albanais, et comme la Porte les soutenait en sous main, refusant de faire évacuer par eux les districts des Hoti, une démonstration navale des puissances, suggérée par l'Angleterre, eut lieu devant Dulcigno (septembre 1880). Celle-ci avait proposé de bloquer les Dardanelles et de saisir la douane même de Smyrne. Finalement la Porte céda et attaqua les Albanais. Le 26 novembre 1880, Dulcigno était remis aux mains du Monténégro qui gagnait enfin son accès à la mer avec une longueur de rivage de 54 kilomètres (30 milles). Il n'a jamais oublié le service que l'Angleterre lui avait rendu en cette circonstance, et le nom de Gladstone est encore très populaire dans les montagnes du Monténégro.

En août 1910, Nicolas Ier consacrait la glorieuse tradition de sa maison en prenant la couronne royale. Des visiteurs illustres s'empressèrent de venir féliciter le nouveau roi qui, en même temps, célébrait ses noces d'or avec la reine Milena. On rappela la bravoure séculaire du noble peuple monténégrin qui devait avoir bientôt l'occasion de renouveler ses hauts faits.

CHAPITRE IV

GERMAINS ET SLAVES EN ORIENT

I

Nous avons montré le développement de la nation serbe au cours du XIVe siècle dans les deux États, la Serbie et le Monténégro, voisins par leur configuration géographique, et politiquement séparés l'un de l'autre. Nons avons vu par là même que leur accès à la mer était des plus restreints ; en effet, la Serbie se trouve séparée de l'Adriatique par les territoires dalmates et le Monténégro, et ce dernier État ne possède, sur cette mer, qu'Antivari ; Spizza lui ayant été enlevé. Cependant l'Autriche trouvait que la race serbe avait trop rapidement grandi, qu'elle était pour elle une menace, car elle lui barrait la route de Salonique ; sa politique était d'en paralyser l'accroissement futur, accroissement que la vertu d'expansion de la race elle-même, sa forte natalité, rendaient inévitable. C'est alors qu'en 1908, la politique autrichienne qui a échoué en Serbie, sous le roi Pierre Ier, va adopter une attitude décisive. La querelle des chemins de fer balkaniques éclate, et quelques mois après, l'Autriche annexera la Bosnie et l'Herzégovine.

*
* *

Le traité de Berlin (art. 25) donnait, on le sait, à l'Autriche-Hongrie le droit d'occuper et d'administrer, pour une période indéterminée, la Bosnie-Herzégovine. En même temps, elle était autorisée à mettre garnison, quand elle le jugerait à propos, dans le district de Novi-Bazar sur la route de Salonique. La position était exceptionnelle. Le Sandjak est situé en effet sur la voie naturelle qui descend de la Bosnie vers la Vieille-Serbie, la Macédoine et Salonique, et l'Autriche se trouvait du coup portée, dans un effort immense, sur le chemin de Constantinople et de tout l'Orient vers la Méditerranée. Elle comprit l'importance économique de cette nouvelle position, prélude nécessaire de la conquête politique.

Pour réaliser l'exploitation commerciale de ses nouvelles possessions, l'Autriche devait viser nécessairement à la construction de voies ferrées qui faciliteraient les échanges avec les pays balkaniques. Le besoin, du reste, s'en faisait sentir.

Dès 1868, Abd-ul-Aziz, après avoir visité l'Exposition universelle à Paris, eut l'idée de faire construire des voies ferrées au travers de son Empire. Il fit appel à la spéculation qui se porta sur les chemins de fer balkaniques avec une fièvre inouïe. Mais l'Angleterre, surtout, poursuivit la création de voies ferrées sur la côte favorables au développement de son commerce, tout en usant de son influence pour en empêcher le raccordement avec les voies austro-hongroises. Or, le traité de Berlin renversa les subtiles combinaisons de l'Angleterre.

Son article 10 posait le principe « de l'achèvement du raccord du réseau turc avec les réseaux serbes et autrichiens ». Une conférence entre les délégués de la Turquie, de la Serbie, de l'Autriche, de la Bulgarie, s'ouvrit à Vienne pour régler les détails d'application de cet article, et aboutit à la convention du 9 mai 1883. Deux lignes étaient alors en construction. L'une partait de Constantinople, par Andrinople, Philippopoli, vers Belgrade et le réseau autrichien. Le point terminus était Vienne. La convention fixait le raccord des divers tronçons à Sofia et à Nich. La deuxième ligne était projetée de Vienne directement vers Salonique. L'entente ne put se faire : d'un côté, le tronçon turc s'arrêtait en Vieille-Serbie, et de l'autre côté, le tronçon autrichien finissait en Bosnie.

Ces deux voies prirent vite une extension considérable. Elles avaient une importance capitale au point de vue des échanges internationaux ; aucun autre chemin de fer des Balkans ne pouvait leur être comparé. Mais la ligne Vienne-Salonique pouvait avoir une influence économique et politique plus grande encore. L'Autriche poussa donc activement les travaux et bientôt la ligne atteignait Uvac à l'extrémité nord du Sandjak de Novi-Bazar. Du côté turc, elle s'arrêtait à Mitrovitza. La distance qui séparait ces deux villes, une fois franchie, la grande voie Vienne-Salonique serait définitivement constituée. La politique autrichienne devait tendre à la jonction de ces deux tronçons, pour en former une ligne unique. Au Ball-Platz, on répétait que le traité de Berlin, dans son article 25, donnait à l'Autriche le droit de construire un chemin de fer dans le Sandjak de Novi-Bazar, et depuis le mois d'octobre 1900, le plan en était définitivement arrêté par le ministère commun austro-hongrois.

Pourquoi l'Autriche attendit-elle l'année 1908 pour négocier avec la Turquie la construction de cette voie de raccord, et pour en lancer l'idée à travers l'Europe? Une première raison nous est fournie par la situation intérieure de la monarchie dualiste. Si la jonction Uvac Mitrovitza favorisait la partie allemande de l'Autriche et les pays qui entourent Vienne, les Hongrois trouvaient, dans la réalisation de ce projet, un intérêt moins immédiat. Aussi s'opposèrent-ils avec vigueur, en 1900, à la construction de cette ligne. On leur fit espérer, il est vrai, le raccord de Sarajevo à Budapest, par une voie très directe Samatz-Essex; de Sarajevo à Spalato sur l'Adriatique par Bugojno; de Knin à Laybach et à Vienne, par Karlstadt, etc... Malgré tout, la querelle fut très vive entre Transleithans et Cisleithans, et ce ne fut que grâce à l'influence personnelle de M. de Kallay que le projet fut adopté.

Il y avait d'autres difficultés qui résultaient des conditions nouvelles de la politique orientale de l'Autriche; elles furent également la cause de son silence prudent. L'entente de 1897 entre la Russie et l'Autriche avait mis fin à la période de froissements et de rapports tendus qui avait succédé au traité de Berlin. Il semblait que toutes les difficultés balkaniques seraient résolues par l'entente des deux grandes puissances orientales, notamment dans les affaires de Macédoine. Le programme de Mürszteg n'était-il pas la conséquence de cette collaboration féconde? Si, à la faveur de cet accord, on détournait les yeux en Russie de la Péninsule balkanique, en Autriche, on évitait avec soin de mécontenter le grand État slave. Mais cette entente ne devait pas durer, car elle ne pouvait devenir une véritable alliance. L'Autriche poursuivait toujours ses visées orientales, et, en Russie, on prêtait plus d'attention aux affaires de Macédoine et aux affaires slaves en général depuis les échecs de la guerre contre le Japon. Tôt ou tard, les deux puissances se rencontreraient.

L'Autriche, sentinelle avancée de la « plus grande Allemagne » dans les Balkans, gardait en réserve son plan du chemin de fer de Vienne-Salonique, prête à le faire exécuter au moment opportun. A mesure que son entente avec la Russie devenait de moins en moins efficace, son désir s'affirmait davantage de réaliser la grande idée pangermaniste. Le 27 janvier 1908, le Comte d'Aehrenthal, dans un discours aux Délégations austro-hongroises, déclarait que l'Autriche devait demander à la Turquie la concession de la voie ferrée projetée. Elle était nécessaire, disait-il, au développement économique de l'Autriche pour lui créer des débouchés sur l'Archipel et les mers environnantes. Si, d'accord avec la Russie pour respecter le *statu quo* territorial dans la Péninsule, elle avait renoncé à la *conquête politique* des Balkans, rêvée peut-être par quelques-uns de ses hommes d'État, rien ne l'empêchait du moins d'en essayer la *conquête économique*, et le discours du Comte d'Aehrenthal indiquait clairement que l'heure était venue de la tenter.

De l'aveu même du ministre austro-hongrois, l'exécution du projet Uvac-Mitrovitza devait comporter toute une série de conséquences d'une importance considérable. Elles se manifesteraient non seulement au profit de l'Autriche, mais de toute l'Allemagne en général. Cette ligne, qui traverserait un pays slave, serait alimentée par un trafic de produits allemands, de même qu'elle serait construite avec des capitaux allemands. Elle favoriserait surtout les voyageurs allemands, se rendant en Orient et en Extrême-Orient et voulant prendre le bateau à Salonique.

Puis, en assurant l'exploitation économique du Sandjak de Novi-Bazar, l'Autriche y consoliderait son influence politique. Elle pourrait amener des troupes plus aisément et plus rapidement jusqu'aux confins de la Vieille-Serbie. L'importance stratégique du Sandjak est, en effet, exceptionnelle. L'Autriche y reste maîtresse de la célèbre plaine de Kossovo, où jadis fut consacrée la défaite des Serbes, et qui serait appelée à voir se consommer au XXe siècle leur séparation économique et politique. Ayant en main cette clef de la Péninsule des Balkans, elle occuperait les sources de deux rivières slaves : la Morava et le Vardar, qui coulent l'un vers le Danube et l'autre vers Salonique ; elle s'établirait dans cette partie du territoire qui fait communiquer le Nord et le Sud, et, de là, elle tiendrait les autres pays slaves sous sa dépendance économique.

Mais il y avait des avantages d'ordre négatif à l'exécution du projet autrichien. Il mettait d'abord en échec les intérêts français et italiens en favorisant avant tout le commerce allemand. Il était, en effet, nuisible aux intérêts de l'Italie méridionale, en détournant au profit de l'Europe centrale le passage de la malle des Indes. Brindisi serait détrôné par Salonique. Le projet permettrait d'établir de Londres à Port-Saïd et Alexandrie, par Ostende, Aix-la-Chapelle et Vienne, une ligne plus courte que celle fournie par les rails français et italiens. Salonique est le port le plus rapproché de l'Égypte et du Canal de Suez ; « il n'est éloigné d'Alexandrie que de 1.140 kilomètres, tandis que la distance de Brindisi au même point est de 1,528 kilomètres »[1]. Il y aurait donc une économie de près de 400 kilomètres, c'est-à-dire, de 16 à 18 heures environ entre Londres et l'Orient. Dès lors, Salonique deviendrait un port allemand, investi « d'une fonction de premier ordre dans l'organisme continental ».

Si cette voie ferrée était une menace pour les intérêts franco-italiens, au point de vue continental, elle le devenait également au point de vue maritime. Elle réalisait le rêve des pangermanistes, de ces protagonistes de la Weltpolitik, en permettant aux Allemands d'avoir un débouché pour leurs produits sur la Méditerranée même. On sait quelles ambitions poussent les Allemands vers l'Asie Mineure et l'Extrême-Orient. La Méditerranée par Suez est le chemin naturel qui conduit à ces pays riches, où ils veulent implanter leur commerce, et précisément

1. Loiseau : *L'Equilibre adriatique*. — Paris, 1901, page 163. — Voir aussi : *Don Marzio* et *Il commercio italiano* — nov. 1900.

une voie ferrée, soudée aux chemins de fer de l'Europe centrale, permet d'entrer en rapports directs avec le canal de Suez.

Un dernier avantage résulterait, au point de vue allemand, de la situation inférieure dans laquelle désormais seraient placés les Slaves. En traversant le Sandjak, la ligne Vienne-Salonique couperait en deux parties les Serbes de la Serbie et ceux du Monténégro. Le Monténégro se trouverait « enchâssé dans les territoires d'occupation austro-hongrois, sans un jour ni sur la Péninsule balkanique, ni sur l'Occident ».

De son côté, la Serbie devrait renoncer à son projet séculaire de trouver des débouchés commerciaux sur l'Adriatique. Or, les tendances naturelles des Serbes les poussent vers la mer Adriatique qui était historiquement une mer serbe. Les ports de la « Grande-Serbie » ne furent-ils pas jadis Raguse, Antivari, Dulcigno, Durazzo? La nouvelle voie ferrée isolerait la Serbie de l'Adriatique, l'incorporerait plus complètement dans le système économique de la monarchie. Elle se trouverait ainsi à la merci de ses tarifs de chemins de fer, de ses visites douanières. Elle retomberait sous cette tutelle pesante dont elle a voulu se défaire en ces dernières années par des traités de commerce avec certaines puissances.

Enfin, la poussée allemande, le *Drang nach Osten*, étant plus fortement accentuée vers le centre de la Péninsule, la Vieille-Serbie, que la ligne traverse, se trouverait prise à revers, enserrée avec l'Albanie comme dans les nœuds d'un vaste filet jeté sur ses plaines et ses montagnes et retenue d'un côté par la ligne autrichienne de Gabela à Castelnuovo et Cattaro, et de l'autre, par la ligne Vienne-Salonique. Ce serait un dernier échec aux légitimes aspirations des Monténégrins sur Scutari et les territoires des princes de la Zenta.

Tels étaient les avantages que présentait pour la politique du *Drang* la ligne Vienne-Salonique, qui était la formule synthétique et précise de la poussée pangermaniste. Aux intérêts allemands s'opposaient les intérêts slaves. Comment, à leur tour, seraient-ils défendus?

II

Une vive émotion s'empara de tous les Slaves, ainsi que des Italiens, à la lecture du programme du Comte d'Aehrenthal. Soit en Serbie, soit au Monténégro, soit en Bulgarie, mais surtout dans les deux premiers États directement menacés, ce fut une indignation générale. On comprenait toute la portée du projet autrichien qui faisait de la Vieille-Serbie et de la Macédoine, à travers les territoires slaves, un canal allemand vers la mer. Chez la nation russe, protectrice attitrée des Slaves, il déchaîna une véritable tempête.

On avait raison de parler à Pétersbourg de la trahison autrichienne, au spectacle du brusque virage exécuté par le Comte d'Aehrenthal. L'Autriche modifiait sa politique, mais en reprenant ses traditions anti slaves, c'est-à-dire anti russes. Cette attitude toute de ménagements, « de confiance résignée et de patience conciliante », adoptée par la Russie à l'égard de l'Autriche, depuis l'entente de Mürszteg, donnait des résultats singulièrement différents de ceux que la Russie était en droit d'espérer après les services rendus. Si l'Autriche, pensait la Russie, avait joui de quelque considération auprès des Slaves, en ces dernières années, c'était en exploitant son influence et son amitié. Mais, il était dit que cette puissance étonnerait encore l'Europe par l'immensité de son ingratitude. La Russie devait se ressaisir; elle le fit en se plaçant nettement du côté des Slaves, que peut-être elle n'aurait jamais dû abandonner.

En Italie, non seulement on redoutait les conséquences générales que provoquerait l'établissement de la nouvelle ligne, mais on craignait plus spécialement le développement de l'influence allemande en Turquie d'Europe. Il devenait notoire que l'Italie visait à la construction de la ligne Valona-Monastir pour développer et renforcer les intérêts nombreux qu'elle soutenait depuis longtemps déjà dans cette partie des Balkans. La ligne allemande nuirait ici directement à l'influence italienne.

Cependant, on ne se laissa pas aller au découragement. Certains firent même remarquer avec raison, et cette opinion fut soutenue par l'ancien premier ministre du Monténégro, M. Radovitch, que la construction du chemin de fer de Novi-Bazar ne devait pas être considérée par l'Autriche comme un droit résultant de traités antérieurs, c'est-à-dire, le traité de Berlin.

L'Autriche interprêtait de façon erronée l'article 25 du traité de Berlin. Cet article dit : « Néanmoins, afin d'assurer le maintien du nouvel État politique, ainsi que la liberté et la sécurité des voies de communication, l'Autriche-Hongrie se réserve le droit de tenir garnison et d'avoir des routes militaires et commerciales sur toute l'étendue de cette partie de l'ancien vilayet de Bosnie. A cet effet, les gouvernements d'Autriche-Hongrie et de Turquie se réservent de s'entendre sur les détails. »

Cet article, évidemment, parle de routes militaires et commerciales et non pas de chemins de fer, autrement le traité de Berlin n'aurait pas manqué de le spécifier, ainsi qu'il l'a fait pour le Monténégro, dans l'article 29. « Le Monténégro devra s'entendre avec l'Autriche-Hongrie sur le droit de construire et d'entretenir sur le nouveau territoire monténégrin, une route et un chemin de fer. » Mais un chemin de fer à travers le Monténégro a une importance internationale bien moins considérable que dans le Sandjak de Novi-Bazar, par le moyen duquel il relie Vienne à Salonique ! Par conséquent, le traité de Berlin, s'il avait voulu viser la construction éventuelle d'une voie ferrée dans le Sandjak, n'aurait pas omis de la spécifier.

Tel fut cet argument fondé sur le texte même du traité de Berlin. Peut-être aurait-il eu quelque chance de triompher si l'Autriche, soutenue par l'Allemagne, eût persisté dans sa manière de voir, et si les autres puissances ne l'eussent empêchée d'agir! Comme de ce chef, un jour ou l'autre, le projet serait exécuté, il fallut parer au danger qu'il présentait. On se rallia à un projet de chemin de fer élaboré depuis plusieurs années, et destiné à paralyser les conséquences fâcheuses du projet autrichien. Ce fut le contre-projet slave.

*
* *

Lancer une voie ferrée qui relierait le Danube à l'Adriatique, se soudant par le fleuve même à la mer Noire et, par les chemins de fer roumains, aux plaines de Russie, telle fut l'idée préconisée par les Slaves, non seulement en Russie, mais dans le Balkan tout entier. La ligne Danube-Adriatique devait avoir son point de départ à Radujevaz ou Praovo, ports sur le Danube. De ce port un embranchement pouvait filer sur Calafatu ou Krajova directement, pour relier la grande ligne au chemin de fer roumain qui se dirige par Krajova sur Bucarest, Bezan, Braïla, et se soude au réseau russe entre Galatz et Réni. De Kadujevaz, la ligne allait vers Nich en suivant la vallée du Timok, et de là, par le cours du Toplica, aboutissait à Kursimlija.

A partir de Kursumlija, deux tracés étaient également préconisés et avaient, l'un et l'autre, leurs partisans différents. L'un était surtout un projet monténégrin, et l'autre un projet serbe.

Le tracé nord, à travers un tunnel creusé sous la chaîne Kopaonik, déboucherait dans la plaine de Kossovo à Mitrovitza. En suivant la vallée de l'Ibar, il gagnerait

Rosaj, traverserait les monts Mokra et Kom et par la vallée de la Moratcha, arriverait à Podgoritza, et ensuite par Vir-Bazar à Antivari. Le tracé, envisagé d'abord au point de vue technique, était de 516 kilom., en ligne absolument droite, de Radujevaz à Antivari. Il serait coûteux, comportant de nombreux ouvrages d'art, notamment 4 à 5 tunnels. Les dépenses au minimum seraient environ de 100 à 120 millions de francs.

Mais, en revanche, les avantages économiques et politiques seraient considérables. Le tracé Nord avait d'abord un mérite très appréciable, c'était de constituer une ligne droite et d'être par conséquent le plus court chemin du Danube à la mer Adriatique. Il suivait à peu près le même parcours que l'ancienne voie romaine ; ce qui prouve que déjà, à cette époque, on s'était rendu compte de l'importance de cette jonction. Il passait en même temps par des territoires habités par des Slaves qui verraient avec plaisir, grâce à l'établissement d'une voie ferrée, se préparer leur union économique avec leurs frères de Serbie et du Monténégro. Cette ligne serait même un excellent moyen de civilisation pour la Haute-Albanie.

L'avantage de cette ligne était d'avoir pour point terminus le vaste port d'Antivari, qui pouvait servir de port de relâche et de transit pour les bateaux faisant le commerce du Levant. Par là, la ligne acquérait une grande importance économique. En outre, elle était des plus favorables au Monténégro, dont elle traversait le territoire riche en forêts et en mines de lignites sur la frontière turco-monténégrine. Les splendides forêts qui couronnent les montagnes de la Tsernagora et de la Haute-Albanie ne pouvaient être exploitées, faute de débouchés vers la mer Adriatique. Un chemin de fer aiderait à leur mise en valeur. De même, l'exportation des bestiaux, principale source de revenu du Monténégro, serait considérablement accrue.

Mais cette ligne favoriserait également la Serbie,

dont le territoire serait directement relié à un grand port sur la mer Adriatique. La Serbie avait, en effet, un intérêt capital à obtenir un débouché sur l'Adriatique, or la nouvelle voie allemande de Vienne à la mer Égée lui fermerait en partie ce débouché. La Serbie est nécessairement obligée de regarder vers l'Adriatique, qui est, du reste, la mer naturelle des pays balkaniques, tandis que la mer Égée est plus éloignée de l'Europe occidentale et d'accès difficile.

Les mines de charbon de la Serbie, les mines de plomb argentifère des environs de Belgrade, les gisements de mercure et les mines de cuivre du district de Pojarevatz seraient rationnellement exploités, trouvant désormais des débouchés certains. La Serbie pourrait accroître son exportation de bestiaux, même celle des vins et des soies grèges, et se livrer à une exploitation plus complète de ses magnifiques forêts.

Mais le projet Nord ainsi décrit était surtout défendu par le Monténégro. Les Serbes, au contraire, préconisaient avec une certaine complaisance le projet Sud.

Le tracé méridional du Danube-Adriatique, qui commençait également à Kursumlija, comme le tracé septentrional, traversait les monts Goliak, débouchait dans la plaine de Kossovo, passait à Pristina, coupait la ligne Mitrovitza-Salonique, et arrivait à Férisovic. De là, il se dirigeait sur Prizrend, en longeant en partie la vallée du Drin; puis, en suivant les deux bras de ce fleuve, il se divisait en deux embranchements, dont l'un aboutissait à San-Giovanni-di-Medua et l'autre à Antivari, par Scutari.

Le projet du gouvernement serbe de construire un chemin de fer du Danube à l'Adriatique datait de plusieurs années. La Serbie essaya autrefois d'obtenir l'autorisation de la Porte qui traîna les négociations en longueur et finalement n'accorda rien. Elle demanda à la Turquie d'autoriser la construction du Danube-

Adriatique, en appuyant le projet Sud[1]. En même temps, elle espérait que les puissances la soutiendraient dans sa demande.

Les hommes politiques serbes, partisans du projet Sud, faisaient très justement remarquer que le tracé Nord obligerait à des négociations avec l'Autriche, puisqu'il passait sur le territoire ou sur les frontières du Sandjak. Seulement, cette remarque ne s'appliquait pas au tracé proposé par Voucitrn et Ipek. Ils critiquaient encore les difficultés techniques d'exécution du tracé Nord, qui nécessitait un ou deux tunnels de plus que le tracé méridional et serait par conséquent plus coûteux.

Mais, on faisait aussi remarquer que le tracé Sud présentait quelques grands désavantages par rapport au tracé septentrional. Il n'était certes pas la ligne la plus courte pour aller de l'Adriatique au Danube, pour desservir vers la mer les riches contrées de la Serbie méridionale, pour servir enfin de trafic direct entre les pays slaves et l'Europe occidentale; et il était évalué à près de 100 kilomètres de plus que le tracé Nord, en considérant le centre de la Serbie par rapport à la mer Adriatique.

De plus, cette ligne passait par des territoires qui ne possédaient pas les richesses minières et forestières des pays desservis par la ligne septentrionale. Le territoire albanais était, de plus, habité par une population turbulente et à demi-sauvage, qui pouvait rendre la ligne d'une sécurité douteuse. Le tracé Nord ne traversait au

1. Le gouvernement serbe n'a pas été seul à proposer le second tracé du Danube-Adriatique. Quatre ans auparavant, le comte de Béarn et un groupe financier demandèrent à Constantinople, à Chakir Pacha, la concession de la ligne qui faisait l'objet du projet serbe. Les études de cette ligne furent entreprises par le groupe financier en question, et après un échange de correspondances entre Chakir Pacha et la Porte, celle-ci fut un instant disposée à accorder la concession demandée, à condition que le projet pût comprendre également une voie de raccordement d'Uskûb à Prizrend vers l'Adriatique. Ce tracé constituait essentiellement le projet de la Turquie.

contraire que des territoires slaves ou peuplés de Slaves avec très peu d'Albanais.

Et si on comparait les deux têtes de ligne, Antivari et San-Giovanni-di-Medua, dans leurs fonctions de ports de transit entre les pays balkaniques et les pays de l'Europe occidentale et de l'Orient, on constatait de suite l'infériorité évidente de San-Giovanni-di-Medua situé dans une fâcheuse position. Sa rade est peu profonde et les deux cours d'eau qui l'enserrent, la Bojana et le Drin, y déposent sans cesse des alluvions qui exhaussent petit à petit le fond de cette rade. Avec le temps, l'ensablement de la rade serait complet par l'effet des courants maritimes, et notamment par un apport plus considérable d'alluvions, lorsqu'on commencera le déboisement des montagnes albanaises, pour la construction du chemin de fer. Il faut aussi noter que San-Giovanni est placé au milieu de marais, où règne la malaria, et que la ville est limitée dans son développement même par de hautes montagnes qui se dressent sur l'arrière.

A Antivari, au contraire, le péril de l'ensablement de la rade n'existe pas. Le port est vaste et profond, et jusqu'à la guerre de 1878, il a servi de débouché à Scutari et à l'Albanie du Nord. Dans les environs de la ville, il y a des collines couvertes d'oliviers et de pâturages florissants, où le bétail, un des principaux articles d'exportation de la Turquie, de la Bulgarie, de la Serbie et du Monténégro, pourrait se remettre des fatigues du voyage et subir ensuite la quarantaine nécessaire.

Dans le domaine commercial, le tracé Nord avait une autre supériorité. Si, en passant par Ipek au lieu de Prizrend, il servait comme le tracé Sud, à draîner le trafic de la Vieille-Serbie, il engloberait aussi le commerce du Sandjak de Novi-Bazar, d'une partie de la Haute-Albanie et du Monténégro, tandis que ce même tracé Sud ne comprendrait en somme que le commerce d'une petite tribu albanaise : les Miridites. Si on veut développer économiquement l'Albanie, il faut y construire le chemin de fer Scutari-San-Giovanni-di-Medua-Alessio-Tirana-Elbassan-Valona.

Quand à la Macédoine, il faut reconnaître qu'aucune des deux lignes ne saurait y avoir une influence quelconque. Pour réaliser le développement économique de ce pays, il faudrait établir la ligne demandée par les Italiens, de Valona à Monastir ou de Durazzo à Monastir.

En Bulgarie, on restait favorable au Danube-Adriatique, comme à tout chemin de fer destiné à améliorer la situation économique de la Péninsule. Mais on attachait une importance toute spéciale à certain projet conçu depuis longtemps déjà. Afin d'entrer en communication directe avec la Macédoine et de là avec Salonique, sans passer par Nich et le territoire serbe, la Bulgarie désirerait la concession de la ligne Kustendil-Uskub par Kumanovo (100 kil.), en communication directe avec Sofia (ligne Kustendil-Sofia). De Kustendil, les Bulgares projetaient une ligne qui irait sur Monastir et de là à Durazzo ou Valona. Mais il faut remarquer que les Allemands exploitent déjà un chemin de fer de Salonique à Monastir et se sont fait concéder la prolongation de cette ligne jusqu'à Durazzo.

La Bulgarie caressait encore un autre projet, relier Sofia à la mer Égée, par un chemin de fer allant de Dubnitza à travers la vallée de la Struma vers Sérès et aboutissant en face de Salonique dans le golfe d'Orfani. Le principe bulgare est, en effet, de faire de Sofia le centre d'un réseau mettant en communication la mer Égée, l'Adriatique, l'Europe centrale, la Roumanie et la Russie.

Les pays de l'Europe centrale profiteraient du Danube-Adriatique dans leurs relations commerciales avec les Balkans, et l'Italie surtout en retirerait le plus gros bénéfice. Du reste, le Danube-Adriatique, d'une façon générale, — et surtout le tracé Nord, d'une distance plus courte que le tracé Sud et débouchant dans le vaste port d'Antivari — serait plus favorable à ce grand commerce européen, et même au développement économique du Sandjak de Novi-Bazar, que la ligne Uvac-Mitrovitza.

Cette dernière traverserait, en effet, des pays peu fertiles au point de vue agricole, et pas très riches non plus au point de vue minier. Peut-être le comte d'Aehrenthal et plusieurs autres s'étaient-ils fait illusion sur son importance économique ? En outre, l'intérêt des habitants du Sandjak de Novi-Bazar était de voir leur pays relié, non pas à la mer Égée, mais à la mer Adriatique, qui est beaucoup plus proche. C'était là où ils désiraient envoyer leurs produits agricoles. Il en était de même de la Bosnie et de l'Herzégovine, pays essentiellement agricoles, qui préféraient plutôt se servir, pour l'écoulement de leurs produits, des voies autrichiennes situées le long de l'Adriatique, que de la ligne de Salonique. Était-ce à cause de cette perspective peu rémunératrice que la ligne Uvac-Mitrovitza était projetée à voie étroite (75 centimètres)? Mais alors, elle nécessiterait deux transbordements, l'un à Brod, l'autre à Mitrovitza. Dans ces conditions, on se demandait quelle pourrait bien être l'utilité économique de cette ligne? Tant qu'elle ne serait pas à voie normale, les marchandises allemandes et autrichiennes continueraient certainement à prendre le chemin de fer qui traversait la Serbie et dont le parcours est de 180 kilomètres plus court que celui de Novi-Bazar. Sans doute, une fois la concession obtenue, l'Autriche ne s'en tiendrait pas là, s'empressant alors d'établir une voie normale entre Uvac et Mitrovitza.

Une conférence d'ingénieurs français, italiens, russes, serbes et turcs se prononçait dans une réunion, à Paris, pour un tracé intermédiaire entre celui du Nord et celui du Sud. Le nouveau tracé, en quittant le territoire serbe, passerait par Prichtina et Djakova, et aboutirait à la côte adriatique, au bout du lac Luners, quelques kilomètres au nord de San-Giovanni-di-Medua. En outre, une ligne transversale de 64 kilom. relierait Ipek avec Prizrend.

Les diverses puissances intéressées à la création du Danube-Adriatique, quel que fût le tracé adopté, étaient très disposées à favoriser sa construction. Elles l'avaient fait savoir à la Serbie et au Monténégro par leurs divers représentants.

Il se manifestait donc dans le concert européen un nouveau groupement des puissances dont bénéficieraient les Slaves. La Russie, jusqu'ici fidèle au programme de Mürszteg qui limitait son action dans les Balkans, soutenait les revendications serbes, monténégrines et bulgares. Elle était suivie dans cette voie par l'Italie, la France et l'Angleterre, tandis que dans le camp opposé, les puissances allemandes ne pouvaient qu'acquiescer avec une mauvaise humeur évidente aux projets panslavistes, leur opposition cherchant à s'appuyer sur les résistances de la Turquie.

Cette querelle de chemins de fer était, en somme, au point de vue européen, une des phases de la lutte séculaire entre les puissances maritimes (Italie, France, Angleterre), et les puissances continentales (Autriche, Allemagne). Devant l'opposition faite au projet autrichien par les puissances de la Triple Entente et l'Italie, les conceptions du comte d'Aehrenthal se trouvèrent mises en échec. Il chercha autre chose.

III

A la suite d'entrevues diplomatiques retentissantes, il notifiait brusquement aux chancelleries, en octobre 1908, l'annexion de la Bosnie-Herzégovine que l'Autriche-Hongrie occupait et administrait à titre temporaire, en vertu de l'article 25 du traité de Berlin. Or, ces provinces sont peuplées de Serbes, à l'exception de quelques colons allemands de date récente et de quelques milliers de Juifs.

« En Bosnie-Herzégovine, sous trois religions, il n'y a qu'un seul peuple serbe », écrivait jadis, dans un ouvrage sur les Serbes [1], M. de Kallay, qui fut administrateur des deux provinces au nom de l'Autriche-Hongrie. La seule différence que les Serbes présentent entre eux, mais elle est importante, c'est que les orthodoxes forment les deux cinquièmes de la population (800.000), les Musulmans, qui sont d'anciens seigneurs serbes convertis à l'islamisme, environ un tiers (600.000), et les catholiques croates qui appartiennent comme les Serbes à la race jougo-slave, environ un cinquième, soit 300.000 habitants. C'est donc avec raison que les Serbes de Serbie et du Monténégro proclament que la Bosnie-Herzégovine est un pays foncièrement serbe.

L'article 25 du traité de Berlin, en vertu duquel l'Autriche-Hongrie administrait la Bosnie-Herzégovine, disait : « Les provinces de Bosnie-Herzégovine seront occupées et administrées par l'Autriche-Hongrie... ». La rédaction même de cet article impliquait évidemment que les deux provinces faisaient encore partie intégrante de l'Empire ottoman.

Dans les diverses séances du Congrès de Berlin, les plénipotentiaires avaient tour à tour précisé le caractère

1. *Die Geschichte der Serbien von den ältesten Zeiten* bis 1813-1878, p. 170-173.

du mandat qui venait d'être confié à l'Autriche-Hongrie, car il y avait bien mandat et mandat donné par l'Europe, au sens strict du mot. Au moment de la discussion de l'art. 14 du traité de San Stefano, le comte Andràssy lut une déclaration dans laquelle il disait que « la question bosno-herzégovienne, tout en concernant le plus directement l'Autriche-Hongrie, ne cesse pas d'être une question éminement européenne[1]. » Lord Salisbury proposa alors de confier l'administration des provinces à l'Autriche-Hongrie, tout en réservant la souveraineté du Sultan. C'est à ce titre seulement que le plénipotentiaire russe vota pour la motion anglaise[2], et que le plénipotentiaire de France déclara qu'il considérait « l'intervention du gouvernement d'Autriche-Hongrie comme une mesure de police européenne. » Les réserves faites tendaient d'elles-mêmes à exclure toute éventualité d'une annexion future des deux provinces par l'Autriche-Hongrie.

Il était donc bien certain que la nouvelle situation de la Bosnie-Herzégovine n'avait pas le caractère d'une « annexion déguisée », comme l'ont prétendu certains auteurs autrichiens. Elle avait, au contraire, le caractère d'un mandat international confié à l'Autriche. La nouvelle condition des provinces était donc toute provisoire; le comte Andràssy, dans son mémorandum, l'indiquait très nettement (p. 54-59), et lord Beaconsfield, dans une déclaration du 5 juillet, avait très certainement voulu désigner cette occupation des provinces comme un état intermédiaire[3].

Mais ce qui donnait encore plus de force à cette argumentation fondée sur les textes mêmes du traité de Berlin, c'est la déclaration signée par les plénipotentiaires

1. *Livre Jaune.* — *Congrès de Berlin*, p. 130-133.

2. Voir Schneller, *Die Stratsrechtliche Stellung von Bosnien und die Herzegovina*, 1892.

3. *Livre Jaune*, p. 205, *Protocole*, n° 13.

autrichiens, le 13 juillet 1878, déclaration qui proclamait l'indépendance du Sultan, et affirmait que l'occupation des deux provinces n'était que provisoire.

« Sur le désir exprimé par les plénipotentiaires ottomans au nom de leur gouvernement, les plénipotentiaires austro-hongrois déclarent au nom de Sa Majesté Impériale et Royale Apostolique, que les droits de souveraineté de Sa Majesté Impériale le Sultan, sur les provinces de Bosnie-Herzégovine, ne subiront aucune atteinte par le fait de l'occupation, dont il est question dans l'article relatif aux dites provinces du traité à signer aujourd'hui : que l'occupation sera considérée comme provisoire, et qu'une entente probable sur les détails de l'occupation se fera immédiatement après la clôture du Congrès, entre les deux gouvernements. »

Signé : ANDRASSY-KAROYLI-HAYMERLÉ.

Ainsi, d'un côté, il y avait mandat confié à l'Autriche qui se trouvait liée envers l'Europe ; de l'autre, ce mandat avait un caractère essentiellement temporaire et provisoire. L'Autriche n'avait donc pas le droit de dire : il n'y a rien de changé dans les deux provinces qui m'appartenaient déjà. On voit jusqu'à quel point elle en était propriétaire ! Si ancienne qu'elle soit, une situation de fait est impuissante à créer un droit nouveau destiné à supprimer un droit existant. Il fallait que l'Autriche violât un traité solennel pour s'adjuger la Bosnie-Herzégovine ; et quoi qu'on en dise, les traités ont leur poids, ils sont la sauvegarde des faibles, la raison dernière de l'existence des États, la consécration du droit.

Sentant le terrain juridique céder sous leurs pas, les ministres de la monarchie cherchèrent dans l'histoire une excuse à leur acte. Dans l'exposé des motifs du projet de loi visant l'annexion des provinces bosniaques, le premier ministre hongrois, M. Wekerlé, parla des droits historiques de la Hongrie sur la Bosnie-Herzégovine : « D'anciens liens unissaient ces provinces aux pays de la

Couronne hongroise. Ces liens se relâchèrent par suite du droit de guerre. Toutefois, nos prétentions sur les dites provinces furent expressément maintenues dans les titres du roi de Hongrie... » Mais, à ce compte-là, et puisqu'on fait appel à l'histoire pour négliger le principe des nationalités, et puisque quatre cents ans de domination turque n'ont pas effacé les droits de la Hongrie, on peut se demander, non seulement si les prétentions serbes ne sont pas tout aussi fondées, — car l'empire du Grand Douchan étendait son autorité sur les provinces serbes, — mais si la Turquie n'aurait pas raison de revendiquer la propriété de la Hongrie, elle qui posséda la ville de Bude pendant un siècle et demi !

De plus, si les droits de la couronne de Hongrie sont aussi solidement établis, pourquoi en avoir fait si peu cas en 1870, lorsque M. de Kallay se présentait chez M. Risticht, régent au nom du roi Milan, et lui soumettait de la part du comte Andràssy et du gouvernement austro-hongrois un projet de traité entre l'Autriche et la Serbie. Il était dit, dans l'art. 2, qu'en cas de guerre, l'Autriche s'engageait à « obtenir pour la Serbie l'annexion de la Bosnie, de l'Herzégovine et de la Vieille-Serbie[1] » ; et cela avec l'approbation de l'Empereur.

Ainsi, au point de vue juridique et au point de vue historique, il ne semblait pas que l'Autriche pût justifier cette annexion. Pouvait-elle, du moins, invoquer les sentiments austrophiles des populations annexées, satisfaites des services rendus par l'administration autrichienne ?

IV

Dès l'arrivée des premières troupes autrichiennes en Bosnie-Herzégovine, le 29 juillet 1878, de violents com-

1. C'est le très distingué ministre de Serbie, à Paris, M. Vesnitch qui a livré ce traité à la publicité, en octobre 1908.

bats s'engagèrent sur tous les points. Ce fut une véritable guerre de guérillas qui décima les soldats autrichiens. Le 20 octobre seulement, l'occupation était consommée; elle avait coûté à l'Autriche près de 8,000 hommes.

La population se souleva à nouveau, quelques années après, en 1881, lorsque le gouvernement autrichien établit le recrutement militaire. Il dut envoyer près de 100,000 hommes qui guerroyèrent dans les montagnes pendant une année, ce qui prouve à quel point la révolte fut sérieuse, et l'occupation autrichienne déjà impopulaire !

Mais il fallait songer à l'organisation des deux provinces : le mandat confié à l'Autriche par l'Europe contenait explicitement cette obligation, et le comte Andràssy lui-même à Berlin donnait pour mission à l'Empire « de réunir tous les éléments opposés dans le moule d'un même régime autonome ». D'une façon générale, le programme comportait l'organisation de l'administration, la solution de la question agraire, la pacification religieuse, le développement intellectuel et économique du pays.

L'Autriche avait certainement accompli de grandes choses en Bosnie-Herzégovine, mais dans les domaines les plus divers, ses réformes avaient été, ou trop incomplètes, ou trop intéressées. Au lieu de faire œuvre de pacification et de liberté, elle avait souvent fait œuvre de haine et d'oppression, et c'est à ce titre qu'elle avait menti au programme libéral et novateur que traçait en son nom, à Berlin, le comte Andràssy.

Elle avait accepté la tâche de rétablir dans les deux provinces l'ordre depuis longtemps troublé. Le gouvernement, en créant une administration qui n'existait pas auparavant, s'acquitta parfaitement de la première partie de son programme. Une loi vint conférer au ministère commun l'administration des deux provinces qui furent organisées à l'européenne. Mais cette administration allait avoir des procédés tracassiers, car les fonctionnaires qui la composaient étaient des Croates, des Polonais, des Hongrois, des Tchèques et quelques Allemands, tous ennemis jurés des Serbes, décidés en leur qualité de catholiques à lutter contre l'orthodoxie. L'administration était, en effet, pénétrée de la nécessité de détruire chez les Serbes l'idée de la « grande patrie », et comme dans ces pays, la croyance constitue la nationalité, la religion orthodoxe était combattue de mille manières différentes.

L'Autriche s'arrogea le droit de nommer le métropolite (Concordat du 28 mars 1880), qui était élu auparavant par les Assemblées éparchiales et de lui servir un traitement, ce qui lui enleva toute indépendance, et en fit un serviteur du pouvoir central. De même les popes, quoique élus par les municipalités, souvent ne sont pas agréés par le gouvernement qui impose ses propres candidats.

Les églises qui menacent ruine sont immédiatement fermées, et les nouvelles ne peuvent s'ouvrir. On entrave la célébration de la fête traditionnelle de Saint-Sava et et celle des Slavas, fête patronale de chaque Serbe et qui lui tient tant à cœur.

Mais la question la plus importante de toutes, d'après le comte Andràssy, la question agraire, devait être réglée la première, car c'était elle qui avait toujours causé les troubles les plus graves. Jusqu'à présent, rien de vraiment sérieux n'avait été fait pour la résoudre. Il s'agissait de fixer sur une base plus juste et plus moderne les rapports juridiques des propriétaires fonciers (agas) avec leurs fermiers (kmets)[1]. Or, le régime agraire en vigueur est comparable à celui du moyen-âge. La terre appartient encore aux grands propriétaires musulmans qui la font travailler par les kmets

1. Spalaikovitch. *La Bosnie et l'Herzégovine*, Paris, 1800, p. 157.

tous orthodoxes, et ceux-ci paient une redevance en nature qui consiste, suivant les régions, dans le tiers, ou le quart, ou le cinquième des produits. C'est le fermier qui supporte toutes les charges.

Ce système qui ne se rencontre plus dans aucun pays civilisé fait obstacle au progrès ; il a eu une fâcheuse influence sur la culture agricole, surtout avec une population naturellement indolente.

Mais une question aussi grave que la question agraire pour la population serbe de Bosnie-Herzégovine, est celle de la dîme, en corrélation étroite avec le mode d'exploitation de la terre. Sous le régime turc, le kmet payait chaque année à l'État la dixième partie des revenus de la terre sur laquelle il vivait. Il acquittait l'impôt en nature et sur place. C'était une commission qui se transportait dans chaque commune et qui estimait la valeur de la récolte et, par conséquent, celle de l'impôt. L'Autriche a longtemps procédé de la même manière, mais depuis quelques années, elle emploie une autre méthode aussi vexatoire. La dîme est fixée arbitrairement dans les bureaux, en prenant la moyenne des dix récoltes précédentes, et est égale au 1/10e des revenus : évaluation très commode, mais généralement fausse. Très souvent, la dîme dépasse les 2/5es du revenu.

Si on a supprimé l'ancien impôt perçu par le métropolite, en revanche on a maintenu l'impôt sur les animaux de toutes espèces : bœufs, moutons, chèvres, porcs, abeilles; le droit au pâturage, à l'abattage ; on a imposé une surtaxe de 2 0/0 sur la dîme appelée namet, etc... De plus, les travaux sont exécutés au moyen de la corvée, qui pèse très lourdement sur les paysans comme jadis sur les fellahs en Egypte. En un mot, les impôts et surtout la dîme, sont plus lourds qu'autrefois. C'est une fâcheuse recommandation pour l'Autriche, de n'avoir pu, pendant trente ans, trouver une solution équitable de la question agraire, alors que de l'aveu même du comte Andràssy, la solution de ce problème s'imposait aux occupants comme la tâche la plus urgente à remplir.

Peut-on dire au moins que, dans le domaine intellectuel ou économique, l'Autriche ait fait accomplir à la Bosnie de sérieux progrès?

La liberté de la presse, proclamée en Bosnie-Herzégovine, n'existait, en réalité, qu'avec des restrictions infinies. Un article de journal ne pouvait être publié sans avoir été vu et approuvé par la censure, tout numéro pouvait être saisi en sortant des presses, et la moindre phrase attirait à son auteur des condamnations redoutables. Un journal de Sarajevo, le *Srbska Rijetch*, avait été confisqué soixante-dix fois en quatorze mois. Des journaux avaient des pages entières qui paraissaient en blanc et dont le feuilleton même était interdit.

En ce qui concerne l'instruction, il faut avouer que l'Autriche n'a pas consenti autant de sacrifices que le Monténégro et la Bulgarie, par exemple. Un membre de la Délégation autrichienne, le Dr Barnreither [1], écrivait en 1908 « qu'on avait fait en Bosnie-Herzégovine depuis huit ans, beaucoup moins que l'on aurait dû faire. » Ainsi, dans près de 3.826 localités, les enfants sont dans l'impossibilité de recevoir l'instruction.

Au moment de l'occupation, presque chaque commune orthodoxe avait son école primaire, entretenue par les dons de riches propriétaires. Il y avait des établissements secondaires, et les Musulmans eux-mêmes avaient leurs écoles. L'Autriche ferma un lycée et un séminaire orthodoxes, et commença la guerre contre les écoles communales, en créant des écoles officielles, et en subventionnant avant tout les écoles catholiques, Dans les autres, il fut interdit d'enseigner l'histoire nationale; c'est la lutte continuelle du germanisme contre l'esprit slave.

1. *Bosniche Eindrüch*, Wien, 1908.

Si l'Autriche a parcimonieusement distribué l'instruction dans les deux provinces, au moins elle se vante d'avoir construit des routes et des chemins de fer. Il est certain que sous ce rapport, la Bosnie est plus favorisée qu'avant l'occupation. Mais, si l'Autriche a créé de nombreuses voies de communication, c'est dans son intérêt exclusif et dans un but purement stratégique. A chaque kilomètre de chemin de fer, il y a un poste de troupes. A Sarajevo, la gare est située très près de la ville, mais, en revanche, à proximité de la caserne.

Ainsi, toutes les bonnes mesures adoptées par l'administration autrichienne avaient été introduites dans un intérêt particulier. L'Autriche négligeant d'adapter ses institutions et ses lois au caractère, à l'état moral et social de ses administrés, n'a jamais eu en vue qu'un but unique: s'étendre et dominer. Les Serbes ne viennent qu'au second plan.

Du moins, ces mesures avaient-elles laissé les populations indifférentes ? L'Autriche pouvait-elle arguer de leur acceptation bénévole pour réaliser l'annexion? Il n'en était rien; les patriotes serbes avaient fait entendre leur voix; ils avaient cherché à prévenir l'annexion, ils avaient protesté contre cette annexion même.

D'abord, il ne fallait pas faire état de la délégation qui était venue à Vienne et à Budapest féliciter le gouvernement de l'annexion. Elle était composée de Juifs d'origine espagnole, de quelques Serbes conduits par Dimitriévitch, agent autrichien, qui joua le même rôle que Nastitch dans l'affaire des bombes de Cettigné, par quelques Musulmans pourvus de fonctions lucratives que les Bosniaques appelaient des renégats, et par des catholiques, chez lesquels la passion religieuse avait peut-être étouffé l'idée de patrie. Au contraire, la politique germanisante de l'Autriche avait irrité la population. Son vif mécontentement s'était manifesté peu à peu dans les églises et les écoles. Orthodoxes et Musulmans qui formaient à eux seuls les quatre cinquièmes des habitants de Bosnie, oubliant leurs luttes séculaires, se coalisèrent pour faire valoir par des pétitions leurs revendications nationales. Peu à peu ces protestations s'accrurent et se traduisirent en des demandes catégoriques.

Une Assemblée, représentant 700.000 Serbes orthodoxes se réunit à Sarajévo, en octobre 1907, et rédigea un programme qui était à la fois un manifeste national et un exposé des réformes politiques et économiques demandées par la population. Ce manifeste réclamait avant tout l'octroi d'une constitution et l'autonomie des deux provinces sous la suzeraineté de la Turquie. Le programme de l'organisation musulmane était identique. Est-il un fait plus curieux que de voir des peuples, au début du XXe siècle, désirer le retour d'un régime abhorré qu'ils avaient combattu pendant six siècles?

Le 7 avril 1907, le Comité général de l'organisation serbe lançait un nouveau manifeste pour obtenir « des libertés civiles et une représentation nationale ». Le ton en était modéré ; c'était une lutte pacifique.

Le 7 septembre 1908, les représentants de l'organisation serbe et musulmane réunis, au nom des quatre cinquièmes de la population, remettaient au ministre autrichien, le baron Burian, un nouveau manifeste qui demandait « l'octroi d'une constitution, l'intégrité de l'Empire ottoman et l'autonomie complète de la Bosnie-Herzégovine ». Sauf quelques rares exceptions, les Serbes et les Musulmans approuvaient leurs représentants.

Trois jours après l'annexion, ils rédigeaient, à Budapest, une protestation (12 octobre 1908), qui conseillait au peuple la tranquillité jusqu'à la réunion de la conférence européenne ; car, disaient-ils, « nous trouvons la plus pure garantie pour le succès dans l'entente entre les éléments musulmans et orthodoxes de notre peuple qui restera inébranlable malgré toutes les attaques. »

Cette unanimité dans les protestations de la conscience nationale se maintint, car l'annexion portait une atteinte violente au sentiment national en Bosnie. S'il ne produisit pas un soulèvement général de la population, ce n'est pas parce que les Serbes redoutaient un conflit avec l'Autriche, mais parce que leurs représentants autorisés en Bosnie leur prêchèrent le calme jusqu'à ce que l'Europe ait décidé de leur sort.

V

L'Autriche s'étonnait qu'on parlât « des conséquences de l'annexion », puisqu'il n'y avait rien de changé, disait-elle, dans la condition de la Bosnie-Herzégovine qu'elle occupait depuis trente ans. C'est, du moins, ce qu'elle essayait de persuader à l'Europe, feignant de trouver hors de propos les colères qui se déchaînaient contre elle. C'était une prétention en réalité insoutenable.

Il y a loin, en effet, d'une occupation provisoire, toujours susceptible d'être remise en question, à une acquisition définitive qui rend inutiles les espoirs les plus légitimes. Les Serbes de Bosnie espéraient que la situation qui leur avait été faite au traité de Berlin se modifierait un jour; désormais, tout espoir leur était interdit. C'était pour eux la mort sans phrase. L'Autriche ne se dessaisirait à aucun prix, si ce n'est par une guerre, des deux provinces qu'elle s'était adjugées. Elle ne devait même pas accorder aux populations bosniaques le plébiscite très légitime qu'elles réclamaient et qui, évidemment, lui serait défavorable; elle voulait garder sa proie.

Mais la question se compliquait, car les Serbes de Serbie et les Monténégrins se déclaraient directement lésés par l'annexion qui, d'après eux, modifiait singulièrement la situation existante. Eux aussi, ils espéraient qu'un changement se réaliserait un jour. Maintenant, tout espoir leur était enlevé, ils perdaient patience, ne voulant pas reconnaître l'annexion d'une province, berceau de leur race.

Depuis le traité de Berlin, la Serbie se trouvait séparée de ses frères du Monténégro par le Sandjak de Novi-Bazar, où l'Autriche avait le droit de tenir garnison. Pour que la Serbie pût écouler ses divers produits, il lui fallait passer par les douanes autrichiennes de Semlin, ou descendre en territoire turc sur Salonique. La construction du tronçon de chemin de fer Uvac-Mitrovitza, qui relierait plus étroitement l'Autriche à l'Albanie du Sud, allait consacrer la séparation des deux nations serbes en accentuant la poussée de l'Autriche vers l'Est. Désormais, la Serbie serait cernée de toutes parts, placée non seulement sous la dépendance économique de l'Autriche, mais dans l'impossibilité d'assurer une défense rationnelle de ses frontières. Si la situation présente ne se modifiait pas, elle devait abandonner l'espoir de se développer économiquement.

Le Monténégro, de son côté, était menacé par l'Autriche, puisque cette puissance détient Spizza, qui domine Antivari et la plaine environnante de près de 150 mètres d'altitude. Par suite des restrictions que lui imposa l'Autriche dans l'article 29 du traité de Berlin, et dont il demandait la suppression : interdiction d'avoir une marine de guerre, d'exercer sur les côtes la police maritime qui lui est confiée, d'accueillir les bâtiments de guerre des autres puissances, de construire des routes et des chemins de fer sans son assentiment, ce vaillant petit pays ne pouvait acquérir l'essor commercial réservé à sa situation économique.

L'Autriche déclarait bien que ces craintes étaient exagérées, que ses intentions étaient pacifiques. Elle venait d'en donner la preuve, disait-elle, en rétrocédant à la Turquie le Sandjak de Novi-Bazar. Mais ce n'était qu'une concession apparente. Si, en effet, l'Autriche avait voulu renoncer à sa marche sur Salonique, à ses progrès successifs dans les Balkans, elle n'aurait pas cédé le Sandjak aux Turcs, elle l'aurait donné aux Serbes pour qu'ils pussent réaliser leur unité politique et économique.

En effet, le Sandjak n'était d'aucune utilité pour l'Autriche. C'est un pays montagneux où une armée ne peut s'aventurer, et l'invasion de la Macédoine et de l'Albanie doit avoir lieu, suivant un plan dressé par le grand état-major autrichien, par la vallée de la Morava, en Serbie, d'où se détachent quatre routes par Krajévo-Novi-Bazar, par Nich-Prichtina, par Nich-Uskub et par Vrania [1]. Un article de la revue autrichienne : *Danzer's Armee Zeitung* [2] déclarait alors qu'il fallait occuper Belgrade sans coup férir, pour être maître rapidement de la Serbie, et que cette occupation aurait dû être réalisée en 1908. La Serbie ne se sentait pas en sûreté ; les menaces autrichiennes se faisaient jour de tous côtés, et on voit à quelles conséquences elles devaient aboutir.

D'accord avec le Monténégro, elle réclamait donc une bande de territoire qui part de Slamatch sur la Drina, descend sur Goradja, Vranitch, Boratch, pour rejoindre la frontière monténégrine actuelle par Zviérina, Ugatzi. Une rectification de frontière près de Spizza, permettrait au Monténégro d'acquérir cette ville. Cette bande de territoire, ainsi que la ville de Spizza, le Monténégro les avait déjà obtenues à San Stefano, sauf la partie comprise entre la frontière serbe actuelle (de Strbtzi à Slematch), et une ligne allant de Zarlovitchi à Goradja.

1. Vr. la *Danzer's Armee Zeitung*. Wien 1906.
2. 5 novembre 1908 et janvier 1909.

Grâce à cette partie de territoire bosniaque, large de 20 kilomètres à peine, et habitée par des montagnards serbes très jaloux de leur indépendance, et que l'Autriche aurait beaucoup de peine à subjuguer, la Serbie posséderait un accès direct à la mer pour l'écoulement de ses produits, et le Monténégro ne se trouverait plus menacé par les canons de Spizza. Au moins la Serbie ne serait pas embouteillée, ni le Monténégro condamné à n'être qu'une citadelle privée du droit de se développer économiquement.

« L'avenir de la Serbie et du Monténégro, disait M. Nicolaïevitch, ancien président du conseil des Ministres en Serbie, dans un mémoire aux députés des Parlements d'Europe, dépend presque uniquement de la manière dont sera résolue la question de la Bosnie-Herzégovine. C'est du côté de ces contrées que sont ouvertes les montagnes qui enserrent le Monténégro, c'est à travers ce pays que va la seule route par laquelle la Serbie peut s'approcher de la mer Adriatique et échapper à son ennemi, ce sont ces pays qui séparent les deux États serbes et les empêchent de se développer. »

Par suite de l'état d'âme des populations balkaniques, il était évident que l'annexion était une menace pour l'équilibre de la Péninsule. Or, l'Europe était directement intéressée au maintien de la paix dans les Balkans. Puisque l'annexion était contraire aux intérêts de l'Europe, l'Autriche devait le savoir. Il semblait plutôt qu'elle voulût l'ignorer. Il y avait alors deux Europes. D'un côté les puissances soucieuses de conserver le *statu quo* et désireuses de sauvegarder l'indépendance des États balkaniques : Russie, Italie, France, Angleterre ; et de l'autre, l'Autriche soutenue par l'Allemagne, qui s'était appliquée à allumer un incendie que les autres puissances s'efforçaient d'éteindre. Il faut avouer, en effet, que le moment était des plus mal choisis pour réaliser l'annexion de la Bosnie-Herzégovine. A l'heure où elle se produisait, elle risquait de compromettre la révolution ottomane et de faire retomber les diverses populations soumises à la Turquie, sous le régime absolu. Elle était, en tout cas, un moyen de faire échouer la politique réformatrice des Jeunes-Turcs, qui s'attaquait à l'influence allemande à Constantinople. En laissant proclamer l'indépendance bulgare, l'Autriche lançait une provocation aux Serbes. Elle croyait peut-être qu'ils partiraient en guerre contre les Bulgares, comme en 1885, ce en quoi elle se trompa. Si une guerre avait éclaté, au lendemain de l'annexion, l'Autriche aurait cherché à obtenir de plus grands bénéfices, soit en Macédoine, soit à Constantinople pour regagner l'influence perdue. Et la mêlée pouvait être générale. Ses calculs furent en partie déjoués; ils démontraient moins qu'elle n'avait jamais eu la pensée de travailler à la conservation de la paix dans les Balkans. Du reste, cette annexion, l'Autriche ne l'aurait jamais tentée, si la Russie, très affaiblie par la guerre d'Extrême-Orient, ne s'était trouvée dans l'impossibilité momentanée de défendre les Slaves opprimés. L'annexion de la Bosnie-Herzégovine, de même que le voyage de Guillaume II à Tanger avaient été directement provoqués par la funeste bataille de Moukden [1].

Les conséquences de cet acte de violence devaient être plus fâcheuses qu'on a semblé le supposer alors. Ce n'est pas en vain qu'on déchire les traités solennellement ratifiés! Ce n'est pas en vain qu'on pousse au désespoir des populations qui préfèrent périr et disparaître plutôt que de perdre leur indépendance! La querelle des chemins de fer balkaniques et l'annexion de la Bosnie-Herzégovine, en créant en Serbie un état

1. Ce chapitre a paru dans la *Revue Politique et Parlementaire*, les 10 octobre 1908 et 10 janvier 1909.

d'esprit inquiétant, en excitant les Slaves de Russie contre la race allemande, fut la cause du conflit de juillet dernier. La Russie qui n'était pas prête dut céder, mais pouvait-elle subir toujours de telles humiliations?

CHAPITRE V

L'ÉTAT BULGARE

I

Entre la Serbie, la Roumanie et le Danube, un peuple slave a brusquement grandi dans le dernier quart du XIXe siècle, participant soudain à la vie politique et sociale de l'Europe, alors que la veille même il n'existait pas et qu'il n'était qu'une province dévastée de l'Empire turc.

La naissance de l'État bulgare est une des plus grandes métamorphoses de l'histoire contemporaine ; cet État devait garder par la suite les bizarreries de sa trop rapide évolution.

Les Bulgares sont des Slaves, appartenant à la famille Thraco-Illyrienne, mais avec un fort mélange de type mongol, issu des populations tartaro-finnoises du Volga, qui se montrèrent au Ve siècle sur le Danube et s'installèrent au VIIe siècle entre le Danube et le Pruth, s'avançant même jusqu'en Thrace. Ces populations se noyèrent peu à peu dans l'élément slave-indigène et en gardèrent le caractère, tout en leur donnant leur nom. Les Slaves avaient la famille comme base de leur organisation sociale, et une forme de gouvernement démocratique, toutes les décisions à prendre étant soumises à l'assemblée du peuple. C'est le caractère de l'État bulgare actuel ; or, les conquérants du VIIe siècle formaient au contraire une aristocratie guerrière où le prince décidait seul.

Ce peuple, surtout agricole, laborieux et paisible, a gardé cependant des traces de ses origines touraniennes. Il a bien, comme les Slaves, l'esprit fin, ingénieux, subtil, mais aussi le sens de la hiérarchie, de la discipline; il est plus gouvernable; on retrouve aussi chez lui le caractère courageux, brutal, combatif des races asiatiques.

*
* *

Les Bulgares entrèrent vite en lutte avec les Césars de Constantinople (679) qui leur payèrent même un tribut ou cherchèrent dans le succès des guerres à le racheter. Ils s'avancent jusqu'aux portes de Constantinople. Leur domination s'étend sur une partie de la Hongrie, sur la Macédoine, avec le Tsar Kroum (802), en Moravie, avec le Tsar Boris (852) qui voit sous son règne le peuple se convertir au christianisme. Lorsqu'il abdique en 888, la Bulgarie va du Danube aux Rhodopes, embrasse la vallée du Vardar, une partie de la Serbie.

Sous le Tsar Siméon, successeur de Boris, elle atteint sa plus grande puissance. Celui-ci rêve de conquérir Constantinople, comme plus tard les Latins et les Russes; il l'investit même complètement par terre, et se fait donner le titre de Tsar des Bulgares et des Grecs. Ce furent les Serbes qui, envahissant son territoire, sauvèrent alors la ville impériale. A sa mort cependant, l'Empire bulgare allait de la Thrace à l'Adriatique, englobait la Macédoine, Novi-Bazar, Nich, Belgrade. Comme bien des fils de grands souverains, l'héritier de Siméon, Pierre, était sans caractère; des discordes intérieures surgirent, et la décadence commença. Sous le Tsar Samuel, véritable homme de guerre, actif et entreprenant, l'Empire acquit de la vitalité, luttant énergiquement contre Constantinople. Un instant la victoire lui sourit; il s'emparait de Raguse, conquérait la Bosnie, la Serbie, mais l'Empereur Basile écrasait ses armées, renvoyant au Tsar, pour annoncer son succès, cent prisonniers dont chacun avait un œil crevé. A sa mort, la résistance bulgare ne fut qu'une lente agonie; la Bulgarie était épuisée par les trente années de luttes qu'elle venait de soutenir. L'Emprie byzantin à son tour s'étendait de la Thrace à la Drave, au Danube et à l'Euphrate (1018).

A nouveau, à la faveur des Croisades qui affaiblirent l'Empire grec, les Bulgares reprenaient, avec le Tsar Kaloïan, les provinces perdues, et, en 1201, l'Empire atteignait encore Belgrade, mais sans recouvrer le débouché sur la mer Adriatique. Kaloïan se faisait sacrer par le Pape, et le cardinal Légat lui remettait de sa part le sceptre et le diadème.

Longtemps les Bulgares luttèrent contre les Grecs pour dominer la Péninsule, lorsqu'un autre peuple slave, les Serbes, dont ils occupaient les territoires, et qui grandissait à leurs côtés avec Stéphane Ouroch Ier et Milioutine, entra en guerre avec eux, leur infligeant, en 1330, une sanglante défaite. Le petit-fils du roi serbe Schischman II prit même la couronne bulgare. Ce fut l'époque de l'hégémonie serbe dans les Balkans avec l'Empire du grand Douchan. Cependant, de même que la Bulgarie, après Siméon et Samuel, la Serbie, à la mort de Douchan, allait être en proie aux rivalités de clans, aux querelles de familles, à l'anarchie, et se morceller en principautés. Il semblait que chacun de ces États slaves n'eût de prospérité que sous un seul souverain, et qu'avec son successeur il fut soumis à une loi inévitable de décomposition.

Épuisés par ces guerres intestines, les États chrétiens des Balkans n'avaient plus aucune résistance à opposer aux Turcs envahisseurs. Voici que ceux-ci envahissent la Péninsule, prennent Andrinople, soumettant les frontières avoisinantes (1330) et Sofia (1382). Et cependant Bulgares, Serbes, Byzantins, Gênois, Vénitiens, Roumains, Hongrois, luttent toujours entre eux. Enfin, les Slaves et les autres peuples chrétiens se réunissent contre l'ennemi commun, mais pour se faire écraser à Kossovo (1389). Bientôt Vidin, Tirnovo tombaient aux mains des Turcs. La vieille capitale bulgare qui avait osé se mesurer avec Constantinople fut pillée, ses églises transformées en mosquées, ses habitants déportés en Thrace et remplacés par des colons turcs. Alors commence la période la plus sombre de l'histoire bulgare.

Désormais, la Bulgarie était turque, et cessait d'avoir une vie indépendante. Elle qui avait rêvé de dominer le Bosphore, qui avait imposé ses souverains aux filles des Césars, se courbait sous le joug des Osmanlis et du patriarchat grec. Les champs étaient dévastés et incultes, les forteresses démantelées, les villes ruinées, il n'y avait plus d'État, mais la plus malheureuse des provinces de l'Empire turc ! Si la population fut au début mieux traitée, vite elle devint soumise aux caprices, aux exactions des Pachas, aux violences des Kurdes qui emmenaient les filles et frappaient les hommes ; et cependant elle conservait sa langue, parlée çà et là dans les campagnes, ses traditions religieuses, malgré la domination de l'église grecque, et, ensevelie au fond des consciences, n'osant se révéler, la foi dans l'avenir de la race.

II

Mais qui la réveillerait ? Il n'y avait pas de vie publique, et par conséquent pas d'échange d'idées. La littérature était uniquement sacerdotale, due à la plume des moines, consistant en traductions des théologiens grecs et inaccessible aux masses : l'Hellénisme officiel dominait. Et cependant c'est dans les monastères que se conservaient les vieilles traditions bulgares. Voici qu'au

XVIIIe siècle, un moine, Païci, découvrait dans les bibliothèques du mont Athos les vies des saints et des Tsars bulgares, et en écrivait l'histoire inspirée d'un vif patriotisme (1762), excitant ses compatriotes à remettre en honneur la langue et les prouesses des ancêtres. En 1806, à Bucarest, paraissait en bulgare l'ouvrage d'un pope, Sofroni, plus tard évêque et qui eut un grand retentissement. En 1825, s'imprimait un alphabet bulgare; en 1829, Venedin faisait paraître le premier tome de son ouvrage sur les *Bulgares anciens et modernes dans leurs rapports politiques et religieux avec la Russie.* Puis une école bulgare s'ouvrait en 1835, grâce à la générosité d'un riche négociant, Aprilof, et le premier périodique voyait le jour en 1844. Évolution touchante d'un peuple, esclave depuis quatre cents ans, et qui revient à la liberté, retrouvant lentement, pas à pas, les souvenirs et les gloires de sa vie passée!

Il faut dire que les victoires des Grecs, les promesses faites aux provinces roumaines en 1856, incitaient les Bulgares à demander l'indépendance. Il y avait eu des révoltes vite réprimées: 1836-1841-1851. Un comité bulgare se formait à Odessa pour créer une agitation en faveur de la délivrance, et obtenir l'aide de la Russie (1853), et le Congrès de Moscou (1866) encourageait les espérances bulgares. Mais de même que dans les monastères s'étaient retrouvées les traditions de la race, c'est une question religieuse qui allait préparer son avenir.

L'agitation contre l'église grecque groupait les patriotes bulgares qui réclamaient une indépendance religieuse, des évêques nationaux. En 1860, l'évêque Hilarion décidait, à Constantinople, de supprimer dans les prières publiques le nom du patriarche, et bientôt la cause bulgare triomphait avec l'octroi d'un firman du Sultan qui ordonnait la création d'un exarchat bulgare (1870). Le peuple, qui avait désormais un chef religieux, une église nationale, prenait conscience de ses droits, et devait bientôt les revendiquer; des écoles se fondaient qui enseignaient aux jeunes Bulgares les exploits de leurs pères, et leur inculquaient, avec l'amour de la liberté, la volonté de libérer la patrie du joug de ses oppresseurs.

Un comité de patriotes se créait à Bucarest composé d'artisans, d'étudiants, de professeurs, parmi lesquels se distinguaient Rakvski, Karavelof, pour organiser la propagande en faveur de l'idée nationale. Des *Comitats* étendirent leurs organisations sociales sur tout le pays. Tous préparèrent la révolte générale pour le 1er mai 1876, au moment où l'Herzégovine se soulevait. Les Turcs, avec leurs féroces Bachi-Bouzouks, la noyèrent dans le sang, à Perouchtitza, à Batak, et M. Gladstone dénonça au monde civilisé les « atrocités bulgares ».

L'intervention de la Russie libéra la Bulgarie. Au traité de San Stefano, était créée une principauté autonome reliée à la Turquie par un simple lien de vassalité, comprenant le pays qui s'étend du Danube à la mer Noire et à l'Archipel. L'Empire ottoman était coupé en trois morceaux et Constantinople séparé de la Chalcidique qui, elle-même, était isolée de l'Albanie et de la Bosnie-Herzégovine. Quelques mois après, le traité de Berlin, pour arracher à la Russie le prix de ses victoires, défaisait et refaisait l'œuvre de San Stefano qui se composait désormais de trois parties distinctes. Il y avait d'abord une principauté autonome tributaire, sous la souveraineté du Sultan, allant du Danube aux Balkans; puis une province s'étendant des Balkans à la mer Noire et à Andrinople; la Roumélie orientale qui avait l'autonomie administrative et se trouvait placée sous l'autorité directe du Sultan; enfin une troisième province, la Macédoine, entièrement soumise à la Turquie.

III

Mais il fallait constituer dans ce pays, privé depuis des siècles de vie indépendante, un État pourvu des organes modernes, et cela était d'autant plus difficile que la masse des paysans bulgares désirait avant tout sauvegarder les franchises de leurs cités. Il faut dire que la Bulgarie est presque uniquement peuplée de paysans et de laboureurs; il n'y a pas de bourgeoisie et partant pas de lutte de classes. Mais par contre, les Bulgares se sentent tous égaux; ils ont un vif amour de la liberté et de l'indépendance, tout en restant pénétrés d'un particularisme municipal qui semble un trait caractéristique des Slaves.

Le nouvel État sera-t-il une fédération de villages, de communes, donc une espèce de République sous une forme monarchique, puisqu'elle devait recevoir un souverain? Ou bien, au contraire, renoncera-t-il à son particularisme très prononcé pour adopter un pouvoir central solidement constitué, ce qui aurait paru faire de son roi une espèce de tsar aussi autoritaire que celui de Russie?

L'Assemblée nationale, réunie à Tirnovo, se mit à l'œuvre pour donner une constitution au pays. Les libéraux et les conservateurs savaient que l'Europe suivait attentivement leurs travaux, et que la Bulgarie, qu'ils voulaient indépendante, devait s'organiser pour vivre de sa vie propre.

Le Tsar Alexandre II, dans une proclamation du 2 avril 1879[1], après avoir remercié les Bulgares « des

1. *Annuaire diplomatique de l'Empire Russe* pour les années 1879-1880, p. 205 et suiv. Saint-Pétersbourg, 1880.

sentiments de dévouement et de reconnaissance » qu'ils manifestaient pour lui et tout le peuple russe, « à la suite du secours désintéressé qui lui avait été prêté dans leurs lourdes épreuves, et des sacrifices accomplis en faveur de leur délivrance », leur disait : « les puissances, par un sentiment de justice, n'ont pas pu ne pas reconnaître les droits civils de la nationalité bulgare. Le traité de Berlin vous a définitivement reconnu ces droits, et a garanti votre indépendance, en posant, par la création de la principauté de Bulgarie, des bases solides pour le développement ultérieur de votre nationalité.

« Bulgares de la Principauté, une nouvelle voie s'ouvre devant vous, et les puissances qui ont participé à l'œuvre de votre renaissance, auront les yeux sur votre marche dans cette direction ; vous leur montrerez que vous êtes un peuple apte à la vie politique indépendante, et suffisamment mûr pour jouir des droits qui lui sont octroyés. »

Tous les partis comprirent qu'il fallait donner au pays un pouvoir centralisé, et l'Assemblée nationale se séparait, le 16 avril 1879, après avoir voté une Constitution démocratique, imitée du régime serbe : Chambre unique, ministère responsable, etc. Désormais, la Bulgarie cherchera à réaliser peu à peu son indépendance. En choisissant, du reste, pour capitale Sofia, les Bulgares marquent déjà leur intention très arrêtée de faire l'union de la Bulgarie du nord et de la Bulgarie du sud.

Les partis avaient le même idéal politique : la Bulgarie aux Bulgares. Ils étaient de plus en plus convaincus que la Principauté ne conquerrait son indépendance que par ses propres forces : ce fut le caractère dominant de toute l'histoire de la Bulgarie moderne. Comme jadis l'Italie, à l'époque où elle constituait son unité politique, la Bulgarie s'organisera par elle-même, sans le secours de l'étranger, « *fara da se* ». Et, en effet, déjà les Bulgares, en se donnant un statut constitutionnel, montraient qu'ils étaient aptes à la vie politique, comme le disait le Tsar Alexandre dans son manifeste de 1879 : « Par l'élaboration d'un statut organique pour l'administration de la Principauté, vous avez posé les bases de votre organisation intérieure, vous vous êtes réservé une participation importante dans les affaires de cette administration. Je ne doute pas que vous ne sachiez vous approprier les principes qui servent de base au statut et que vous n'en fassiez un usage utile à votre développement. » Les Bulgares, en suivant les conseils du Tsar Libérateur, confirmaient ses sages prédictions.

La nouvelle Constitution va être mise en vigueur, et la Bulgarie fera l'apprentissage du parlementarisme. De 1880 à 1885, son histoire est remplie par une lutte ardente entre les libéraux et les conservateurs qui se succèdent au pouvoir[1].

En 1885, la Bulgarie fait un pas en avant dans la voie de l'indépendance. Les anomalies du traité de Berlin éclataient aux yeux de tous, et c'est le plus simplement du monde, sans effusion de sang, que s'opéra l'union à la Bulgarie de la Roumélie orientale, dont le prince Alexandre devenait le chef reconnu. Peu importait aux Bulgares qu'il portât le titre de gouverneur de Roumélie, il était pour eux et avant tout le prince des deux Bulgaries désormais unies.

Cet événement eut des conséquences importantes dans les Balkans : un désaccord éclata entre les Bulgares et les Serbes. Pour la Serbie, l'équilibre oriental était menacé ; elle envahit la Bulgarie ; celle-ci, quoique mal préparée à la guerre, sortait victorieuse de la lutte.

Mais le malentendu qui existait entre les Slaves du Sud s'était prolongé chez les Slaves du Nord, entre les Bul-

1. Pour l'étude des partis bulgares, voir l'ouvrage de M. René Henry, *Des monts de Bohème au Golfe persique*. Paris-Perrin 1908, qui nous fournit à cet égard de précieuses indications, et Georges Bousquet : *Histoire du peuple bulgare*. Paris-Chaix, 1909.

gares et les Russes. La Russie avait été froissée que la révolution de Philippoppoli eût été décidée à son insu; il s'en suivit une brouille entre le Tsar Alexandre II et le Prince de Battenberg, puis le départ de Sofia des officiers russes qui présidaient à l'instruction de l'armée bulgare.

Devant ces difficultés intérieures qui lui semblaient inextricables, le Prince Alexandre prenait le parti d'abdiquer. Cette abdication se produisait à la suite d'une révolution militaire qui éclatait à Sofia (8 août 1886), et qui n'eut aucune conséquence, car le peuple la désapprouva, et sur les conseils de Stambouloff, président du Sobranié, rappela le Prince de Battenberg.

Mais le prince, en présence de l'hostilité manifeste de la Russie, ne pouvait plus gouverner en Bulgarie et il se décida à abdiquer (2 septembre 1886), en instituant une régence composée de Stambouloff, de son beau-frère, le général Moutkouroff, et de Karavéloff, remplacé bientôt par Jifkoff.

Par son abnégation et son renoncement à une couronne désormais trop lourde, le prince Alexandre, sous le règne duquel s'était accomplie l'union des deux Bulgaries, s'était attiré la reconnaissance des Bulgares. Quelques années après, ils décidaient en effet, sur l'initiative de son successeur, le prince Ferdinand, de faire revenir en Bulgarie le corps du prince Alexandre, et de l'enterrer avec les honneurs dus au vainqueur de Slivnitza.

De l'abdication du prince jusqu'au 7 juillet 1887, la Bulgarie est dans une situation difficile. C'est la Chambre et l'armée qui font la loi, les factions sont toutes puissantes, et, à l'extérieur, la Russie est menaçante. Aux côtés de Stambouloff, qui dirige le gouvernement, plusieurs personnalités apparaissent au premier plan : MM. Tsankoff, Stoïloff, Grekoff, Natchovitch, général Nicolaeff, général Pétroff, Radoslavoff. Mais, malgré la lutte parlementaire violente qui se produit alors, malgré toutes les influences divergentes qui se manifestent, la Bulgarie suit invinciblement sa voie. De son propre mouvement, elle va élire un nouveau souverain (7 juillet 1887). Nul choix n'était plus heureux que celui du prince Ferdinand de Saxe-Cobourg-Gotha, petit-fils du roi Louis-Philippe.

Stambouloff, qui avait été un instant le seul maître en Bulgarie, avait eu une influence considérable sur la situation politique de la Principauté. Il avait réveillé le sentiment national bulgare. C'est le trait caractéristique de son œuvre qui, à cet égard, est digne d'admiration. En donnant à la Bulgarie des leçons d'énergie, il lui avait appris quelle était sa force, quelles étaient ses merveilleuses ressources morales et économiques; elle prenait confiance en ses destinées. Il avait ainsi préparé la voie au souverain qu'elle venait de se choisir librement. Il constitue une transition, il est le lien, si l'on veut, entre la Bulgarie encore jeune, inexpérimentée, et la Bulgarie moderne.

IV

Le 2-14 août 1887, le prince Ferdinand faisait son entrée solennelle à Tirnovo, dans l'ancienne capitale des Acénides. La nécessité s'imposait d'organiser un gouvernement fort et centralisé pour régénérer le pays. A cet égard, le rôle du prince Ferdinand sera considérable. Si l'on réfléchit à ce qu'était la Bulgarie en 1887, et à ce qu'elle est aujourd'hui, après s'être érigée en royaume indépendant, on voit tout le chemin parcouru graduellement, progressivement, la grandeur de l'œuvre accomplie par le souverain qui gouverne ce pays depuis l'époque troublée que nous venons de décrire.

Héritier des traditions d'une des plus vieilles dynasties d'Europe, il avait l'autorité naturelle qui s'attache à une race illustre, et se révélait conducteur d'hommes. Il devait donc en imposer à un peuple batailleur, enthousiaste, qui désirait un souverain avant tout énergique. Il attira vite le respect de tous par cette majesté qui se dégageait de sa personne, et par ces éclairs de volonté qui jaillissaient de son regard pénétrant. Ami du faste et de l'élégance, très solennel dans les cérémonies publiques, il savait en même temps comprendre le peuple et gagner son affection par ses idées égalitaires et démocratiques, par son désir de respecter la Constitution bulgare.

Le mérite du prince avait été d'accepter la couronne dans des circonstances très spéciales. Il avait eu de grandes hésitations et il dut se faire violence pour en triompher. Cependant il fut à la hauteur des difficultés. D'abord, il comprit très heureusement qu'il fallait conserver Stambouloff au pouvoir, car, nouveau venu en Bulgarie, il pourrait profiter de l'expérience d'un ministre, ambitieux il est vrai, mais dévoué aux intérêts de son pays.

Le pouvoir de Stambouloff ne pouvait être qu'éphémère parce qu'il devenait excessif, parce que son œuvre était l'inverse de celle des libéraux dont il était le chef. Il n'avait pas su dégager nettement les grandes lignes de la politique extérieure. Il était trop antirusse, et sa politique s'en ressentait naturellement. Il s'appuyait presque exclusivement sur la Triple Alliance, tout en voulant conserver les bonnes grâces de l'Angleterre. Or, la Russie avait rompu toutes relations avec la Bulgarie; mais si le prince devait régner avec les Bulgares et malgré les Russes, il ne pouvait gouverner longtemps contre la Russie avec les seuls Bulgares. Les peuples, tout en conservant leur pleine indépendance, suivent naturellement les grands courants de races; on ne saurait sans danger les en détourner.

Aussitôt la chute de Stambouloff (mai 1894), le prince

dirigera seul les affaires du pays suivant les idées qui lui sont propres, en véritable chef d'État et en diplomate habile. Il s'agit de rétablir une juste mesure, une balance entre les partis extrêmes, adapter le gouvernement aux sentiments du peuple qui voulait rester en excellents termes avec la Russie et garder en même temps sa pleine indépendance. Telle sera l'œuvre du prince Ferdinand.

Dans son mode de gouvernement à l'intérieur, le prince allait suivre une excellente méthode. Il permettrait aux partis de se développer en les appelant tour à tour à gouverner. Ceux-ci donneraient ainsi la mesure de leurs moyens et se succéderaient au pouvoir suivant que leur influence croîtrait ou décroîtrait dans le pays. La nation retirerait naturellement les fruits les plus heureux de l'habileté gouvernementale des hommes de talent composant les divers partis. Ce serait la meilleure application du système parlementaire anglais dans un pays à constitution démocratique? L'État, avec une politique extérieure plus délimitée, une politique intérieure plus nette, pourrait se développer au point de vue économique et financier dans les conditions qu'il est aisé de prévoir.

La politique extérieure devenant indépendante de celle des partis fut dirigée dans des voies régulières. Mais, par contre, les partis se divisèrent. Il n'y a pas dans le pays qu'un seul courant conservateur, et qu'un seul courant libéral; on voit se produire une lutte ardente entre les divers groupes, lutte dont le prince palliera habilement les funestes effets par la méthode de gouvernement que nous avons exposée. Il serait fastidieux de relater la succession régulière au pouvoir des divers partis. Contentons-nous seulement de distinguer le parti des Tsankovistes (ancien parti libéral), qui se transforme sous la direction de M. Daneff en parti progressiste; le parti radical de Karavéloff, qui trouve un appui précieux dans le parti démocrate rouméliote; le parti démocrate, de formation récente (1900); le parti Stambouloviste, parti national dont se rapproche M. Stoïloff, et qui devient avec M. Guéchoft, le parti national; puis le parti national-libéral de M. Radoslavoff. En somme, il y a plutôt autant de partis différents que de leaders de gouvernement, parmi lesquels nous citerons MM. Maniloff, Takeff, général Paprikoff, Liaptcheff, Slavekoff, Ghénadieff, Goudeff, général Savoff, Todor Ivantchoff, Tontcheff, Pecheff, Teodoroff, Payakoff, Lioutskanoff, et qui groupent autour d'eux une série de partisans.

En gouvernant, tantôt avec un parti, tantôt avec un autre, le prince va s'attacher désormais à réconcilier la Bulgarie avec l'Europe, et à se faire reconnaître par toutes les puissances, particulièrement par la Russie; c'est là pour son pays une politique vraiment nationale.

Il cherche à consolider la situation de la Bulgarie en Europe et dans la Péninsule. Il a compris que l'avenir de la Bulgarie dépendait en grande partie de l'Europe, car elle forme un des aspects de la question d'Orient qui est au premier chef une question européenne. Il fallait donc gagner les sympathies de toutes les puissances, sans en exclure aucune, mais il était nécessaire alors d'appuyer cette diplomatie sur une armée forte et solidement organisée, de fortifier le pays au point de vue économique et financier, afin de lui permettre de compléter l'œuvre de 1878 et de 1883. C'est ainsi que la Bulgarie deviendrait un État indépendant, une véritable puissance européenne et balkanique, envoyant à l'étranger des agents diplomatiques et recevant chez elle les représentants des grands États. Ferdinand Ier savait que la Bulgarie avait été jusqu'ici la proie des factieux, que sa politique intérieure et extérieure avaient été trop souvent confondues. Il voulut supprimer les causes du mal, émanciper l'administration de l'État, donner au pays une politique extérieure indépendante, sans subir l'influence de tel ou tel groupement, en gardant d'excellentes relations, aussi bien avec les puissances de l'Europe centrale, c'est-à-dire, la Triple Alliance, qu'avec la France, l'Angleterre, et notamment la Russie, dont la Bulgarie voulait rester l'alliée naturelle.

Certains faits caractéristiques nous montreront comment Ferdinand Ier est parvenu à accomplir la tâche ardue qu'il s'était imposée pour la grandeur de sa nouvelle patrie. Dans les fluctuations des partis, dans leur succession au pouvoir, c'est la politique extérieure qui sert de fil conducteur, et qui est comme le reflet de la pensée du prince. Parfois ondoyante et diverse, elle est adaptée aux circonstances spéciales dans lesquelles évolue la Bulgarie, dans une Europe indifférente, à côté de nationalités jalouses, d'une Russie inquiète et d'une Turquie toujours hostile.

Dans la première partie de son règne, le prince Ferdinand parvint très heureusement à faire reconnaître sa dynastie par la Russie et par l'Europe. Il commença à se rapprocher peu à peu de la Russie, aussitôt la mort d'Alexandre III. Des prières furent dites solennellement en Bulgarie au moment de la mort du Tsar (1894). En juillet 1895, une députation bulgare, ayant à sa tête le métropolite Clément, arrivait à Pétersbourg. Le rapprochement définitif s'opérait par la confirmation de l'héritier du trône, le prince Boris de Tirnovo, qui avait le Tsar pour parrain (1896), et il était scellé par la réception du prince Ferdinand à Paris et à Saint-Pétersbourg (1896). On créait une agence diplomatique à Pétersbourg, où était nommé M. Dimitri Stancioff, chef du cabinet politique du prince Ferdinand (1896).

La Bulgarie était rentrée en grâce auprès de la Russie, auprès du Sultan, auprès de l'Europe entière, et l'élu de Tirnovo avait reçu la consécration officielle de sa souveraineté princière. De plus, en décidant la conversion à l'orthodoxie de l'héritier de la couronne, il avait donné à la Bulgarie un souverain vraiment national; il avait identifié sa dynastie aux croyances, à l'âme même du peuple bulgare.

Le prince allait poursuivre les heureux résultats de cette politique habile, accordant à la Russie, à la France et à l'Angleterre, des gages de ses bonnes intentions, restant neutre dans les affaires d'Arménie et de Crète. Quelque temps après, avaient lieu les fêtes grandioses et symboliques de Chipka (septembre 1902), les manœuvres qui reproduisaient les combats de 1877, et auxquelles assistait le Grand-Duc Nicolas, et l'arrivée à Sofia du comte Lamsdorff.

Le prince Ferdinand cherchait principalement à rompre les liens qui rattachaient la Bulgarie à la Porte, en vertu du traité de Berlin, afin de conquérir sa pleine indépendance. Ce fut là son œuvre personnelle. Il nommait des agents diplomatiques à Constantinople, Bucarest et Belgrade, puis en 1889 à Vienne, en 1896 à Pétersbourg, Athènes et Cettigné, en 1897 à Paris, en 1903 à Londres et Berlin. Il envoyait des représentants aux Conférences de la Haye, au même titre que les autres puissances; il insistait auprès de certains États pour la nomination à Sofia d'attachés militaires; c'étaient là autant de pas successifs dans la voie de l'autonomie. Puis, la Bulgarie négociait seule certaines conventions : en 1902, avec l'Autriche-Hongrie, avec la Roumanie pour des contestations de frontière, avec la France pour modifier le régime des Capitulations qui ne se concevait plus dans un pays, où l'organisation judiciaire était devenue semblable à celle des États européens et offrait toutes les garanties désirables. Enfin, avec la Turquie elle-même, elle signait, en 1904, un arrangement destiné à ouvrir les portes des prisons turques aux Bulgares, impliqués dans l'insurrection macédonienne de 1903, et certaines conventions relatives à des questions de transport et de nationalité.

Le général Pétroff ayant démissionné en 1906, il appela

au pouvoir M. Petkoff en lui donnant comme ministre des Affaires étrangères, M. D. Stancioff, ministre à Saint-Pétersbourg.

M. Stancioff était résolu à continuer la politique traditionnelle de la Bulgarie, en accentuant l'idée de l'indépendance bulgare. « Les relations avec les grandes puissances, disait-il au Sobranié, le 20 novembre 1907, et notamment avec la Russie, ne viennent pas seulement d'un sentiment de gratitude, mais bien de la compréhension des intérêts réciproques. » Il ne voulait pas faire une politique de sentiment, mais une politique réaliste fondée sur la « réciprocité des relations ». Il ajoutait : « Il m'est agréable de constater que nos relations avec les grandes puissances sont plus que bonnes. Par la voie qu'elle ne cesse de suivre, par le souci constant qu'elle a de faire honneur à ses sentiments internationaux, et par l'idée qu'elle s'est formée de sa situation dans la Péninsule des Balkans, la Bulgarie gagne de plus en plus dans l'estime et dans la sympathie des puissances. » Il résumait sa politique en disant : « La Bulgarie a déjà conquis son audience en Europe. »

M. Stancioff, d'autre part, tenait beaucoup à rendre plus nettes les relations avec les États balkaniques, avec la Roumanie, avec la Serbie, et notamment avec l'Empire ottoman. Il déclarait que « la question Macédonienne devait être revêtue, par les grandes puissances, du manteau de l'humanité ». Il exigeait de la Turquie pour les Macédoniens « tous les droits qui garantissent pleinement la propriété, la vie et l'honneur, tous les droits qui assurent le libre développement économique, tous les droits qui feront du Bulgare, en Turquie, un citoyen ayant des droits égaux à ceux des autres sujets de l'Empire ottoman, en un mot, la disparition de la conception théocratique du raïa ». C'était, un an avant la révolution de Constantinople, le programme de la Jeune-Turquie.

Le ministère gardait des tendances nationales. Il inaugurait, en 1907, la statue du Tsar Libérateur, en présidant au jubilé de l'indépendance. Le grand-duc Vladimir venait à Sofia, en octobre 1907, lors des fêtes qui furent données pour célébrer le vingtième anniversaire de l'avènement au trône du prince Ferdinand.

La politique de bons rapports avec l'Autriche et la Russie se continuait sous le ministère démocrate présidé par M. Malinoff (16 janvier 1908), chef d'un parti de formation récente qui groupait beaucoup d'anciens radicaux Karavélistes. Mais le ministère arrivait au pouvoir dans des circonstances difficiles; la politique entreprenante du comte d'Aehrenthal creusait un fossé infranchissable entre la Russie et l'Autriche, et la Bulgarie ne voulait pas, pour l'instant du moins, prendre parti dans cette querelle, lorsque brusquement éclatait, en 1908, la révolution jeune-turque qui bouleversait les conditions politiques et sociales de la Péninsule. Qu'allait faire le prince Ferdinand? La Bulgarie était-elle prête à jouer un rôle décisif dans cette nouvelle phase de la question d'Orient pour conquérir l'indépendance ? Pour cela, il suffisait d'un léger incident entre la Porte et la Bulgarie pour qu'il fût possible de saisir l'occasion, unique peut-être dans l'histoire de la Principauté, de proclamer l'indépendance. Cet incident se produisit et ce fut la Turquie elle-même qui maladroitement le fit naître. Le moment était venu pour le prince de retirer les fruits de sa politique et se proclamer l'héritier des anciens Tsars. Dès 1882, la Turquie avait admis que le représentant de la Bulgarie correspondrait directement, comme les autres diplomates, avec le ministre des Affaires étrangères, et serait invité aux fêtes du Sultan, en même temps que le corps diplomatique. Or, en septembre 1908, un dîner était offert par le ministre des Affaires étrangères et M. Guéchoff ne recevait pas d'invitation. C'était une incorrection de la part des Jeunes-Turcs que rien n'excusait, puisqu'il y avait des précédents dans le sens contraire. L'opinion publique bulgare fut très blessée de l'affront fait au pays.

Un nouvel incident, indépendant du premier, poussa les choses à l'extrême. La ligne de chemin de fer bulgare Sarambey-Harmali était exploitée par la compagnie des chemins de fer orientaux, depuis 1878. Elle était sous la dépendance du gouvernement turc; elle formait comme une enclave dans la Principauté. Obéissant aux ordres venus, le personnel faisait grève, le 27 septembre; le gouvernement bulgare remplaçait les grévistes par ses agents et se mettait à exploiter lui-même. La Bulgarie sentait de plus en plus la nécessité où elle était de se libérer des dernières attaches qui la liaient encore nominativement à la Turquie. Le 5 octobre, Ferdinand proclamait l'indépendance de la Bulgarie en prenant le titre de tsar des Bulgares [1].

1. Le droit pour Ferdinand Ier de porter le nom de tsar et roi des Bulgares s'appuie sur des arguments historiques très anciens et d'une incontestable valeur, qu'on a trop facilement ignorés en Europe. Sur une pierre, servant de démarcation à la frontière turco-bulgare, datant de l'année 1094, et retrouvée près de Salonique, on lit cette inscription en grec : « Au temps de Siméon, de par Dieu Archonte (souverain) des Bulgares. » Siméon le Grand avait été reconnu par l'Empereur Roman Lacapène comme roi des Bulgares (925). (*Lettres* de Roman Lacapène, Empereur de Byzance au Tsar Siméon). Le fils et successeur de Siméon, le roi Pierre, est reconnu officiellement comme roi des Bulgares. Les écrivains byzantins l'appellent « roi des Bulgares », et son épouse Marie fut appelée « Souveraine des Bulgares ou reine des Bulgares ». Ces écrivains donnaient également ce titre à Samuel et à Joan Vladislav. Les écrivains Jouglo-Slaves ont traduit le mot *Basileus* dans la Sainte-Écriture par le mot latin *Coesar*. Les Slaves ne reconnaissaient pas d'autre titre que celui de *Kniaz* (Prince) qui ne correspond pas au mot *Basileus*; c'est pour cela qu'ils se sont servis du mot César, et de cette façon ils traduisirent le titre grec de *Basileus des Bulgares et des Grecs* par « *Cœsar* ou *Tsar des Bulgares et des Grecs* ».

Sur le portrait de la Tsarine Erina on lit « Erina la pieuse, Tsarine de tous les Bulgares. »

Sur l'image du tsar Alexandre, figure l'inscription suivante : « Ivan Alexandre, Tsar fidèle et autocrate de tous les Bulgares et Grecs. »

Au *British Museum*, dans *l'Evangile illustré Zaoutcher* et à la

Telle avait été, au détriment de l'Empire turc, la pénible évolution de l'État bulgare. Pas à pas la nationalité vaincue, opprimée, avait recouvré ses droits, et une belle province avait été arrachée à la domination musulmane. Mais les ambitions des Bulgares n'étaient point apaisées. La Bulgarie s'était trouvée, après le traité de Berlin, dans la situation de l'Allemagne après Sadowa, partagée en trois tronçons qui ne devaient jamais se rejoindre. La Prusse, qui était le tronçon le plus vivace, avait su, en peu de temps, réunir les deux autres à la couronne des Hohenzollern. La Bulgarie était une jeune Prusse; mais d'une évolution plus lente, elle avait eu, après 1878, un but précis à atteindre, réunir le tronçon rouméliote au tronçon bulgare; elle y était parvenue. L'acte d'indépendance de Tirnovo consacrait l'existence du nouvel État. Il restait encore le tronçon macédonien qui permettrait à la Bulgarie, si elle se l'adjoignait, d'avoir un débouché sur la Méditerranée. Elle allait être, au moment de la guerre de 1912, sur le point de réaliser ce rêve séculaire des Slaves.

page 28, § 2 des *Acta Patriarch*, on retrouve la même appellation. Elle est encore gravée sur les monnaies d'argent de Théodore Svétoslav. Les Patriarches de Constantinople l'emploient dans leur correspondance avec les souverains bulgares qu'ils appelaient le « Très Haut et Très Grand Tsar des Bulgares ». Elle est encore reproduite dans les brevets de Ivan Stratzimir et dans ceux du Tsar Chichman. Ainsi tous les souverains bulgares, depuis l'époque de Siméon jusqu'à la conquête turque, ont porté le titre de Tsar des Bulgares qui correspond du reste au caractère de la langue bulgare. Le mot « Tzar Bolgarski », en bulgare, signifie Tsar des Bulgares, et non « Tsar de Bulgarie ». C'est donc avec raison que le roi Ferdinand a pris le titre que l'Europe lui a reconnu.

CHAPITRE VI

L'ÉTAT ROUMAIN

I

Parmi les groupes ethniques si bizarrement enchevêtrés de Vienne à la mer Égée, il en est un, le plus nombreux, le mieux délimité, qui a gardé au cours des siècles sa personnalité. Les Roumains, qui habitent l'ancienne grande Dacie, entre la Theiss, le Dniester et le Danube, sont le produit de l'amalgame des Daces et des colons que Trajan y amena, vers l'an 106 ap. J. C.

Tandis que des tribus slaves occupaient la cuvette du Danube et de la Tisza, un peuple latin ou latinisé se maintenait dans les montagnes de la Transylvanie. Au milieu de ces Roumains, à côté des Magyars qui vinrent au IXe siècle, s'installèrent des tribus asiatiques, les Szekels, petits-fils des Huns d'Attila, et descendants des Turcs Kiptchak de l'armée de Gengiskhan.

Parmi ces Szekels, fondus avec les Magyars et quelques colons saxons, les Roumains forment un groupe de sept millions d'hommes en Moldavie et Valachie, tandis que près de quatre millions vivent en Hongrie et en Transylvanie. Malgré les controverses historiques qui tendent à prouver que le peuple daco-roumain n'a pas, depuis l'origine et sans discontinuité, habité les régions situées au nord du

Danube occupées aujourd'hui par lui, il faut dire que des traces trop nombreuses de cette occupation se sont conservées pour pouvoir en douter vraiment. C'est ainsi qu'on trouve dans ces pays danubiens les descendants des colons de Trajan gardant, malgré les chocs des invasions, les remous de peuples, la dévastation turque, les caractères distinctifs de la race, qui sont aussi les nôtres, puisque l'origine est commune.

L'histoire de la Roumanie est celle d'une lutte opiniâtre, mais inégale, contre les Turcs, seule ou avec les autres pays d'Orient. Dans les farouches combats engagés contre l'invasion ottomane, brillèrent les noms de Mircea-le-Vieux, Jean Corvin de Huniade, Vlad-l'Empaleur, Etienne-le-Grand, Jean-le-Terrible, Michel-le-Brave, qui se surpassèrent dans leur résistance.

Nous voyons les Roumains prendre part à la fameuse bataille de Kossovo avec le prince Mircea, où les Turcs, malgré leur infériorité numérique, remportèrent sur les armées alliées une des plus brillantes et des plus décisives victoires de l'histoire. Les Turcs en profitèrent pour ravager la Valachie. Quelque temps après, Mircea, aidé du roi de Hongrie Sigismond et des chevaliers français que lui avait envoyés Charles VI, et qui étaient commandés par Philibert de Noailles, Jean de Nevers, le comte d'Eu, le maréchal Boucicault, attaquait à nouveau les Turcs à Nicopoli (1395). La bravoure des contingents roumais et français ne put venir à bout du corps compact des Janissaires, et Mircea dut se retirer; auparavant, il infligeait aux envahisseurs une seconde défaite à Rovines, puis Mohamed prenait sa revanche, s'emparait, en 1411, des citadelles du pays, Giurgin et Séverin, et soumettait à sa domination les provinces valaques.

C'est un Roumain au service de la Hongrie, le voïvode de Transylvanie, régent du royaume de Hongrie, Jean Corvin de Huniade, qui va continuer la lutte, en majorité avec des troupes roumaines, contre le Turc, tandis que les successeurs de Mircea et de son frère Dan se disputent le trône de la Principauté. Il subit quelques échecs, comme à Vanna, à Kossovo (1448), mais il vainquit Mahomed qui s'était avancé contre lui à la tête d'une orte armée. Avec le prince de Moravie, Étienne-le-Grand, les dernières grandes luttes contre le Turc vont prendre fin. Il triomphait d'eux à Racova, où 45.000 Moldaves taillèrent en pièces 100.000 Turcs. Après une série de revers et de succès, Étienne-le-Grand était parvenu à les contenir; mais des luttes intestines entre les Principautés chrétiennes, hongroises, polonaises et moldaves les affaiblirent à ce point que bientôt les Ottomans soumettaient la Moldavie, comme auparavant la Valachie. Ces provinces durent leur fournir d'importants tributs pour entretenir l'approvisionnement des armées.

Et cependant les Roumains n'avaient point perdu conscience de leur valeur et devaient, avec Jean-le-Terrible et Michel-le-Brave, jeter les dernières lueurs de leur héroïsme. Tour à tour les deux chefs des provinces révoltées parvinrent à refouler les Turcs au-delà du Danube, et même Michel-le-Brave leur infligea, près du grand fleuve, une retentissante défaite.

Les Roumains épuisés allaient subir, pendant plus de trois cents ans, la domination musulmane; leur bravoure ne devait se réveiller qu'au moment de la guerre russo-turque (1877). Ils avaient beaucoup fait pour contenir l'invasion qui ne put, grâce à leur héroïque résistance, franchir les plaines hongroises d'où elle aurait submergé l'Europe. Avant de conquérir la revanche définitive, il fallait que la nation, comprimée dans son essor industriel et politique, reprît conscience d'elle-même, sortant du lourd sommeil où la plongeait la barbarie turque.

II

Qui provoqua ce réveil de la nation roumaine? Il faut dire d'abord que les victoires des Russes sur les Turcs et le traité de Koutchouk-Kaïnardji vont améliorer le sort des Principautés roumaines. Elles sont placées sous le protectorat des Russes, ainsi que les Chrétiens orthodoxes d'Orient; les Roumains de Moldo-Valachie seront donc soustraits aux exactions turques.

L'Hétairie, qui va se constituer après 1814 pour délivrer les Chrétiens de l'Empire, exerce son action dans les provinces, où Ypsilanti, qui sert en même temps la politique russe, se fait le champion de leurs revendications. Mais les Roumains se défient des Hétairistes, qui préfèrent, en se soulevant, se grouper autour d'un de leurs concitoyens, Théodore Vladimiresco, leur promettant de les affranchir des Phanariotes eux-mêmes. La révolte n'aboutit pas, tandis que de leur côté les Hétairistes et Ypsilanti étaient vaincus par les Turcs. Quelques années plus tard, les Roumains obtenaient, en 1826, au traité d'Ackermann, la confirmation des privilèges qui leur avaient été accordés par le Hatti-Chérif de 1802 et le traité de Bucarest (1812). Les Hospodars des Principautés seraient choisis parmi des Boyards indigènes et élus pour sept ans par les Divans locaux; ils ne pourraient être destitués sans l'assentiment de la Russie; les impôts seraient réglés par les autorités du pays; la liberté commerciale des Principautés ne serait pas entravée.

Puis le traité d'Andrinople (1829) reconnaissait l'indépendance de la Grèce et du Monténégro; en Moldavie et en Valachie, les Hospodars seraient nommés à vie et non plus seulement élus pour sept ans? C'était là un grand pas vers l'indépendance.

Les provinces roumaines avaient perdu leurs princes

indigènes depuis 1716, époque à laquelle les Turcs nommèrent des Phanariotes au gouvernement des Principautés pour mieux contenir les progrès de l'Autriche dans les Karpathes. Sous leurs princes indigènes, elles avaient toujours conservé leur langue, leurs traditions de vie indépendante et leurs aspirations nationales. Même sous le gouvernement des Hospodars étrangers, l'aristocratie, jusqu'alors ignorante, s'ouvrit à la culture des belles-lettres, et c'est ainsi qu'au XVIIIe siècle, avec Nicolas Mavrocordato, puis Alexandre Ypsilanti, nous voyons les Roumains subir l'influence des idées françaises.

Les Grecs du Phanar, qui avaient obtenu des Turcs les postes les plus importants dans les Principautés, qui avaient des secrétaires et des précepteurs français, et parlaient couramment la langue diplomatique du temps, c'est-à-dire le français, furent les véhicules de la culture classique, et firent ainsi pénétrer chez les Roumains l'éducation et l'instruction françaises.

L'influence des Hospodars se manifestait en Moldo-Valachie et dans les Principautés situées dans la région du Bas-Danube, au sud et à l'est des Karpathes. Ces régions roumaines, tournées vers l'Orient, par suite de leur position géographique, étaient nécessairement exposées aux influences qui en dérivaient.

Les Roumains d'au-delà des Karpathes, ceux de Transylvanie, avaient gardé la langue des colons et des soldats de Trajan, lorsqu'ils furent conquis par les Hongrois et convertis au catholicisme; leurs prêtres, venus à Rome, furent mis à nouveau en contact avec la culture latine qu'ils répandaient parmi leurs fidèles. Les ouvrages d'historiens, de philologues roumains au XVIIIe siècle, de Samuel Klein, de Sinkaï, puis de Pierre Maïor sur l'unité et l'origine latine des Roumains, affirmèrent les droits de la race, en lui enseignant tout ce qu'elle devait aux grandeurs passées.

La révolution française, propagée surtout en Moldo-Valachie par les Grecs du Phanar, va surexciter les aspirations des Roumains. D'autre part, les conquêtes de Napoléon, ses projets de pénétration en Orient, éveilleront toutes les espérances de libération prochaine que soutiendra bientôt le grand écrivain roumain Radulescu.

Des Principautés, on se rendra de plus en plus à Rome pour y achever les études classiques ; les Métropolitains de Moldavie et de Valachie y enverront de jeunes boursiers roumains. Le roumain Georges Assaki ira chanter à Rome les origines de la race ; à son retour, il fondera des écoles dans le pays, un théâtre national, et sera aidé dans cette œuvre par la propagande du maître transylvain, Georges Lazar. Ainsi se forme, parmi les héritiers des colons de Trajan, l'idée de reconstituer la patrie primitive que célèbrent leurs écrivains, la Dacie ; ils vont travailler pour la liberté et pour la grandeur de la patrie, inséparables de l'unité de la race.

C'est ce programme que soutiendront avec talent et une ardeur bientôt couronnés de succès : l'historien Nicolas Balcesco, qui demande, dès 1838, l'union des Principautés, et constitue, avec le transylvain Laurian, le recueil patriotique des vieilles chroniques moldo-valaques ; Radulescu Héliade, Alexandre Basile qui, à travers les campagnes, collectionnent les vieilles légendes, les souvenirs des ancêtres, et, dans la *Sentinelle*, célèbrent les mérites de la race roumaine, originaire de Rome ; Balcesco et surtout Michel Cogalnitchearnu qui publie un livre de l'histoire de la Roumanie (1837), où il fait déborder la race roumaine jusqu'au-delà de la Macédoine. Il avait étudié à Berlin, et l'érudition allemande lui avait permis de découvrir, dans la philologie et les sources profondes de l'histoire, les origines latines des Roumains.

Les Roumains, en subissant ainsi notre influence, nos

idées, en étudiant leur passé, avaient appris à mieux connaître leurs droits ; ils étaient, au milieu du XIXe siècle, mûrs pour l'indépendance. L'occasion allait naître bientôt pour eux, à la faveur des ambitions et des rivalités européennes, de préparer, puis de constituer définitivement leur unité politique.

III

D'abord, à la suite de la guerre de Crimée, au Congrès de Paris (28 février-1er mars), on décrète l'abolition du protectorat russe dans les Principautés ; on efface les clauses des traités de Kaïnardji et d'Andrinople, et la souveraineté ottomane est restaurée. Mais la Turquie va-t-elle reprendre sur les provinces son ancien pouvoir ? Les a-t-on soustraites à l'influence russe pour les faire retomber sous le joug pesant de la Porte, alors que les patriotes roumains réclament leur union dans l'indépendance et que le Hospodar Stirbey adresse à Napoléon III un mémoire pour les appuyer au nom des populations ?

Un instant, Napoléon III eut l'intention de demander la réunion des provinces sous un prince étranger, le duc de Parme, mais les diplomates turcs firent une telle résistance à cette proposition qu'elle fut abandonnée et qu'on décida de nommer des commissaires chargés de recueillir les vœux des populations ; les Hospodars qui avaient encouragé les espérances roumaines étaient du reste suspects aux représentants des puissances. La question de la race roumaine, portée ainsi aux Congrès et à laquelle les puissances n'étaient guère favorables, retardait l'adoption d'une solution d'ordre général susceptible d'améliorer le sort des populations.

l'Autriche qui suivait attentivement le mouvement littéraire et politique roumain pour faire triompher les revendications de la race, et qui craignait le retour des événements de 1848 par un phénomène de contagion, chercha par tous les moyens à entraver l'œuvre du Congrès de Paris. Elle va soutenir les Turcs dans leur désir de réinstaller leur puissance dans les Principautés.

La Turquie et l'Autriche firent nommer, à la place des Hospodars favorables aux Roumains, de simples fonctionnaires chargés d'obtenir dans ces pays qui, pour la première fois, recevaient leur droit électoral, des votes contraires à l'union des Principautés. L'Autriche, grâce à ses armées qui occupaient encore les deux provinces, travaillait du reste les populations en conséquence.

Le firman distribuant les électeurs en cinq classes ne parut qu'en janvier 1857. Non seulement les intrigues austro-turques en avaient retardé la publication, mais également la résistance de l'Angleterre. L'ambassadeur anglais à Constantinople, sir Stratford, regrettait que la guerre de Crimée se fût terminée si tôt et ne lui eût pas permis de réaliser ses vastes projets, et que le Congrès, qui y mettait fin, eût donné à la France en Orient et en Europe un si grand prestige. Il intrigua pour contrecarrer les vœux des populations roumaines, soit en approuvant les nominations des gouverneurs, soit en maintenant dans les Principautés les troupes autrichiennes. Naturellement les Turcs exploitaient habilement ces rivalités entre les puissances et ne se pressaient pas de favoriser la cause roumaine.

Les listes électorales furent si bien truquées par les agents de la Porte que les neuf dixièmes de la population furent exclus du vote (15 juin 1857). Les Roumains mécontents refusèrent de voter, et en Moldavie le résultat fut défavorable à l'union. Napoléon III réclama l'annulation des élections, menaçant la Turquie de rupture, et fut suivi par la Russie, la Prusse et la Sardaigne; il obtint même l'assentiment de l'Angleterre qui devait rappeler bientôt sir Stratford. La Porte s'inclinait

(27 août 1857) et les élections moldaves étaient annulées. Le 28 septembre, des députés étaient élus et allaient régler l'union des Principautés sous un prince étranger et un gouvernement constitutionnel. Ces revendications étaient sanctionnées dans les Divans réunis le 8 octobre. L'Europe allait-elle accepter la décision prise conformément aux vœux des populations, décider que les Principautés auraient une vie indépendante? Mais la mauvaise volonté de l'Angleterre subsistait, et pour ne pas provoquer ses protestations, Napoléon III lui promettait de ne pas insister pour libérer la patrie roumaine (entrevue d'Osborne). Les commissaires européens seraient autorisés à ne pas appuyer les vœux des Roumains qu'on les avait chargés, à la conférence de Paris (22 mai-19 août 1858), de recueillir. On ne tenait pas compte du vote rendu par la population roumaine et ses députés; il n'était plus question d'un prince étranger pour gouverner les Principautés devenues autonomes; le Sultan gardait sa souveraineté et les deux provinces, réunies simplement administrativement, recevaient les instructions communes d'une commission centrale, dont les membres, nommés par les Hospodars et les assemblées, devaient pourvoir à l'unité de législation. C'était en somme une fédération dont le Sultan était le chef et qui ne répondait guère aux aspirations du patriotisme roumain; sir Stratford pouvait se déclarer satisfait,

Mais les combinaisons ingénieuses de la diplomatie étaient impuissantes, au XIXe siècle, à comprimer l'essor impétueux des races. Les peuples, à travers les épreuves endurées, avec les espoirs que notre Révolution leur avait donnés, confirmés par les études auxquelles se livraient leurs littérateurs et leurs penseurs, puisèrent, dans le sentiment de leur unité et de leur libération aujourd'hui nécessaires, la résolution d'agir. Les assemblées de Jassy et de Bucarest élirent ensemble le même Hospodar pour les deux provinces, Alexandre Couza (17 janvier 1859) ; et l'Europe n'osa plus contrecarrer la volonté de tout un peuple. Le nouvel Hospodar l'affirma davantage encore en prenant le titre de Prince de Roumanie que le Sultan lui reconnut bientôt (1861) : il pouvait déclarer que « la nation roumaine était fondée ».

Les premières années du nouveau Principat furent difficiles, car le Prince avait de nombreux abus à réformer. D'abord il voulut libérer son pays des restes de la domination phanariote ; elle s'était perpétuée par la possesion, au profit des églises grecques d'Orient, de vastes biens-fonds qu'il décida de séculariser. Il chercha aussi à abolir les privilèges de classes, à établir l'égalité politique et sociale, à émanciper la classe paysanne. Il entra en lutte avec les privilégiés, les Boyards, qui lui en voulurent à mort. Il décida de réviser la loi électorale, imposée au pays par la convention de Paris et qui confiait ses destinées à une seule classe, celle des grands propriétaires, en établissant le suffrage universel. Suivant l'exemple de son protecteur Napoléon III, il modifia, par voie de plébiciste, la constitution prévue par la convention de Paris et opéra les réformes qu'il désirait, en se faisant conférer une sorte de dictature nationale. Grâce à l'influence de Napoléon III, il eut la chance de voir la conférence des ambassadeurs, réunis à Paris, reconnaître les modifications apportées par le coup d'État dans la constitution du pays, qui obtenait ainsi le droit de se réformer lui-même.

Mais la revanche des Boyards ne tarda pas. Couza avait casé trop de ses créatures dans les administrations, dissipé les finances, ce fut le prétexte qui, le 21 février 1866, fit éclater un complot ; Couza, saisi, la nuit, dans son palais, dut abdiquer. La cause de l'influence française en Roumanie perdait un de ses meilleurs soutiens. Il avait introduit dans son pays notre législation en faisant traduire nos codes et en les promulguant, il avait adopté le système de la comptabilité française, fait instruire l'armée par des officiers français, organisé les postes et les télégraphes, suivant le système français. En somme, le nouvel État roumain, œuvre de la France, s'efforçait de l'imiter dans toutes ses plus heureuses manifestations, sans compter dans les arts, dans la littérature, dans les sciences.

Aussi, après le coup d'État de 1866, offrit-il la couronne à un prince à demi-français, au frère du roi des Belges, le comte de Flandre. Napoléon leur désigna un autre souverain, provoquant ainsi le refus du comte de Flandre; en souvenir des amitiés contractées en Allemagne, il leur indiqua un prince allemand, le fils cadet du prince Charles-Antoine de Hohenzollern qui accepta. Le chef de la maison des Hohenzollern, le roi de Prusse, hésitait à donner son acceptation, mais Napoléon appuya chaudement sa candidature, car il voyait en lui un prince apparenté à sa propre maison, comme descendant de Napoléon Ier par la princesse Murat, sa grand'mère. C'est ainsi qu'une dynastie prussienne s'installa en Roumanie avec la complicité inconsciente du souverain français (22 mai 1867).

La couronne placée sur la tête de Charles Ier signifiait, aux yeux des Roumains, l'indépendance complète et en même temps l'acheminement vers l'idéal national : la réunion de tous les Roumains du Danube, y compris ceux de Transylvanie, de Bukovine, sous le même sceptre.

Voilà donc un nouvel État, formé d'une nation jadis soumise par la Turquie, qui s'est créé dans le domaine qui lui appartenait. C'était encore un démembrement de l'Empire ottoman qui s'opérait ainsi.

Dix ans après, une occasion lui était offerte de conquérir, par des victoires sur l'ennemi séculaire, la souveraineté royale. La guerre venait d'éclater entre la Russie et la Turquie, et le 24 avril, les troupes russes pénétraient en Roumanie, après avoir franchi le Danube, se dirigeant vers le gros des forces turques ; les Roumains leur avaient livré passage ; ils ne tardèrent pas à les suivre et prirent les armes contre leur ennemi séculaire. On sait quelle part importante eurent les armées roumaines dans l'abandon, par les Turcs, du siège de Plevna qui décida, ainsi que leur victoire à Slivnitza, de la fortune de la guerre ; les Roumains et les Russes victorieux se répandirent dans les plaines d'Andrinople.

Au traité de San Stefano, la Roumanie ne recevait pas de la Russie, signataire du traité, d'aussi grands avantages que la Bulgarie libérée, de la mer Noire à la Macédoine. Il semblait que ses services n'étaient pas appréciés comme ils auraient dû l'être, puisque la Roumanie était contrainte d'échanger la Bessarabie contre la Dobroudja — pays de marais — qu'elle recevait ; en revanche elle obtenait une indépendance complète. Le traité de Berlin confirma ces stipulations en donnant Silistrie aux Roumains.

IV

Le roi de Roumanie, qu'il s'appelle Charles ou Ferdinand Ier, est, aux yeux de ses sujets, le roi des Roumains, c'est-à-dire, de tous les enfants de la même race.

Les Roumains, en effet, sont sujets d'un empire voisin, l'Empire austro-hongrois, et veulent y conserver leur existence, tandis que l'élément hongrois tend à les absorber. L'un est puissant et veut s'étendre, l'autre de natalité plus faible, inférieur en nombre, lutte contre l'élément roumain pour le faire disparaître au profit des Magyars. Les Roumains sont l'élément le plus nombreux après les Magyars, 3 millions 300.000 contre 7 millions, et les autres nationalités : Allemands, Serbes, Slovaques, Ruthènes, Croates, seraient promptement absorbées, si cette digue était renversée. Les Hongrois ont un intérêt primordial à conserver avec eux les Roumains, sinon la

Hongrie sortirait affaiblie d'un tel démembrement. Il y a donc lutte opiniâtre, lutte pour l'existence, aussi bien du côté magyar, pour conserver l'élément roumain, que du côté roumain pour se libérer de l'oppression magyare. Les Roumains, dont la conscience nationale s'est puissamment réveillée depuis le milieu du XIXe siècle, combattent la dénationalisation qui les menace.

En Bessarabie, l'élément roumain est évidemment menacé de russification, et la politique des Tsars cherche à absorber les paysans de ce pays. Mais depuis que la Russie est entrée dans la voie constitutionnelle, elle a modifié ses méthodes de gouvernement, elle s'est montrée plus tolérante, plus libérale à l'égard des Roumains qui espèrent conserver leurs privilèges de race.

Depuis la conquête magyare, les Roumains des pays d'outre-monts ont cherché à recouvrer les droits dont ils jouissaient aux temps d'Étienne-le-Saint, d'où les révoltes sanglantes qui, en 1324, en 1437, en 1514, en 1600, en 1784 et en 1848, ensanglantèrent le pays. En 1848, lorsque les Hongrois veulent incorporer la Transylvanie, les Roumains se révoltent et la contrée est mise à feu et à sang. Les Roumains restèrent sujets des Habsbourg jusqu'en 1867, où, à la suite du pacte d'union, il fut décidé qu'ils feraient partie du royaume hongrois. Au début, le gouvernement hongrois, encore faible, est animé de bienveillance envers les nationalités, mais peu à peu la politique de magyarisation à outrance est imposée de force aux populations roumaines, qui doivent parler la langue hongroise. Le sentiment national est persécuté dans ses manifestations les plus évidentes. Dans les écoles, le hongrois est la langue officielle, les noms des localités deviennent magyars, la justice, l'administration sont magyares; les Roumains sont exclus de la vie publique. La liberté de la presse est violée par des condamnations politiques répétées pour des délits imputés aux journalistes. La liberté de réunion est entravée par des refus d'autorisation d'assemblées ou des dissolutions abusives. Les Roumains de Hongrie sont en butte à autant de tracasseries, de vexations politiques que jadis, sous la domination autrichienne, la Lombardie ou la Vénétie. Du reste, la volonté du peuple ne peut se manifester avec indépendance : le suffrage universel n'existe pas en Hongrie et les circonscriptions électorales sont ainsi disposées que la majorité hongroise y est prédominante.

A toutes les protestations des Roumains qui demandent l'introduction de la langue nationale dans l'administration, dans les écoles, qui désirent une loi électorale reposant sur le suffrage universel, les Hongrois au contraire multiplient les lois oppressives pour comprimer les tendances séparatistes. Mais plus on cherche à les restreindre, à les étouffer, plus les Roumains rêvent de se séparer de leurs oppresseurs. La nation aspire à réaliser l'union des membres épars de la grande famille roumaine. Par les journaux, par les revues, par des orateurs en Roumanie et à l'étranger, les Roumains, depuis plusieurs années déjà, demandent que leurs vœux soient accomplis. Ceux de Transylvanie, du Maramuresh, de la Crishana, d'une partie du Banat et de la Bukovine, veulent conserver leur « unité de culture intellectuelle » et rester une nation libre. Peuple de paysans tenaces, car la noblesse avait été magyarisée, ils ont opposé aux agissements hongrois la patience de la race.

Le roi Charles Ier, dont la politique était dévouée à la Triple Alliance, ne les encouragea pas ouvertement dans leurs aspirations irrédentistes; mais le gouvernement de Bucarest est néanmoins impuissant à empêcher toutes communications de pensées, d'idées entre des peuples si voisins. Il faut reconnaître cependant qu'une réunion pacifique de ces populations sous le même sceptre est impossible, quelle que soit la violence de leurs désirs; les Hongrois ne peuvent faire le sacrifice de leurs territoires roumains. Une solution brutale, la guerre en un mot, est seule capable de libérer, au profit des Roumains, leurs frères de Hongrie; alors les revendications nationales auraient les satisfactions légitimes qu'elles attendent par l'application du principe des nationalités. Puissent les Roumains entendre au delà des monts la voix de leurs frères opprimés!

CHAPITRE VII

L'ÉTAT GREC

I

Les Grecs furent, parmi les nationalités balkaniques, une des premières, au début du XIXe siècle, à secouer le joug musulman, en subissant l'influence des idées revolutionnaires venues de France. Ils avaient terriblement souffert de la mainmise des Turcs sur leur pays; partout c'était la ruine et la désolation. Leurs monuments, témoins de leur glorieuse histoire, avaient subi les injures des Ottomans plus que des siècles.

Tandis qu'ils avaient dompté par leur civilisation leurs premiers vainqueurs, ils n'avaient pu dominer leurs conquérants asiatiques; entre ceux-ci et les Hellènes, il n'y avait jamais eu le moindre rapprochement, le fossé qui les séparait se creusait plus profond à mesure que s'écoulaient les années. L'administration hautaine et oppressive des Turcs, leur religion les séparaient des Grecs. Le raïa était sujet à toutes les humiliations; la loi pénale était plus rigoureuse pour lui que pour le Musulman, l'impôt était plus lourd. Dans le cœur des opprimés couvait, avec le regret de l'antique liberté, le désir de la reconquérir.

Ces aspirations, ce patriotisme, se conservaient surtout

chez les Klephtes, les Armatoles, les moines et les membres du bas clergé, les marins. Les Klephtes habitaient la montagne; c'étaient des Grecs aux idées aventureuses qui vivaient de rançons et de pillage. Les Armatoles étaient aussi des montagnards qui, après avoir obtenu des Turcs le droit de donner la chasse aux Klephtes, s'unirent à ceux qu'ils devaient poursuivre en haine des Ottomans. Ainsi, dans les montagnes, se conservaient les traditions de la liberté, c'est-à-dire, de la patrie.

Egalement, les moines des puissants monastères avaient gardé, par l'étude des vieux auteurs, les souvenirs du glorieux passé de la Grèce, par conséquent, la haine du Turc. Et le bas clergé, très pauvre, persécuté des Musulmans, était animé aussi d'un vif patriotisme. Enfin, les marins des villes, imprégnés, grâce à leurs relations avec les nations occidentales, des idées modernes, détestaient le Turc. Leurs navires, souvent armés en corsaires, inquiètent et détruisent son commerce. C'est la religion qui cimente le patriotisme de tous en haine du Croissant et le tient en éveil. Ce ne sont pas des philosophes, mais des croyants, qui veulent la liberté de leur culte.

De plus, le vaste mouvement d'émancipation qui s'est manifesté en Europe, à la suite de notre Révolution, devait pousser les Grecs à l'action. Ils virent dans nos principes de 1789 le droit pour les peuples de se soustraire au joug d'un gouvernement qui ne représentait pas le sentiment national. Bientôt cette influence se fit sentir en Grèce par la formation d'associations et de ligues qui résumaient les espérances de la race. D'abord *l'Hétairie*, fondée à Vienne par Rhigas en 1793, dans l'Italie du nord en 1806, puis organisée à Odessa vers 1815, s'est inspirée des doctrines de la Révolution française et a, en même temps, un caractère cosmopolite. Son programme est l'expulsion des Turcs d'Europe par l'union armée des Chrétiens et le soulèvement des nationalités. Ses chefs, Capo d'Istria, Ypsilanti, comptent sur la Russie, protectrice des orthodoxes, et sur Alexandre Ier, pour reconstituer la patrie grecque.

Il y avait aussi la société des *Philomuses*, fondée à Athènes, en 1814, sous le patronage de lord Guilford et de Capo d'Istria, et composée surtout d'étrangers amis des belles-lettres ; elle cherche à répandre l'instruction grecque et à intéresser l'aristocratie et les souverains européens à la cause de l'Hellade.

Les Hétairistes auront un allié inattendu dans Ali de Tébélen, pacha de Janina, massacreur des Souliotes et des Épirotes, qui allait servir la cause grecque en se soulevant contre les Turcs, désirant, dans ses provinces albanaises, obtenir l'indépendance du pouvoir central (1820).

Le président de l'*Hétairie*, Ypsilanti, ayant l'appui d'Ali de Janina, en Macédoine, décida, en 1821, de franchir le Pruth, de soulever les Principautés moldo-valaques, et de marcher sur Constantinople. En Épire et en Morée, des émissaires avaient préparé le soulèvement. Mais il ne fut pas appuyé par les autres Chrétiens de l'Empire, par les Serbes, les Grecs du Phanar, et les Roumains qui préférèrent se grouper autour d'un de leurs concitoyens, Théodore Vladimiresco, et ne voulurent pas combattre les Turcs. Ypsilanti écrasé s'enfuyait sur le territoire autrichien (1821). Les souverains de l'Europe, réunis à Laybach, hostiles à tout mouvement nationaliste, à leurs yeux révolutionnaire, se déclaraient pour le Sultan contre l'*Hétairie* (1821). Combien pénible et laborieux devait être l'enfantement de la liberté grecque !

Alexandre Ier ne répondait pas aux appels désespérés que lui lançait Ypsilanti. Cette prise d'armes dérangeait les combinaisons politiques qu'il avait échafaudées avec Metternich, l'ennemi des revendications populaires, désireux de prévenir une crise des Balkans. Le Tsar ne voulait pas fonder l'indépendance grecque sur les principes de la Révolution : les Grecs devaient attendre l'heure de la délivrance. Mais il était trop tard. Ali de Janina, entraînant avec lui les Souliotes, partait en guerre contre la Porte ; en même temps les populations de l'Épire et de la Morée proclamaient la révolte à Patras, et les îles se soulevaient. Bientôt la Morée était libre, les Grecs étaient maîtres d'une partie de la Roumélie et de plusieurs îles (juillet 1821). Devant ces défaites, le Sultan fit appel au fanatisme des Musulmans, d'autant plus que la révolte était née de l'enthousiasme religieux : il fallait défendre le drapeau du Prophète. La guerre sainte fut proclamée, et Mahmoud l'inaugura par d'épouvantables massacres de Chrétiens à Stamboul et dans les provinces, qui firent plus pour la cause des Grecs que leurs victoires. Alexandre Ier, protecteur des Chrétiens d'Orient, ne pouvait rester insensible devant de tels excès. Il avait un devoir à remplir ; il envoya un ultimatum à la Porte, lui demandant de rebâtir les églises détruites, de protéger la religion chrétienne opprimée, de nommer des Hospodars dans les Principautés. Et le Tsar s'adressa à l'Autriche pour obtenir dans les Balkans le mandat que celle-ci s'était octroyé pour combattre la révolte à Naples. Le prestige de la Russie en Orient lui faisait un devoir d'agir.

En France, l'enthousiasme était à son comble en faveur des Grecs, et le ministère Richelieu décidait d'équiper une escadre pour voler au secours des opprimés. Le Tsar fit des propositions séduisantes à notre ambassadeur La Ferronays : « Ouvrez un compas de Gibraltar aux Dardanelles, voyez ce qui est à votre convenance... c'est la Russie aujourd'hui que la France doit avoir comme alliée. » (19 juillet 1821). Mais était-ce le moment de parler de conquête en Orient alors que sur le Rhin la Prusse était inquiète de ces projets et que Metternich était prêt à les contrecarrer? Ce n'est pas en Orient qu'on effacerait les traités humiliants de 1815, comme les Français le désiraient. L'Angleterre du reste, ne semblait pas favorable aux projets du Tsar, et aux Conférences de Hanovre, Metternich, en présence du ministre prussien M. de Bülow, n'eût pas de peine à lui montrer que la guerre ne semblait pas nécessaire; elle ne grandirait que la Russie. Devant les oppositions de la Prusse et de l'Autriche, Alexandre hésitait à engager la guerre pour soutenir les Grecs. Or, la Turquie, le 14 décembre, répondait aux réclamations de la Russie par une note qui ne pouvait la satisfaire. Elle refusait la nomination des Hospodars et l'évacuation des Principautés par ses troupes, et ne donnait que des assurances vagues en ce qui concernait la protection des Chrétiens. Les Grecs heureusement agissaient ; ils se proclamaient indépendants à Épidaure, le 13 janvier 1822, votaient une constitution et élisaient Mavrocordato président du Conseil exécutif.

A Paris, le ministère ultra de M. de Villèle n'était pas très sympathique aux révolutionnaires de Grèce, et Alexandre, abandonné par la Prusse et par la France, en venait insensiblement aux idées de M. de Metternich; il lui dépêchait un de ses émissaires secrets, Tatischeff, acceptant une guerre contre les révolutionnaires d'Espagne, et l'ouverture d'un Congrès pour examiner l'état de l'Europe. Auparavant, à Vienne (juillet 1825), le Tsar, de plus en plus terrifié par le libéralisme qui envahissait tous les États d'Europe, se rencontrait avec Metternich et semblait disposé maintenant à se payer en Grèce de satisfactions illusoires. La Porte, en effet, acceptait d'évacuer les Principautés roumaines et d'y installer deux Hospodars indigènes (1822), et donnait au Tsar des promesses vagues d'amélioration du sort des Grecs. Pendant ce temps, les Grecs étaient battus à Peta, le Péloponèse cerné par les troupes turques et menacé par la flotte égyptienne.

A Vérone (1822), les souverains déclaraient qu'ils étaient partout décidés à écraser la révolution là où elle se rencontrerait, et refusaient aux Grecs de recevoir leur ambassade : la question grecque semblait enterrée, le principe de la légitimité l'emportait sur celui des nationalités.

Or, un concours merveilleux de circonstances sauva cette noble nation. D'abord, la révolte n'était pas étouffée, et le Sultan ayant exercé dans Chio une répression effroyable, ces massacres indignèrent l'Europe et eurent en Angleterre un profond retentissement. Canning y succédait à Londonderry; il n'avait pas le culte de la Sainte-Alliance; il n'était ni libéral, ni conservateur, mais très anglais, cherchant partout l'intérêt de sa patrie, exploitant à son profit les idées d'émancipation et de liberté qui se propageaient alors partout en Europe. En secourant les Grecs, il en fera les obligés de l'Angleterre et affermira son influence en Orient.

D'autre part, dans l'esprit d'Alexandre, un revirement s'opérait, parce que la Porte n'avait rien accordé, ni la nomination des Hospodars, ni un régime libéral en Grèce, et le mouvement qui se produisait dans ces États, en faveur des Grecs, l'impressionnait.

De même en France, l'opinion se prononçait de plus en plus pour les Grecs. Le philhellénisme, là, aussi bien qu'en Allemagne et en Angleterre, formait des comités pour envoyer des armes, des munitions, de l'argent aux insurgés; les femmes organisaient des fêtes de charité, des quêtes, des souscriptions, et Victor Hugo faisait paraître ses *Orientales*. Cependant le gouvernement restait plus que tiède, et M. de Villèle, homme d'affaires et de chiffres, répondait, quand on lui parlait de la Grèce, « qu'il ne comprenait pas bien l'intérêt qu'on pouvait prendre à cette localité ». Et pendant que le philhellénisme se développait, les Turcs, irrités des résistances des Grecs, faisaient appel aux Égyptiens et à Méhémet-Ali pour triompher de la rébellion.

Des conférences, pour le règlement de la question d'Orient, devaient s'ouvrir à Pétersbourg en 1824; on y discuterait un mémorandum du Tsar qui organisait en Grèce trois Principautés sous son patronage. Ce n'était pas l'indépendance, mais l'autonomie, et les Grecs déclaraient cette concession insuffisante.

La situation devenait pour eux de plus en plus grave. Méhémet-Ali débarquait en Morée; sa flotte joignait l'escadre turque; tout parut désespéré. Canning, qui redoute l'intervention de la Russie en Grèce, essaie de la retarder en offrant une médiation dont la base sera la proclamation de la liberté grecque. Alexandre, pressé par son peuple, ne vit pas d'autre moyen que d'accepter le projet d'une intervention diplomatique dont l'Angleterre espérait tirer désormais tout le bénéfice. Sur ces entrefaites, le Tsar mourait en 1825.

II

Autant Alexandre était hésitant, autant son frère, Nicolas Ier, était un esprit ambitieux et énergique. Comme des questions sont en suspens avec les Turcs qui n'ont pas évacué les Principautés et molestent les navires russes dans les Détroits, il leur adresse un ultimatum, le 17 mars 1826, demandant le rétablissement du *statu quo* dans les provinces danubiennes, l'envoi d'une commission pour traiter des différends qui résultaient du traité de Bucarest, la mise en liberté des otages serbes, et l'octroi des institutions promises par ce même traité; il entendait régler seul sa querelle avec les Turcs. Que devenaient les plans de Canning devant une attitude aussi ferme? La manière d'agir du Tsar préparait un démembrement de l'Empire et le principe de l'intégrité avait fait son temps.

La Grèce était ravagée par les armées d'Ibrahim ; Missolonghi allait capituler; les discussions intestines affaiblissaient la résistance. Canning, pour se concilier les Grecs, proposait sa médiation entre leur pays et l'Empire ottoman, et faisait nommer Stratford Canning, un de ses cousins, à Constantinople, offrant à la Grèce, réduite à la Morée et aux îles, l'autonomie. D'autre part il envoyait à Pétersbourg Wellington pour prévenir la guerre avec la Turquie, et préparer une entente dans les affaires d'Orient. Le protocole, signé le 4 avril 1826, était le premier accord diplomatique qui intervenait en Europe pour l'affranchissement de la Grèce. Celle-ci jouirait de l'autonomie, nommerait le chef du gouvernement, sauf ratification de la Porte.

A Constantinople, où venait d'éclater la révolte des Janissaires, les envoyés du Tsar se montraient plus exigeants et négociaient bientôt le traité d'Ackermann, du 7 octobre. Les privilèges de la Moldo-Valachie étaient confirmés, les Hospodars seraient élus pour sept ans par les Divans locaux, la Serbie recevrait la constitution promise, les Russes auraient pleine liberté de commercer dans les mers et les ports ottomans.

Mais il fallait régler avec la Turquie la question grecque et les Turcs restaient intransigeants, persuadés que la Russie et l'Angleterre ne pourraient se mettre d'accord pour lui imposer une solution. Heureusement la France, entraînée par l'opinion publique, allait se prononcer en faveur de la Grèce, et Canning poussait M. de Villèle dans cette voie afin de contrebalancer l'influence russe.

Du reste, les Grecs étaient dans une situation désespérée : Athènes venait d'être prise (juin 1827). A Londres, était signé le traité réclamé par la France (6 juillet 1827), qui prévoyait l'emploi de mesures coercitives au cas où la Turquie ne voudrait pas reconnaître l'autonomie de la Grèce, et le 3 août, les ambassadeurs des puissances alliées adressaient à Constantinople une note qui demandait un armistice, mais le Sultan refusait de la recevoir. Le 20 octobre, avait lieu la bataille de Navarin et la flotte turco-égyptienne était anéantie.

Le Sultan, irrité, lança une proclamation contre la Russie, l'éternelle ennemie de l'Empire. La riposte du Tsar ne se fit pas attendre; il donna l'ordre d'occuper les Principautés. Puis un protocole était signé à Londres, complétant le traité de 1826; un corps de troupes françaises s'embarquerait à Toulon pour aller occuper la Morée (19 juillet 1828). D'autre part, la lutte s'engageait, dans le Caucase, entre la Porte et la Russie

Pour que le Tsar ne réglât pas seul la question grecque, l'Angleterre s'efforça d'obtenir des Turcs la reconnaissance de l'indépendance grecque. Les puissances, à Londres, fixèrent les limites du nouvel État que la Turquie devrait reconnaître et qui comprendrait la Morée, les Cyclades et la Grèce continentale, jusqu'aux golfes d'Arta et de Volo, avec une constitution monarchique et un prince chrétien (22 mars 1829). Mais à Constantinople, les Turcs refusaient d'accepter le protocole de Londres. Les succès russes décidèrent du sort de l'Hellade. En plus de victoires en Asie, la Roumélie était conquise, Andrinople prise; l'aigle russe volait à proximité de Constantinople.

Les Turcs signaient la paix d'Andrinople (14 septembre 1829) qui confirmait les droits de la Moldavie, de la Valachie, de la Serbie, donnait aux navires russes le libre passage des Dardanelles, et à la Russie les places d'Anapa, de Poti, d'Akhaltzick, d'Atzkom, d'Akhalkalaki, en Asie Mineure. La Porte adhérait également au protocole du 22 mars. La Conférence de Londres accordait au nouvel État non plus l'autonomie, mais la pleine indépendance (3 février 1830). La Turquie subissait un de ses plus graves démembrements, en laissant se créer sur ses flancs une nation de vaillants navigateurs et de hardis commerçants. « Cela ne peut durer », disait Metternich, et Wellington ajoutait : « Il va falloir procéder au remplacement de la Porte; elle est frappée à mort. »

Il fallut trouver un souverain à la Grèce. Capo d'Istria, qui avait présidé aux premières luttes de l'indépendance, la gouverna deux ans, après le refus du prince Léopold de Saxe-Cobourg-Gotha, élu peu après roi des Belges. Après l'assassinat de Capo d'Istria, qui avait fait peser sur le pays un régime de violence, le prince Othon de Bavière devenait roi de Grèce, et, par le traité de Constantinople entre la Russie, la France, l'Angleterre et la Turquie, celle-ci reconnaissait la Grèce et son nouveau roi (21 juillet 1832).

La Grèce moderne venait de naître, et la Turquie perdait ainsi une de ses plus belles et de ses plus riches provinces.

III

Le roi Othon ne fut jamais populaire, quoiqu'il cherchât cependant, pour se concilier les sympathies de sa nouvelle patrie, à flatter les revendications helléniques, à satisfaire l'idéal national. Pendant la guerre de Crimée, poussé par les chefs de partis, il se déclara contre les Turcs. Ce n'était guère le moment, et la Grèce dut subir l'occupation du Pirée par les flottes anglo-françaises, alors que les Grecs, déçus dans leurs espérances patriotiques, en voulurent à Othon de ne pas les avoir réalisées. Sa situation devint intenable et, quelques années après, la révolution éclatait à Athènes (1862).

L'Angleterre et la Russie, qui avaient encouragé la révolution, cherchèrent à l'exploiter à leur profit, voulant, l'une installer là-bas le duc de Leuchtenberg, l'autre le fils de la reine Victoria, le prince Alfred. Pour écarter l'influence russe, l'Angleterre céda aux Grecs les Iles Ionniennes, et le prince Alfred fut élu (1863). Mais la reine Victoria ayant refusé la couronne pour son fils, le prince Georges de Danemark, neveu du roi de Danemark, devint roi de Grèce.

Les patriotes grecs avaient renversé la dynastie bavaroise, étrangère à leurs aspirations nationales. Le nouveau roi, au contraire, devait être le serviteur de la *grande idée* qui visait à la réalisation de l'unité hellénique fondée sur les doctrines de langue et de race, par l'annexion des territoires grecs.

Mais de la Grèce, constituée par le traité de Londres du 3 février 1830, restaient séparées une partie de la Macédoine, qui fut grecque, l'Épire, comprise dans l'Albanie, les îles de la mer Égée, dont la grande île de Candie, et les îles des côtes d'Asie Mineure. Ces territoires avaient conservé l'esprit et la langue helléniques, et l'effort des Grecs devait tendre, pendant quatre-vingts ans, à leur réunion à la mère patrie. Il y avait ainsi un irrédentisme hellénique comme un irrédentisme italien et serbe, et d'autant plus frappant que la Grèce ne constituait dans l'ensemble que la plus petite partie devenue indépendante, environ 2.600.000, sur un total de 7 millions d'habitants.

Pendant le XIXe siècle et les premières années du XXe, jusqu'à la guerre balkanique, chaque fraction de l'hellénisme lutta pour atteindre l'idéal des patriotes grecs. Le plus bel exemple de cet effort continu est donné par la Crète qui combattit, avec opiniâtreté, pour s'unir à la Grèce et conquérir l'indépendance. Un historique rapide de la question crétoise montrera mieux à quel point les Grecs ont profondément enracinée au cœur, avec les souvenirs de leur grandeur passée, la foi invincible en un avenir réparateur qui donnera à la race ses satisfactions légitimes.

IV

C'est à la Macédoine qu'on peut le mieux comparer la Crète, mais s'il y a des analogies dans la situation de ces deux pays, — car tous les deux étaient également soumis à la Turquie, — les dissemblances abondent. La Macédoine était peuplée de Musulmans et de nationalités diverses, d'où les querelles de races qui déchiraient cette malheureuse province, et l'Europe, ne sachant à qui la confier, avait pris le parti de la laisser aux Turcs, en décidant qu'elle ne serait ni grecque, ni serbe, ni bulgare. Mais la Crète au contraire est peuplée exclusivement de Grecs. S'il y a des Turcs, ils ont quitté l'île depuis longtemps; même les Musulmans, qui constituent un quart environ de la population totale, parlent grec et sont peut-être de race aussi pure que les Hellènes du royaume. Du reste, la Crète a subi moins de transformations que les autres parties de la Péninsule, et à plus forte raison que la Macédoine. Si un Grec des temps héroïques revenait en Crète, il se croirait encore au sein des mêmes compatriotes, dévoués à leurs demi-dieux, Cadmos et Europe, et gouvernés par le légendaire Minos, l'homme aux cent vierges!

Du reste, si la Crète a appartenu aux Turcs, c'est plus récemment, plus superficiellement que les provinces de l'Empire. Les Vénitiens ont possédé la Canée jusqu'en 1645, et Candie jusqu'en 1669, et même, au début du XVIIIe siècle, Grabonsa, la Sude et Spinalonga. Les Turcs, appelés par les indigènes, furent alors les seuls maîtres, mais ils disparurent peu à peu devant les émeutes successives, et l'île ne fut plus habitée que par des Crétois, les uns musulmans, les autres en majorité chrétiens. Il faut du reste dire que l'île ne fut jamais absolument conquise par les Turcs, et les Chrétiens ont toujours conservé dans les montagnes une certaine autonomie.

En 1824, lors des guerres de l'Indépendance, la Crète passait aux mains de l'Égypte qui la conservait jusqu'en 1841. Si l'Égypte était une puissance ottomane, du moins elle différait essentiellement de la Turquie, car elle était plus libérale. Méhémet avait fait du Tanzimâtune réalité, et il semble que les Crétois se soient assez bien accommodés du régime égyptien, au point qu'ils virent avec regret le retour de la domination turque. C'est en tout cas, depuis 1841, que les révoltes sévirent en Crète à l'état endémique. Il serait trop long de les énumérer : 1841, 1852, 1866, et notamment celle de 1896, à la suite de laquelle l'Europe prit la Crète en dépôt, en nommant un Haut-Commissaire. La Crète avait son parlement et son gouvernement propres, mais elle ne jouissait que d'une indépendance nominale, car elle faisait toujours partie intégrante de l'Empire ottoman.

D'où provenait cette situation anormale de la Crète? Et pourquoi ni l'Europe, ni la Turquie, n'avaient-elles permis, à aucun moment, le rattachement de l'île à la Grèce? Pour quelles raisons, malgré les vœux réitérés des populations crétoises, l'annexion à la Grèce n'avait-elle pu s'opérer jusque-là?

***

Les Turcs voulaient conserver la Crète. Sa position dans la Méditerranée, au confluent des routes commerciales d'Afrique et d'Asie, est exceptionnelle, et toute puissance qui a détenu le commerce du Levant a dû s'assurer la possession de Candie. Venise avait fortifié l'île; elle avait bâti toute une série de castelli aux principaux points de débarquement, et l'on voit encore en Crète, de nos jours, plusieurs des forteresses vénitiennes. Mais si les Turcs tenaient à la possession de Candie, ce n'est pas tant à cause de sa situation stratégique, que parce qu'ils voulaient défendre les intérêts des Musulmans de l'île; or, les Turcs ne consentaient que difficilement à abandonner leurs droits, et à plus forte raison ceux de leurs coréligionnaires. Toutefois ils n'avaient pas été les seuls à s'opposer à l'annexion de Candie par la Grèce. Les grandes puissances elles-mêmes l'avaient toujours refusée. Il y avait donc d'abord des raisons d'ordre international qui expliquaient la situation spéciale de la Crète.

A la suite de la guerre de l'Indépendance, l'Europe eut à s'occuper de l'île de Candie, notamment en 1829, aux Conférences de Londres, pour déterminer l'étendue de la Grèce (Protocole du 3 février 1830). Il est inutile de rappeler comment, à cette époque, l'Angleterre, la France, la Russie, l'Autriche et la Prusse, refusèrent d'englober la Crète dans le royaume du roi Othon. Déjà l'Angleterre, pour les motifs qui allaient subsister jusqu'à la fin du XIXe siècle, continuant à appliquer les idées de Pitt, était décidée à maintenir l'intégrité de l'Empire ottoman, afin d'en faire une barrière contre les progrès de la Russie. Navarin était pour elle un événement fâcheux : Wellington trouvait qu'on faisait la Grèce trop grande en adjoingnant à la Morée une partie de la Péninsule.

La Russie elle-même n'était pas aussi favorable à la Grèce que l'Angleterre le supposait, et, plutôt que de consentir à la favoriser trop, préférait conserver l'Empire ottoman. C'est que la Grèce est à cette époque, pour la Russie, une rivale redoutable. La « grande idée » s'oppose directement aux rêves panslavistes, et un Empire byzantin indépendant ne peut convenir aux héritiers de Pierre Ier, pourtant défenseurs de l'orthodoxie. Les Grecs du reste avaient manifesté maintes fois leurs répugnances pour la tutelle moscovite.

De son côté, l'Autriche est loin de vouloir protéger les races opprimées. C'est Metternich qui est allé chercher les Égyptiens pour les lancer contre les Grecs; il fut le négociateur du traité entre le Sultan et le pacha d'Égypte qui obtenait la Crète pour prix de son concours.

Quant à la Prusse et à la France, leur attitude, en cette circonstance, était plus qu'équivoque et devait le rester pour ainsi dire jusqu'à la fin de la crise. Il est assez curieux de voir, pour ne parler que de la France, et déplorable de constater que ses aspirations généreuses, issues de la Révolution de 1789, aient été, soit par suite des circonstances, soit à cause des engagements extérieurs plus ou moins adroitement conclus par le gouvernement, paralysées et rendues inefficaces. Bien des Français pourtant avaient combattu avec ardeur dans les rangs des Grecs, mais la cause de la Grèce paraissait une cause libérale et à ce titre était vue d'un mauvais œil par le gouvernement des Bourbons.

Une nouvelle occasion s'offrait bientôt à la France et aux autres puissances de modifier la situation de la Crète. Pourquoi décidèrent-elles alors, en 1841, de l'enlever aux Égyptiens et de la remettre aux Turcs? C'est que l'heure n'était pas venue où certaines puissances, qui défendaient le principe de l'intégrité de l'Empire ottoman, consentiraient à y porter atteinte. Louis-Philippe, très anti russe, n'était pas moins opposé que l'Angleterre à tout affaiblissement de la Turquie, désireux d'effacer par un affront égal à l'égard de la Russie, celui qu'elle venait de lui infliger en la personne de son allié Méhémet-Ali. D'où la convention des Détroits, destinée, dans la pensée de ses auteurs, à consolider l'Empire turc en lui donnant la Crète. Et la Russie, contre laquelle on venait de fortifier la Turquie, applaudissait à ce qui avait été fait contre la Grèce!

Jusqu'alors l'Europe était en partie excusable d'avoir à ce point méconnu les vœux unanimes des Candiotes : elle les ignorait. Mais de fréquentes insurrections n'allaient pas tarder à lui révéler la situation de l'île.

La guerre de Crimée ne devait pas être favorable à la Crète. La France et l'Angleterre s'armaient toujours pour défendre l'intégrité de l'Empire ottoman, et notamment contre la Grèce qui désirait à ce moment s'unir à la Russie dans l'espoir de dépecer la Turquie et de prendre la Crète et la Macédoine. La France et l'Angleterre bloquaient le Pirée, et au Congrès de Paris qui favorisait les Roumains et les Serbes, la Grèce avait la douleur de ne rien obtenir.

Les Crétois décidèrent de résister. Ils se soulevaient en 1858, à la suite de la violation par le Sultan du Hatti-Houmayoum du 18 février 1856 qui accordait la liberté de conscience aux populations de l'île, et surtout en 1866 en proclamant leur annexion à la Grèce. Omer Pacha avec une armée dévastait la Crète pour la soumettre (avril 1867). Les consuls de l'île réclamèrent au nom de l'humanité une enquête européenne. Quelle allait être l'attitude des puissances ? La France était alors gouvernée par l'homme qui incarnait le principe des nationalités, et la Crète précisément l'invoquait. Si Napoléon III avait voulu travailler en faveur des Crétois, il eût trouvé cette fois la Russie disposée à le soutenir, car elle cherchait à affaiblir l'Empire ottoman en favorisant les diverses nationalités et au besoin la Grèce, pour obtenir la révision de l'humiliant traité de Paris. Mais dans l'intervalle avait eu lieu Sadowa ; Napoléon se rapprochait de l'Autriche qui ne voulait pas d'agrandissement de la Grèce et désirait avant tout le maintien du *statu quo* dans les Balkans. Et puis l'Angleterre, alliée fidèle du Sultan, était plus intransigeante que jamais. A la Conférence de Paris (janvier 1869), la Russie fut seule à défendre les Grecs. Par suite des intérêts opposés des puissances, la Crète restait encore soumise à la Turquie.

Cependant la France avait fait une concession à la Russie et au principe des nationalités, en demandant l'autonomie de l'île, et grâce à cette heureuse influence, la Porte, par le firman du 8 janvier 1868, conférait aux

Crétois d'importants privilèges, en leur accordant un Parlement sous forme de conseil général, composé de Chrétiens et de Musulmans. L'île devait être administrée par un vali ou gouverneur général nommé par le Sultan. Elle était divisée en Sandjaks ou arrondissements dont les gouverneurs étaient moitié des Musulmans, moitié des Chrétiens, tous nommés par le Sultan.

Mais cet acte qui tenait compte de la présence dans l'île de l'élément musulman et qui, en fait, lui assignait la prépondérance, en dépit de son infériorité numérique, parut inacceptable aux Chrétiens. L'inverse se serait du reste produit si les Chrétiens avaient été les plus favorisés, comme cela devait avoir lieu plus tard. La question se compliquait donc; elle n'était plus seulement internationale, et nous touchons aux raisons profondes qui ont rendu le problème crétois un des plus délicats qui fût.

V

Rien n'était plus difficile à appliquer que le firman de 1868, et rien n'était plus difficile à remplacer. Si la prépondérance était donnée aux Chrétiens, ils réclameraient de suite l'annexion à leurs frères de Grèce, afin de venir plus aisément à bout de l'élément musulman qu'ils exècrent. Si au contraire les Musulmans dominaient dans l'île, ils demanderaient un rattachement plus étroit à l'Empire ottoman pour les raisons diamétralement opposées. Voilà comment se posait le problème crétois vers 1898 : les difficultés internationales précédemment exposées se doublaient d'une lutte de races et d'une querelle de religions.

Aussi le firman de 1868 fut-il abandonné par les Musulmans et les Chrétiens; aussitôt que signé, il devint lettre morte. Au moment de la crise des Balkans de 1876, les Crétois voulurent exiger l'exécution des conventions de

1868, augmentées de privilèges nouveaux. Leurs pétitions furent repoussées et ils prirent les armes en proclamant leur réunion à la Grèce. Mais au Congrès de Berlin, les puissances reculèrent encore devant les solutions radicales et se contentèrent de vagues promesses ; elles stipulèrent de la Turquie «qu'elle appliquerait scrupuleusement à l'île le règlement organique de 1868, en y apportant les modifications qui seraient jugées équitables» (art. 23). L'imprécision des termes de cet article permettait à la Turquie d'éluder tous les engagements pris. Elle connaissait du reste les divergences de vues des puissances. Si la Russie poursuivait alors sa politique de 1868 et cherchait à affaiblir les Turcs, l'Angleterre était encore fidèle au dogme de l'intégrité de l'Empire ottoman et l'Allemagne la soutenait dans cette voie, afin de diminuer l'influence de la Russie dans les Balkans. Cependant l'Angleterre, sous l'impression des idées libérales, intercédait près de la Porte en faveur des Crétois, et une convention, conclue le 30 octobre 1878, et connue sous le nom de Pacte de Halépa, donnait en partie satisfaction aux vœux des insurgés, qui s'engageaient devant les consuls européens à respecter le firman de 1868 légèrement amélioré. On étendait les attributions de l'Assemblée générale qui était composée de 49 Chrétiens et de 31 Musulmans, et on lui donnait le droit d'élaborer les lois nouvelles. Le vali ou gouverneur général était nommé pour cinq ans, et était assisté d'un mouchavir ou adjoint chrétien.

Si ces réformes satisfaisaient les Crétois, elles ne leur suffisaient pas, car ils voulaient l'annexion à la Grèce. Au moment où les puissances étaient réunies en 1880, à Constantinople, pour régler la question des frontières de Grèce[1], les Candiotes firent parvenir leur vœux à la Con-

1. Certains hommes politiques turcs, au lieu d'accorder à la Grèce les rectifications de frontières qu'elle réclamait du côté de la Macédoine, proposèrent de lui donner Candie. L'Angleterre s'y opposa énergiquement : Candie ne devait pas appartenir à la Grèce.

férence, mais on ne tint pas compte de leurs desiderata. Lors des troubles qui survinrent en Grèce en 1885, leurs espérances se réveillèrent à nouveau, et ils manifestèrent violemment leurs désirs d'annexion.

De leur côté, les Musulmans de l'île n'étaient pas satisfaits des concessions faites aux Chrétiens en 1878, et les gouverneurs généraux s'empressèrent de violer les engagements pris. Il existait donc de part et d'autre un état d'hostilité qui devait amener fatalement des conflits. En 1888, éclata un soulèvement dans l'île; Abd-ul-Hamid promulgait le firman du 1er décembre 1889 et abrogeait les concessions faites antérieurement, en restreignant les pouvoirs de l'Assemblée générale et en augmentant ceux du gouverneur nommé par la Porte.

Le nouveau firman fut loin de calmer les colères et les rancunes des Chrétiens. Ils n'attendaient qu'une occasion pour se soulever. Lors des massacres d'Arménie, les Crétois demandèrent le retour au Pacte de Halépa et à leurs anciens privilèges (1895). L'insurrection gagna l'île tout entière et le gouvernement hellénique menaça d'intervenir. La situation était tellement grave que les puissances demandèrent au Sultan de faire des concessions, et celui-ci, par le firman du 5 mai 1895, accordait une nouvelle Constitution à la Crète : un chrétien, Karathéodory Pacha, était nommé au gouvernement de l'île.

A leur tour, les Musulmans protestèrent. Ils déclaraient qu'avec une majorité chrétienne à l'assemblée et un vali chrétien, leurs droits ne seraient plus sauvegardés. Le comité musulman de la Canée fit appel à la résistance : ce fut la guerre civile. Vainement les puissances échangeaient des notes avec la Turquie, élaborant des projets de réformes (25 août, 28 décembre 1896, 27 janvier 1897); la crise devenait de plus en plus violente.

Ces événements démontraient quelles étaient les causes des insurrections crétoises, quelle était la difficulté pour l'Europe de satisfaire également les deux parties en présence. Ce qui favorisait l'une, naturellement devait mécontenter l'autre. Les faits qui suivirent sont trop connus pour que nous insistions davantage.

En février 1897, la Crète était remise en dépôt aux puissances par le Sultan. Les troupes grecques et les troupes turques se retiraient ; l'Europe renvoyait les garnisons turques qui protégeaient la minorité musulmane dont elle voulait assurer désormais la sécurité. Au printemps de 1898, l'Allemagne et l'Autriche s'étant détachées du groupe des puissances qui avaient reçu l'île en dépôt, l'Angleterre, la France, la Russie et l'Italie la prenaient sous leur protection pour veiller au maintien de l'ordre, empêcher le retour des hostilités entre Chrétiens et Musulmans : c'était cette pensée qui motivait leur attitude nouvelle. Le 23 novembre, le prince Georges de Grèce était nommé Haut-Commissaire, puis on élaborait une Constitution (23 avril 1899), dont l'article 1er portait que « la Crète, avec les îlots adjacents, constituerait un État jouissant d'une autonomie complète, dans les conditions établies par les quatre grandes puissances », puis on organisait une gendarmerie locale. Mais le prince Georges eut beau déployer la plus grande habileté, il ne put faire accepter complétement la situation créée par les puissances. Le dilemne restait le même.

Malgré le caractère libéral de la Constitution, l'union était impossible entre Chrétiens et Musulmans par suite de leurs aspirations. L'attitude des puissances, en dépit des changements survenus dans la situation internationale, était quelque peu hostile à la Crète, et vainement, chaque année, le Prince réclamait auprès des chancelleries l'union de l'île au royaume de Grèce. Les Crétois, disait-il notamment en 1904, étaient las d'attendre et menaçaient de brusquer les choses ; la présence des troupes internationales devenues inutiles leur causait une impression d'agacement. « Pour éviter des difficultés toujours croissantes, et qui deviendront bientôt insurmontables, il n'y a qu'une seule solution : l'union de l'île à la Grèce [1]. » L'Angleterre, sous l'empire des circonstances, avait bien abandonné le dogme fameux de l'intégrité de l'Empire ottoman, mais il avait été repris par l'Allemagne appuyée sur la Triplice, et l'alliance franco-russe ne s'était manifestée que dans le sens du maintien du *statu quo*.

Devant les difficultés nombreuses qu'il rencontrait, le Haut-Commissaire démissionnait en 1906, et était remplacé par M. Zaïmis, ancien ministre de Grèce, désigné cette fois par le roi, après accord avec les quatre puissances protectrices.

A la suite de la révolution Jeune-Turque, de l'annexion de la Bosnie-Herzégovine, de la déclaration d'indépendance bulgare, la Crète, le 15 octobre 1908, proclamait son annexion à la mère-patrie. Elle constituait un gouvernement provisoire, les tribunaux rendaient la justice au nom du roi de Grèce, les lettres étaient affranchies avec des timbres grecs. La Crète semblait avoir conquis définitivement son indépendance.

De plus, dès 1906, les puissances avaient substitué à la gendarmerie italienne qui faisait la police de l'île, une milice locale encadrée par d'anciens officiers grecs, en promettant le retrait des contingents internationaux. En mai 1908, les puissances protectrices, entre lesquelles l'entente, depuis les rapprochements anglo-russe et franco-italien, était plus étroite que jamais, prenaient l'engagement de retirer leurs troupes à la fin de juillet 1909, si le calme régnait dans l'île.

Les puissances avaient reconnu que les Crétois méritaient les faveurs de l'Europe. Elles venaient de décider le retrait des troupes internationales qui étaient remplacées par des stationnaires dans les eaux crétoises, précisément parce que le « calme régnait dans l'île ».

1. Voir : André Tardieu. *Questions diplomatiques de l'année 1914*, p. 181.

Dès le 30 octobre, du reste, les consuls avaient déclaré que les puissances ne seraient pas éloignées de considérer comme possible l'union de Candie avec la Grèce, « si l'ordre était maintenu, et si d'autre part la sécurité de la population musulmane était assurée. »

Le gouvernement crétois, dans une proclamation adressée le 17 juin 1909 à la population de l'île, à son tour, disait :

Les puissances protectrices, qui ont pris sous leur haute protection notre patrie en y maintenant leurs troupes pendant dix ans, n'ont pas cessé d'envisager notre question dans un esprit qui ne soit pas contraire au pas pris l'an dernier, le pas dont nous avons espéré qu'il nous donnerait la solution que comportent seuls les grands sacrifices et les luttes surhumaines qu'a soutenues depuis tant d'années le peuple crétois, petit sans doute, mais plein de confiance dans la justice de sa cause...

Les puissances n'ont pas comme naguère formellement désavoué notre initiative; bien au contraire, elles l'ont tolérée. Elles n'en sont pas restées là; mais par une note de leurs représentants auprès de nous, elles nous ont confirmé qu'elles envisageaient avec bienveillance notre question et qu'elles posaient seulement cette condition que l'ordre soit assuré ainsi que la sécurité de nos concitoyens musulmans...

Bien que, au reste, la justice de notre cause monte jusqu'au ciel, bien que les questions préliminaires au règlement de notre sort aient reçu solution et bien que nous ayons l'assurance de la bienveillance des puissances, nous n'en avons pas moins tenu à observer strictement les termes qu'elles nous avaient fixés comme condition à leur bienveillance.

Nous n'avons pas cru devoir douter un moment qu'une solution favorable serait donnée à notre question, d'autant plus que toutes les considérations importantes s'accordent à la conseiller; nous ne nous sommes pas laissés agiter par des bruits et des dires absolument contraires aux intérêts de notre cause.

Pour toutes les raisons susdites, il convient que nous continuions à conserver tout notre sang-froid et à attendre avec la même tranquillité et la même constance la sentence des grandes puissances, confiants dans la justice de notre cause, dans la logique des choses, dans les promesses et dans la bienveillance des puissances; bienveillance dont nous avons eu maintes fois jusqu'à cette heure à nous louer, bienveillance qui ne nous manquera pas dans les conjonctures présentes qui en ont été en quelque sorte l'objet.

Nous ne pensons pas nécessaire de vous rappeler que le maintien de la tranquillité et de l'ordre et la sauvegarde de nos concitoyens musulmans dans l'avenir comme dans le présent, c'est là tout notre programme politique. Pour le reste, ayons confiance en la justice de notre cause et dans la bienveillance efficace des puissances dont découlera l'heureuse solution de notre question.

Egalement, M. Vénizélos, membre du gouvernement provisoire, déclarait, dans une interview reproduite par *Le Temps*, du 13 juillet :

Les Crétois ont entièrement rempli les conditions et ils attendent avec confiance la décision de l'Europe. Puisque, en effet, depuis onze ans, la Turquie, dépourvue définitivement de toute autorité sur l'île, ne conserve qu'un droit de suzeraineté nominale, puisque, d'autre part, les puissances, d'accord avec le gouvernement crétois, et en dehors de toute immixtion ottomane, n'ont cessé de régler et de compléter le statut politique du pays, en créant à la Crète des liens de plus en plus étroits avec la Grèce, elles pourraient parfaitement aujourd'hui, sans outrepasser les limites qu'elles ont assignées depuis onze ans à leur propre autorité, décider que la Crète sera gouvernée comme province du royaume hellénique, en envoyant ses représentants siéger à la Chambre grecque. Seule la suppression du drapeau flottant sur l'îlot de la Sude porterait atteinte à la suzeraineté nominale du Sultan. Mais ce ne serait pas méconnaître ce droit fictif de suzeraineté que d'effectuer cette suppression moyennant une compensation pécuniaire.

Comme le demandaient les Crétois et les Grecs, qu'attendait-on pour décider l'union?

Quoique la possession de Candie ne constituât pour la Turquie qu'un souvenir historique, elle en ressentait douloureusement la perte définitive. La Crète fut le plus beau joyau de la couronne ottomane, l'île des rêves et des chansons. Sa conquête, comme celle de Constantinople et de Rhodes, représentait toutes les gloires de l'Islamisme; aux yeux des croyants, elle symbolisait le triomphe du Croissant chassant la Croix de la Péninsule balkanique. Pour la conserver, la Turquie avait sacrifié des milliers de vies humaines et des centaines de millions. Plus que jamais, depuis les événements de 1908, la Crète tenait au cœur des Turcs. Dès la première heure, elle fut dévouée aux idées nouvelles, elle leur donna les plus fermes défenseurs, et les Jeunes-Turcs jurèrent à maintes reprises de la garder coûte que coûte.

La révolution de juillet fut un mouvement à la fois national et libéral, destiné à consolider l'Empire ottoman. Or brusquement, l'Empire se trouvait amputé de la Bosnie-Herzégovine et de la Bulgarie; allait-il encore perdre Candie que les Grecs revendiquaient au nom du droit historique? A ce compte-là, les îles de l'Archipel, uniquement peuplées de Grecs, demanderaient leur rattachement à la mère-patrie. Si la Crète devenait grecque, une humiliation mortelle serait infligée à la Jeune-Turquie qui aurait uniquement conduit au démembrement de l'Empire; elle serait déconsidérée aux yeux de l'Islam qui perdrait désormais toute confiance dans le Khalife. On conçoit donc l'indignation des Jeunes-Turcs devant les prétentions légitimes des Grecs, et leur opposition à toute modification du *statu quo*. S'ils permettaient encore l'amputation d'une seule province de l'Empire, c'en était fait en Turquie du nouveau régime qui devait tenir compte, après tout, de l'opinion publique. Aussi, le premier Vice-Président de la Chambre ottomane, Talaat Bey, déclarait-il au *Journal des Débats*, le 12 juillet :

« Nous avons fait un immense sacrifice à la paix européenne en acceptant sans trop de peine l'annexion de la Bosnie-Herzégovine à l'Autriche et celle de la Roumélie Orientale à la Bulgarie. Ce que cela nous a coûté, au fond du cœur, cela ne regarde que nous. Enfin *nous avons pu* le faire. Mais l'abandon de la Crète, *nous ne pouvons pas. Y serions-nous mêmes résolus que cela nous serait impossible. Le sentiment public serait contre nous et notre œuvre serait détruite*[1]. »

Si les grandes puissances ne pouvaient résoudre le problème, parce qu'elles ne voulaient pas arracher à la Turquie une nouvelle province et ainsi déchaîner un conflit, la guerre devait se charger de lui donner une solution définitive. Les victoires de 1912 délivrèrent du joug ottoman les Grecs de Candie, leur rendirent leur antique indépendance et libérèrent en même temps la diplomatie européenne d'une de ses plus graves difficultés.

1. V. aussi les nos des 19 uin et 7 juillet 1909.

CHAPITRE VIII

L'EMPIRE OTTOMAN POUVAIT-IL SE RÉNOVER?

LES RÉFORMES

I

Le traité de Berlin, du 13 juillet 1878, formait, comme le traité de Paris de 1856, la Charte nouvelle des Balkans. La Turquie sortait amoindrie de la guerre avec la Russie et les nationalités balkaniques obtenaient des avantages importants. La Bulgarie, une des causes de cette guerre, devenait un État vassal de la Turquie. Elle perdait une partie des territoires que lui avait accordés le traité de San Stéfano par suite de la volonté de l'Angleterre de diminuer la grande Bulgarie, dans sa pensée, cliente naturelle de la Russie; mais elle devait constituer cependant, avec la partie nord entre le Danube et les Balkans, une Principauté autonome ayant Sofia pour capitale. La partie méridionale, avec Philippopoli, restait, sous le nom de Roumélie, une province turque, quoique dotée d'une pleine autonomie administrative. Voici encore un démembrement de la Turquie consacré solennellement par les puissances et un nouvel État créé dans les Balkans à son détriment.

D'autre part, la Roumanie, la Serbie et le Monténégro obtenaient une complète indépendance. La Roumanie cédait la Bessarabie à la Russie, en acquérant la Dobroudja. La Serbie recevait certains agrandissements territoriaux, moindres qu'à San Stéfano, il est vrai ; elle acquérait, avec Nich, le district bulgare de Tirot, c'est-à-dire, presque toute la vallée de la Nichava.

Le Monténégro obtenait le port d'Antivari, mais l'Autriche lui faisait défense d'avoir une marine de guerre et prenait la ville de Spizza pour le surveiller, sinon le dominer.

A la Grèce, devait être consentie une rectification de frontière.

Enfin, par l'article 25, l'Autriche-Hongrie obtenait l'administration des provinces turques de Bosnie-Herzégovine et l'occupation militaire du district de Novi-Bazar. C'était une annexion déguisée. L'Europe avait eu beau proclamer l'intégrité de l'Empire ottoman, elle le démembrait sans scrupule ; l'absence de toutes réformes, il est vrai, avait facilité cette action européenne en fournissant aux nationalités des prétextes pour affirmer leurs droits.

*
* *

L'histoire des dernières années du XIXe siècle, dans les Balkans, est faite des violations successives du traité de Berlin par les diverses nationalités chrétiennes qui n'obtenaient pas toutes les satisfactions légitimes qu'elles attendaient.

Dès 1881, le prince Charles de Roumanie prenait le titre de roi, et, en 1882, le prince Milan de Serbie.

Le 18 septembre 1885, la révolution éclatait à Philippopoli et le prince de Battenberg devenait « prince des Bulgares ».

Les Grecs eux-mêmes, protestant contre les agrandissements bulgares, envoyaient des troupes à la frontière de

Thessalie et demandaient des compensations. Ils n'étaient pas satisfaits des acquisitions territoriales en Épire et en Thessalie qui, en vertu des stipulations de Berlin, leur avaient été consenties par le traité du 22 mai 1881. Il fallut qu'un blocus des puissances les obligeât à s'incliner le 8 juin 1886.

La Turquie perdait également l'Égypte où le Condominium anglo-français était établi en 1879 et devait durer jusqu'en 1881 : cette intervention étrangère en Égypte était une restriction à l'exercice des droits suzerains du Sultan.

Le Pacha d'Égypte, Méhémet-Ali, était l'un des plus puissants parmi les gouverneurs des provinces ottomanes. Dès 1808, il avait, par une large confiscation des biens des mosquées et des établissements religieux, acquis de grandes richesses et était devenu le seul propriétaire de la terre égyptienne, maître des manufactures et des industries. Il trouvait ainsi le moyen de réaliser ses desseins ambitieux.

Le Sultan, ne pouvant venir à bout de la révolte grecque, fit appel au Pacha d'Égypte qui lui envoya des troupes et des vaisseaux; il conquit la Morée, mais le corps expéditionnaire français la lui enlevait.

Mécontent de n'avoir rien obtenu comme prix de son concours et nourrissant de vastes projets, il envahissait la Syrie, prenait Saint-Jean d'Acre, Damas, écrasait les scruTà Koniah et marchait sur Constantinople. Le Sultan fit appel aux Russes, et Méhémet dut signer la convention de Kutayeh (1833), qui lui donnait la Syrie et Adana.

Méhémet rêvait désormais l'indépendance de son vaste empire et l'hérédité dans sa famille. Aussi, en 1839, ouvrait-il à nouveau les hostilités, battant l'armée du Sultan à Nézib. Notre appui moral lui était acquis et ce fut la jalousie de l'Angleterre qui, voulant nous atteindre derrière son protégé, groupa les puissances européennes pour sauver la Turquie. Menacé par la flotte anglaise, Méhémet se soumettait et renonçait à la Syrie. Par le Hatti-Cherif du 1er juin 1841, la Porte reconnaissait au Pacha l'hérédité dans sa famille au profit de ses descendants par ordre de primogéniture; il nommerait tous les officiers de son armée, réduite à 18.000 hommes, jusqu'au grade de colonel et paierait au Sultan un tribut annuel de 10 millions.

La puissance de Méhémet et de ses descendants était ainsi consolidée en Égypte par l'octroi de l'hérédité, et peu à peu l'influence de la Porte ne s'exerçait plus que de façon très indirecte. Cette magnifique province, libérée du joug ottoman, s'ouvrit à l'influence et aux capitaux européens; la France et l'Angleterre y créèrent de nombreuses entreprises et, en 1869, M. de Lesseps perçait l'Isthme de Suez. Le Pacha d'Égypte, Ismaïl, avait obtenu de nouvelles concessions de la Porte; elle lui reconnaissait le titre de Khédive au lieu de Pacha, et le firman de 1873 lui permettait de conclure des traités de commerce. Devenu plus puissant, il fut ébloui et vit grand. Il crut la fortune de l'Égypte inépuisable et dépensa l'argent à pleines mains, se lançant dans de fastueuses constructions. Il dut emprunter pour couvrir ses dépenses et la banqueroute devint imminente.

Les gouvernements anglais et français, pour protéger les créances de leur nationaux, décidèrent de contrôler les finances du trop prodigue Khédive. Un contrôleur anglais, Sir Rivers Wilson, et un contrôleur français, M. de Blignières, furent chargés de surveiller les dépenses de la province (1876).

Le Khédive chercha à résister, s'appuyant sur l'élément Jeune-Égyptien. Il fut destitué par un firman du Sultan (26 juin 1879) et fut remplacé par son fils Tewfik Pacha qui dut accepter le patronnage de l'Angleterre et de la France et leur contrôle sur le gouvernement khédivial. A la suite de la révolte d'Arabi Pacha et du parti national égyptien, les deux puissances durent intervenir, mais à Paris, on se méfia de notre alliée, on ne voulut pas collaborer avec elle en Égypte et engager d'un commun accord une expédition armée. La politique d'intervention préconisée par Gambetta fut rejetée pour de misérables querelles de partis ou par crainte de complications imaginaires, et la France abandonnait l'Égypte, où elle avait fait, depuis un siècle, de si grandes choses. L'Angleterre s'y installait avec ses fonctionnaires, ses ingénieurs, ses commerçants. L'Égypte ne serait plus que nominativement une province de l'Empire ottoman.

*
* *

Nous avons vu ainsi, au cours du XVIIIe siècle, l'Empire ottoman perdre peu à peu sa puissance politique et territoriale et les Musulmans contenus, refoulés dans les Balkans sous la pression austro-russe. L'intégrité de l'Empire était cependant proclamée, et par la France par suite de son alliance séculaire, et par l'Angleterre par intérêt d'équilibre politique. Cette action convergente des deux puissances, cependant ennemies, mais qui avaient là des intérêts identiques pour protéger la Turquie — et la guerre de Crimée en est une preuve, — sauva alors l'Empire de la ruine.

Au XIXe siècle, avec l'éclosion des nouveaux États balkaniques, le principe d'intégrité devient insuffisant. Les cadres constitutifs de l'Empire craquent de toutes parts. Les sympathies de la France et de l'Angleterre pour les nationalités balkaniques empêchent du reste ces deux puissances de le protéger suffisamment, si telle était leur intention. Il n'était cependant pas dans l'intérêt de la France et de l'Angleterre de détruire l'Empire ottoman. Malgré leur désir de se conformer à leurs théories politiques, à leurs inclinations mêmes et de favoriser les nationalités orientales, elles devaient protéger la

Turquie. Il y avait là, dirons-nous, une nécessité. La destruction de l'Empire turc, alors que la France et l'Angleterre étaient opposées à toute guerre continentale à propos de l'Orient, c'était permettre à la Russie de s'emparer des Détroits, — et l'Angleterre ne le voulait pas, — ou à l'Autriche, c'est-à-dire à la politique allemande, d'étendre sa domination sur les Balkans en s'ouvrant la route de Salonique. La raison et l'intérêt commandaient aux deux puissances maritimes, pour maintenir la paix de l'Europe, de conserver la Turquie.

Mais, menacée comme elle l'était par les revendications des nationalités, il était nécessaire que la Turquie fît les concessions indispensables pour permettre à ces peuples jeunes de se développer et de vivre en paix. A la politique d'intégrité succédera la politique des réformes. La Turquie sera réformatrice ou elle ne sera pas.

II

Cette réforme générale de l'Empire ottoman avait été plusieurs fois tentée; c'était comme une sorte de tradition à laquelle certains Sultans avaient attaché leurs noms. Ils voulurent rénover la Turquie en même temps que l'Europe cherchait à leur imposer des réformes.

L'armée avait fait la force de la Turquie : « Le gouvernement turc est une armée campée. » Cette armée était encadrée dans une infanterie spéciale, recrutée en dehors du peuple turc, parmi les raïas convertis, et formait une sorte de garde prétorienne; c'étaient les Janissaires (1350). Ce corps soutient l'armée et par conséquent l'Empire. Mais peu à peu il perd ses antiques vertus. Auparavant, ses membres ne pouvaient pas se marier, ils n'avaient pas de famille; bientôt le mariage est permis, les fils entrent dans le rang; le Janissaire n'est plus uniquement un soldat. A mesure que ses vertus disparaissent, la discipline s'en ressent; les défauts qui proviennent de ce relâchement de la discipline coïncident avec les défaites turques au XVIIIe siècle. Les Sultans qui voient le péril vont procéder à des réformes. Or elles ne donnent aucun résultat, les Pachas protestent avec tous les bénéficiaires qui profitent de l'Empire en l'exploitant honteusement. Le Sultan lui-même n'est pas obéi dans les provinces.

Mustapha III poussa très loin les réformes, calquées sur les institutions occidentales, dans l'artillerie, l'instruction des troupes, au moment où la Russie infligeait à l'Empire de cruelles défaites. Cependant dès que le danger est passé, la réforme est abandonnée et les abus reprennent.

A la suite de la deuxième guerre contre la Russie qui aboutit à la paix de Jassy, le Sultan Sélim III, avec Hussein Pacha, tente une nouvelle réforme de l'armée et de la marine; il confie à des instructeurs français l'organisation des corps ottomans. Mais l'expédition de Bonaparte réveille le fanatisme populaire; des révoltes provinciales éclatent; on accuse le Sultan de pactiser avec l'ennemi de l'extérieur, et il est assassiné par les Janissaires (1809). Mustapha IV qui le remplace ne régnera que six mois, renversé par une nouvelle révolte militaire.

Mahmoud II, son successeur, est comme Sélim, acquis aux idées de réformes, et veut notamment une refonte de l'armée. Les Janissaires restent rebelles à toute réorganisation, faisant la loi, constituant une véritable caste hostile au progrès. Ils se révoltent et Mahmoud les fait exterminer (1806) : il sera libre désormais de régénérer le pays.

Il inaugure ce qu'on a appelé la politique du Tanzimât. Il réforme l'armée, l'administration, l'instruction, le costume. Il veut moderniser la Turquie comme un nouveau Pierre Ier, supprimer le régime féodal, les abus, la concussion. Mais dans les provinces les Pachas tout-puissants et privilégiés se taillent des fiefs contre le pouvoir central et s'insurgent. Après Ali de Tebelen, Méhémet-Ali se soulève en Égypte, et la Turquie est vaincue à Nézib. Les réformes n'ont pu se faire qu'à la surface.

Abd-ul-Medjid au pouvoir veut libérer l'Empire des révoltes intérieures, et promulgue le Hatti-Chérif de Gulhané (1839) avec son ministre Reschid Pacha; c'est la grande charte des libertés chrétiennes.

Musulmans, Chrétiens, Israélites devaient être traités désormais commes les sujets du même Empire; la liberté individuelle, la tolérance religieuse, la sécurité des personnes étaient garanties à tous; le contrôle des dépenses, la perception de l'impôt, le recrutement de l'armée étaient assurés et non plus laissés à l'arbitraire. En 1840, le Sultan promulguait un nouveau code pénal, réorganisait l'administration provinciale, créait une université. Mais les Vieux-Turcs, les Pachas s'insurgent; l'orgueil des Musulmans s'exaspère en voyant les privilèges disparaître, tandis que les Chrétiens reprennent de l'espoir, que leur patience, devant les maux héréditaires, diminue, et que leurs réclamations augmentent. Reschid Pacha est renversé du pouvoir et les abus reparaissent; toutes les réformes sont restées lettre morte.

En 1856, la France et l'Angleterre, après les services qu'elles ont rendus à la Turquie, en la délivrant de la menace russe, en lui donnant entrée définitive dans le droit public de l'Europe, lui demandent de persévérer dans la voie des réformes, et la Turquie promet de se moderniser. Le Hatti-Humayoun de 1856 est promulgué qui confirme et consolide les garanties promises par la charte de Gulhané, accorde l'égalité à tous devant la loi, le respect de la propriété individuelle, l'égalité devant l'impôt, la répression de la concussion, la réforme fiscale, judiciaire, administrative.

En 1859, la Turquie n'a pas procédé à l'application des réformes tant de fois promises; les puissances le lui rappellent. Les privilégiés arrêtaient encore tout progrès sérieux. Avec Abd-ul-Aziz, le parti Vieux-Turc espéra que la réforme serait enterrée; mais ce Sultan, à l'esprit très ouvert, préparera au contraire l'importante loi des Vilayets. Celle-ci reconstituait l'administration provinciale calquée sur l'organisation française, séparait le judiciaire de l'administratif, et appelait tous les sujets, sans distinction de religion, à l'exercice des droits politiques par un système électoral qui paraissait assurer aux Chrétiens une émancipation complète (1864). En fait, la réforme toute centraliste renforçait la tyrannie des fonctionnaires et des Musulmans. Les Chrétiens de Roumanie, de Serbie, de Grèce, du Monténégro commençaient à s'agiter, et la Crète demandait l'annexion à la Grèce (1866).

L'Europe fit des remontrances. Le marquis de Moustier, ministre des Affaires étrangères, reconnaissait l'échec des réformes et le comte de Beust déclarait que l'Europe devrait les imposer à la Turquie ou les réaliser elle-même. Abd-ul-Aziz promit des améliorations, institua un Conseil d'État, prépara une réforme des finances et l'introduction de l'éducation à l'européenne au lycée de Galata-Séraï, car il était très épris de l'instruction française.

Il est urgent, en effet, de réformer l'Empire. La situation intérieure est précaire: c'est le désarroi financier qui provient des dilapidations des fonds publics, des prévarications des fonctionnaires, des dépenses somptuaires des Sultans. Bref, le gouvernement est acculé à la banqueroute, et, en Herzégovine, la révolte des paysans chrétiens gronde. Pour calmer les colères autour de lui, Abd-ul-Aziz promet encore des réformes (2 octobre 1875), mais les puissances exigent des réalités et non des promesses, et la Porte s'engage à introduire des changements profonds dans l'administration générale de l'Empire.

« Un serviteur passionné et désintéressé de la grandeur « de son pays apparaît alors au premier plan », [1] croyant, de même que certaines puissances européennes, que la Turquie pouvait se réformer. Midhat-Pacha inspira et prépara les réformes de 1876, et fut l'initiateur du mouvement Jeune-Turc. Son parti, épris de culture occidentale, ouvert à nos conceptions politiques, réclame également des réformes. Abd-ul-Aziz impuissant, et plutôt hostile à une refonte totale de l'État, est déposé ; Mourad V qui lui succède ne règne que quelques mois, et Abd-ul-Hamid, appelé au pouvoir, doit promettre aux Jeunes-Turcs d'accorder une nouvelle Constitution. Il la promulgue en montant sur le trône, le 23 décembre 1876.

Le nouveau régime était inspiré de l'Occident. Il y avait un conseil des ministres responsables, un parlement, composé du Sénat nommé à vie et de la Chambre des Députés élue par la nation, représentant tous les sujets ottomans sans distinction de race et de religion. La liberté de la presse et de réunion, le droit d'association, l'égalité devant la loi, l'admission aux emplois publics, la répartition équitable de l'impôt, l'enseignement primaire obligatoire, toutes ces grandes conquêtes modernes étaient assurées aux sujets de l'Empire. Midhat-Pacha, nommé grand Vizir, était, avec ses amis, l'inspirateur du nouveau régime. Comme il avait participé à la déposition d'Abd-ul-Aziz et de Mourad V, le sultan Abd-ul-Hamid le redoutait. Et puis, Midhat voulait sincèrement des réformes complètes, inspirées de notre Révolution française ; il savait que c'était la condition essentielle pour que l'Empire régénéré pût vivre ; le Sultan, au contraire, ne voyait dans l'octroi de la nouvelle constitution qu'une

1. René Pinon — *L'Europe et la Jeune Turquie*. Paris-Perrin 1911, p. 67. — Vr. aussi Engelhardt — *La Turquie et le Tanzimât ou Histoire des Réformes dans l'Empire Ottoman depuis 1826 à nos jours*. Paris 1882-1884 — 2 vol. — et Victor Bérard — *La Révolution Turque*. Paris-Collin 1909 et *La Mort de Stamboul*. Paris-Collin, 1913.

diversion aux exigences des puissances. Il se considérait comme l'héritier du Prophète, le Khalife, dépositaire des droits et des devoirs que ses ancêtres lui avaient fidèlement transmis. Nationaliste, il était convaincu, pénétré de la grandeur de l'Islam, de l'Islam uni, fidèle à la religion sacrée qui est supérieure à toutes les autres doctrines. Il n'y a pas de pacte possible avec les libéraux et les constitutionalistes qui font brèche dans le bloc, en faisant participer les Roumis à la vie des Osmanlis. Peu à peu la routine reprend le dessus ; on revient aux vieilles coutumes.

Cependant en 1878, au traité de Berlin, l'article 23 était formel ; la Porte s'engageait à introduire, dans les diverses parties de la Turquie d'Europe, une organisation régulière, c'est-à-dire des réformes. Les puissances en exigent l'application, et Abd-ul-Hamid, en 1888, promulgue *la loi des Vilayets de la Turquie d'Europe*, en 327 articles, qui réforme d'un seul coup l'administration, l'industrie, les finances, accorde à tous les sujets, sans distinction de culte, les mêmes droits. Mais aucune des réformes demandées n'est appliquée dans l'Empire ; le Sultan s'est même débarrassé de ses fonctionnaires suspects d'idées libérales, et Midhat a été mis en accusation, condamné à mort, et trouvé un jour étranglé (1885). Ce qui dominera désormais, ce sera le régime hamidien, caractérisé par les massacres en Arménie et en Macédoine !

L'Europe cependant ne perd pas patience. A la suite des troubles de Crète, le 10 février 1897, les ambassadeurs des six grandes puissances signent un plan de réformes à appliquer dans l'Empire turc qui ne donnera aucun résultat. Enfin, en 1908, éclatait la Révolution Jeune-turque qui allait être, contre l'intervention directe de l'Europe, le dernier moyen de salut de la Turquie pour se réformer elle-même.

III

Cette révolution était à la fois libérale et nationaliste, donnant satisfaction aux aspirations des partisans d'une Constitution et à celles des nationalités chrétiennes. Les Ottomans auraient désormais le bénéfice d'institutions représentatives comme en Europe, c'est-à-dire la liberté politique. La Constitution proclamait l'égalité entre tous les sujets de l'Empire, quelle que fût leur race, quelle que fût leur religion. L'article 8 de la Constitution disait : « Tous les sujets de l'Empire sont indistinctement appelés Ottomans, quelle que soit la religion qu'ils professent. » L'article 17 : « Ils sont tous égaux devant la loi. Ils ont les mêmes droits et les mêmes devoirs envers le pays sans préjudice de ce qui concerne la religion. » Elle effaçait ainsi les principes sur lesquels était fondé l'État ottoman, qui reposait désormais sur un régime nouveau. Cependant Mahomet avait proclamé que les vainqueurs seraient tout-puissants dans l'Empire, qu'ils devraient le service militaire et ne paieraient que des taxes déterminées; les vaincus, les Chrétiens paieraient des impôts spéciaux et ne seraient pas astreints au service militaire, d'où l'inégalité entre ces deux catégories de sujets ottomans. L'organisation religieuse était en effet à la base même de la vie politique, le pasteur religieux était le chef de la communauté.

En proclamant ainsi l'égalité des races et en déclarant que la race chrétienne serait indépendante, la Turquie voulait empêcher toute intervention étrangère qui s'était précisément manifestée, à maintes reprises, pour sauver les Chrétiens de l'oppression musulmane.

Ainsi cette réforme semblait la plus profonde de toutes. La Turquie, dégagée des influences et des pressions de l'Europe, mettrait elle-même en valeur ses richesses, développerait l'état économique du pays, construirait des routes, des chemins de fer; les finances en seraient améliorées. Les luttes de races qui paralysaient la vie de l'Empire disparaissant, tous travailleraient à la grandeur de la patrie. C'était bien, comme on l'a dit, une ère nouvelle : la Turquie allait se régénérer. De l'Albanie jusqu'au Gange, au nom des grandes idées de liberté, d'égalité des peuples, des religions, des classes, tous tressaillaient d'espérance, avaient confiance dans la grande œuvre qui se préparait. Ivresse des cœurs, illusion des esprits ! Les Turcs croyaient à la fraternité universelle, à la puissance des idées qui venaient de France et nous avaient permis jadis de nous rénover et de dominer l'Europe. Ils avaient la foi !

*
* *

Qu'étaient les Jeunes-Turcs? Ils ne formaient qu'une minorité dans le pays, les uns civils, les autres militaires, n'ayant pas l'expérience des affaires, ayant pour la plupart vécu en France, en Allemagne. Fort intelligents, ils s'étaient assimilés, mais trop hâtivement, les éléments de la culture occidentale. Ils arrivaient au pouvoir, l'esprit farci de théories et de conceptions politiques. Ils supposaient que le seul fait de pouvoir les appliquer leur tiendrait lieu de méthode de gouvernement. Or, l'absence de cette méthode allait vicier leur système à sa base même. On ne s'improvise pas gouvernant, et on ne saurait régenter brusquement un pays sans tenir compte des traditions et des mœurs d'un peuple soumis, durant des siècles, à des conceptions toutes différentes.

Cette jeunesse présomptueuse, inexpérimentée, était évidemment remplie des meilleures intentions; les militaires étaient des patriotes ardents, quoique peu cultivés; tous étaient pénétrés de la grandeur de l'Islam. En régénérant le pays, ils voulaient défendre la race et lui donner son antique puissance. Dans l'Europe corrompue du XXe siècle, le peuple turc est vertueux, a des énergies jusqu'alors inutilisées, et que le pouvoir néglige; il n'y a pas de chef. Le Sultan gouverne pour lui, pour sa famille, et non pour l'Empire; avec un pouvoir fort, centralisé, toutes les forces seront groupées et dirigées dans une même voie, la prospérité du monde islamique. Voyez ces immenses richesses qui permettent à tant de fonctionnaires de vivre dans le luxe, et dans les provinces, ces richesses naturelles qui pourraient être employées, accrues! Quel magnifique pays neuf à exploiter! Les brasseurs d'affaires, les courtiers d'Europe pourraient lancer leurs combinaisons alléchantes dans ces nouveaux domaines.

Cette réorganisation de l'Empire, cette utilisation meilleure de ses forces devront comporter d'autres réformes : développer les écoles, secourir les indigents, donner aux Turcs le sentiment de leur force en leur rendant confiance, en réorganisant et fortifiant l'armée, la flotte, pour les défendre contre les ennemis du dehors. Les réformes s'appliqueraient donc à la glorification de la race turque. De là, la tendance vers laquelle ils inclinèrent vite : « Gouverner en Turc et pour les seuls Turcs ». Les peuples des autres communautés étaient de race inférieure et ils le leur firent sentir, tout en proclamant qu'ils voulaient leur bonheur à tous.

Les Jeunes-Turcs s'illusionnaient beaucoup sur les richesses de l'Empire. Tout n'était que façade, les terres étaient appauvries, dévastées par l'incurie et la conquête ottomane; la découverte et l'exploitation des richesses naturelles demandaient des capitaux immenses. Ce n'était plus là le nouveau monde inexploité, livrant chaque jour à l'homme qui travaille des richesses nouvelles. Ici au contraire, tout avait été creusé, fouillé, pillé pendant plus de douze siècles!

Les finances et l'administration de l'Empire servirent

d'abord à améliorer les régions turques; les communautés furent seules favorisées en ce qui cencernait les subventions aux hôpitaux et aux écoles et les dégrèvements d'impôts; d'où le mécontentement, la révolte, parce que les Chrétiens des différentes races virent que seuls les Musulmans bénéficiaient du nouveau régime.

Au début, les membres du comité Union et Progrès s'entourèrent bien des conseils des Vieux-Turcs expérimentés, des fonctionnaires en place, mais les idées étaient trop différentes et la bonne entente ne fut que de courte durée. Et puis le Comité, pour imposer ses doctrines et sa politique, dut avoir recours, comme tout régime à ses débuts, à la force. On ne crée rien sans violence. En 1909, il y eut de nombreuses pendaisons à Constantinople; la loi martiale, l'état de siège régnaient dans la capitale. Bref, le Comité, en gouvernant, fut absolutiste et despotique, de sorte que l'omnipotence d'un seul homme comme Abd-ul-Hamid fut remplacée par celle de plusieurs, par le gouvernement dictatorial d'un parti. Cette dictature du Comité Union et Progrès amena la faillite de sa politique. Le parlement lui fut soumis, le travail parlementaire était contrôlé, dirigé par le Comité. Le souverain, Mahomet V, régnait en droit et ne gouvernait pas en fait, ou plutôt il ne gouvernait que par l'entremise du Comité, seul inspirateur des actes et des mesures à prendre.

C'est ainsi que le parlement fut impuissant. En 1911, il n'avait pas encore voté la loi militaire, la loi des Vilayets, la révision de la Constitution. Au sein du Comité éclataient fréquemment des querelles dues aux rivalités de clans; entre l'élément civil et l'élément militaire, représenté par Mahmoud Chefket, bien des dissentiments existaient. Mahmoud Chefket était tout-puissant et son veto était absolu; de là naquirent des difficultés entre lui et les autres membres du Comité, et son influence en sortit diminuée.

Le Comité surveillait étroitement tous les actes de l'administration. Chaque fonctionnaire n'avait aucune initiative propre; seules de mystérieuses instructions du pouvoir central imposaient l'attitude à prendre. Or, c'était une erreur que de gouverner de façon identique des populations aussi différentes que celles qui composaient l'Empire, sans tenir compte des besoins qui variaient avec chaque région. Avec de telles méthodes et si peu de réalisations, il devenait certain, au bout de quelques mois, que les Jeunes-Turcs ne réussiraient pas à transformer subitement des siècles d'inégalités et d'oppression. Leurs illusions, leur incompétence devaient les entraîner bientôt à de lourdes fautes.

*
* *

Ainsi la révolution Jeune-Turque n'avait pas tenu les promesses qu'elle avait faites. A cet égard, la Turquie se trouvait au même point qu'aux époques précédentes. Nous avons vu que le Tanzimât avait totalement échoué, puisque chaque charte de réformes énumérait des abus qui n'avaient pas disparu et annonçait leur suppression prochaine. Lors de la dernière révolution, n'avait-on pas affirmé que les sujets de l'Empire ne jouissaient point des libertés civiles et politiques auxquelles ils avaient droit, ni de l'égalité devant la loi qui devait leur être assurée? Qu'en avait-il donc été des promesses de Sélim III, Mahmoud II, Abd-ul-Medjid, Abd-ul-Aziz? Chaque fois, les réformes n'avaient produit que des résultats médiocres. Lorsque la charte de Gulhané fut promulguée, la Turquie venait de subir la défaite de Nézib, et l'intervention européenne était décidée contre l'armée d'Ibrahim Pacha. Au lendemain du Hatti-Humayoun de 1856, on voyait se créer la Roumanie moderne. Comme corollaire de ce Hatti-Humayoun, la loi des Vilayets de 1864 ne semblait guère donner de résultats appréciables, puisque, dans les années de 1874 à 1877, éclataient des troubles dans les Balkans. La Constitution de 1876 était suivie de la guerre de 1877, prélude de démembrements importants dans l'Empire. Le plan de réformes de 1897 était élaboré au moment où se décidait l'autonomie de la Crète, qui était déjà un démembrement de l'Empire. Après les réformes de 1908-1909, on voit éclater la récente guerre des Balkans.

Ces réformes effectuées par les Sultans et leurs ministres l'avaient été en somme sous la pression des circonstances, à la veille d'événements graves, comme d'ultimes concessions pour les prévenir, et après une intervention européenne, toujours nécessaire. Impuissants, ils accordaient des libertés à leurs sujets, non seulement pour endormir leur confiance, mais aussi pour s'attirer les bonnes grâces de l'Europe, et particulièrement de la France.

On avait cessé de considérer, vers le milieu du XIXe siècle, la monarchie des Osmanlis comme une puissance asiatique; on lui avait accordé les avantages du droit public moderne : la Turquie était devenue un grand État européen. C'était plutôt une fiction. Le régime de l'arbitraire asiatique subsistait dans les mœurs et par conséquent dans les institutions qui n'en sont que le reflet. L'intervention ne pouvait disparaître, car les Chrétiens n'étaient pas mieux traités qu'auparavant, les Osmanlis ne semblant conclure avec eux que des trêves. L'intervention se répétait donc et la Turquie cessait ainsi de participer aux bienfaits de la communauté européenne des États. Le Tanzimât n'avait pas donné les résultats qu'on en attendait, le pouvoir central ne réalisant pas les réformes sociales, ne s'assimilant pas les peuples chrétiens, ignorant leurs besoins. La Turquie disait à l'Europe : « Laissez-moi faire, je me réformerai seule. Donnez aux réformes que j'introduis le temps de s'accomplir. Ce sont vos interventions répétées qui soulèvent les races en leur laissant trop d'espoir. » Et les Chrétiens à leur tour de dire : « Les réformes n'ont été inscrites que sur le papier; en réalité les inégalités subsistent, la situation anormale pour nous se maintient, nous sommes toujours les « infidèles. » Les heurts, les secousses, les massacres se répétaient donc, et l'Europe à nouveau devait intervenir. Qui était responsable? En apparence, c'était un cercle vicieux. En réalité, le Tanzimât échouait et le peuple turc, l'État ottoman ne se transformaient pas. Les réformes arrivaient trop tard; le Turc gardait toujours ses prétentions de classe dirigeante et conquérante, considérant les Chrétiens comme des raïas avec sa doctrine immuable du Coran; il restait réfractaire à toute fusion avec l'élément chrétien, c'est-à-dire, avec les autres populations de la Péninsule, et opposé à toute culture européenne.

Comment les nationalités pouvaient-elles obtenir ainsi la satisfaction légitime de leurs droits ? Comment seraient-elles tout au moins respectées dans l'Empire? Est-ce que vraiment la Turquie ne pouvait pas se réformer elle-même? On avait pu espérer maintes fois qu'elle donnerait aux populations des satisfactions légitimes, et on avait des raisons de croire, d'après les promesses qu'elle avait faites, que ces réformes seraient accordées au moment voulu. L'effort tenté par les Jeunes-Turcs était le dernier espoir de la Turquie libérale. Nous avons vu que cet effort devait échouer. Le récit des événements qui se sont déroulés, ces années passées, en Macédoine, en Albanie, en Syrie, en Arménie, montrera encore mieux combien les efforts tour à tour essayés n'avaient produit que des résultats insuffisants. Ainsi la crise qui était née au XVIIe siècle, qui avait grandi depuis, devait bientôt s'aggraver; les réformes ne suffiraient plus à enrayer le mouvement qui se précipitait. La guerre Italo-Turque allait éclater, donnant le signal du grand démembrement de l'Empire. Quel régime serait assez fort pour ressusciter un État qui s'écroulait? Les événements mêmes travaillaient contre les Jeunes-Turcs. Étaient-ils incapables désormais? Peu importe; ils seraient certainement impuissants.

CHAPITRE IX

L'ÉCHEC DES RÉFORMES

I

Située au centre de la Péninsule balkanique, entourée de tous les États entre lesquels s'est démembrée cette Péninsule, communiquant avec la Grèce et ses îles par le Sud, avec l'Albanie et le Monténégro du côté de l'Ouest, avec la Serbie au Nord, la Bulgarie à l'Est, la Macédoine était restée, avec Constantinople, le morceau de roi de l'Empire turc. Si la population, décimée par les guerres, les brigandages ou l'exil plus ou moins volontaire, était très peu nombreuse, en revanche le pays bien arrosé, au climat tempéré, aux productions variées, était exceptionnellement fertile. Et surtout il s'étendait sur la grande voie qui descend de l'Europe centrale par la vallée de la Morava et conduit, vers l'Archipel, aux îles enchantées, à cette mer, berceau de la civilisation et centre du grand commerce mondial. Aussi avait-elle été l'objet des luttes entre la Perse et la Grèce, entre la Grèce et Rome, entre les légions d'Antoine et d'Octave, et les armées de Brutus et de Cassius. Puis, ses plaines avaient été inondées par les grandes invasions qui montaient de l'Asie vers l'Europe centrale et Vienne, faisant et défaisant les empires avec les Bulgares, avec les Serbes, avec les Turcs. Là, enfin, pendant des siècles, la Chrétienté avait combattu l'Islam. Succombant d'abord, elle se relevait ensuite avec les nationalités qui forment, aux portes de la Macédoine, une ceinture de petits États. Mais la Macédoine, devenue ainsi le carrefour de l'histoire du monde et le rendez-vous des races, aussi bien que celui des ambitions de l'Europe et de l'Asie, n'avait pu s'appartenir à elle-même, et le Turc éprouvait les plus graves difficultés à la gouverner.

Si, en Grèce, en Roumanie, en Serbie, en Bulgarie, des populations ont lutté pour l'indépendance et se sont finalement émancipées, du moins elles appartenaient à la même race, elles avaient les mêmes aspirations, une communauté d'idées. En Macédoine, au contraire, vivent des peuples divers, sinon par leur religion, du moins par leurs origines, leur langue, leurs ambitions, leurs mœurs. La Macédoine est un mélange, un agrégat de Bulgares, de Serbes, de Grecs, de Valaques, de Turcs. Ces populations voulaient se soustraire au joug des Musulmans qui, depuis des siècles, les dominaient; d'où les luttes, les rivalités, les secousses qui ont ébranlé ce malheureux pays. L'Europe, comme dans toutes les crises orientales, intervenait; les ambitions se faisaient jour, et l'équilibre de la Péninsule n'en devenait que plus instable.

* * *

La Macédoine — et il est devenu banal d'insister sur ce point — est donc une mosaïque de peuples, un enchevêtrement de races, qui, toutes, visent à l'indépendance. Son histoire se confond avec celle des populations qui l'habitent; mais il faut les bien connaître avant de pouvoir apprécier leurs prétentions historiques et ethnographiques, qui diffèrent si profondément les unes des autres.

Le peuple, qui peut se réclamer en Macédoine des plus anciens et des plus glorieux souvenirs, est incontestablement le Grec. Il n'est certes pas en majorité dans les trois vilayets de Kossovo, Monastir, Salonique, qui constituent la Macédoine, comme on l'admet généralement, mais il se rappelle l'époque brillante où il dominait ce pays par les armes, où il l'avait civilisé et policé. Il se proclame l'héritier de Philippe et d'Alexandre, de Byzance, fille de l'Hellénisme, qui répandit la culture grecque dans les Balkans et initia les nations barbares et les peuples slaves aux bienfaits de la civilisation. La Grèce fut un foyer de vie littéraire et de beauté classique. Quand la barbarie subjugua l'Orient, de l'Acropole montait toujours la voix de ceux qui restaient épris d'idéal, d'émancipation, de liberté. Contre l'Islamisme envahissant, le Grec représentait la vraie religion : Chrétien et Hellène étaient deux mots qui se confondaient. Dans leur lutte pour l'indépendance, les Grecs n'ont pas achevé leur rêve national qui est de reconstituer l'Empire d'Alexandre ou celui de Byzance, de posséder, comme jadis, la partie des Balkans voisine de la mer. L'histoire et la tradition leur en font un devoir. Voilà la « grande Idée » qu'ils représentent, et pour qu'elle triomphe, ils en appellent à la libre adhésion des peuples balkaniques; leurs revendications ne reposent pas tant sur des théories de race et sur l'ethnographie que sur la puissance de l'Idée.

Et cependant les Grecs sont très répandus en Macédoine. Au nord de la Thessalie, ils ont le Roumlouk avec Karaféria, Vodéna, sur les pentes de l'Olympe, la Chalcidique, sauf le mont Athos qu'on a appelé le « Gibraltar russe » au milieu du pays grec. Sur les côtes, on parle grec, à Orfani, Cavalla, de même qu'à Constantinople, où il y a 350.000 Grecs, à Salonique, à Monastir et jusqu'à Uskub et Sérès. Les communautés grecques font une active propagande en Macédoine, créent de nombreuses écoles qui sont très prospères, répandent la langue et enseignent les prétentions des Grecs. Et ainsi chez tous cette conception se développe que la Macédoine jadis fut grecque, que les Turcs l'ont enlevée aux Hellènes, et que ceux-ci par conséquent doivent la reprendre. Jusqu'en 1860, les seuls ennemis des Turcs en Macédoine n'étaient-ils pas Grecs ou considérés comme tels?

Mais les Grecs n'étaient plus les seuls à désirer l'émancipation de la Macédonie, à revendiquer cette province comme faisant partie de la grande nation hellène; ils avaient en face d'eux de redoutables rivaux, numériquement plus nombreux, les Slaves, représentés par deux branches principales, les Bulgares et les Serbes. Il y a quelque soixante-dix ans à peine que les Slaves nous sont connus par les travaux de Vic Karadjic, de Chafarjik, de Kollar, qui préconisaient la constitution d'une grande Slavie; les Bulgares le furent en particulier par le livre de Cyprien Robert, qui exposait, en 1840, leurs revendications à l'Europe.

Les Bulgares, qui sont des Slaves tartarisés ou des Tartares slavisés, se sont déversés, venant du continent, par le cours inférieur du Vardar, vers la côte grecque, au IIIe siècle de notre ère, presqu'en même temps que les Serbes qui étaient des Slaves purs et avec lesquels ils avaient les plus grandes ressemblances. Mais, jusqu'à quel point peut-on distinguer les Bulgares des Serbes, au milieu des grandes invasions, et même de nos jours[1]? Où prendre leur origine bien exacte? Les Serbes ont-ils envahi la Macédoine avec les Bulgares[2], ou bien doit-on voir dans les anciens habitants de la Macédoine, au temps des invasions, des Bulgares proprement dits?[3] Certains

1. En ce sens : Ichircoff, *Étude ethnographique sur les Slaves de Macédoine*, Paris 1908, p. 69.

2. Goptchewitch, *Macédonien und Alt Serbien*. Wien, 1889.

3. Lamouche, *La Péninsule balkanique*. Paris, 1899, p. 21 et 23 et Ichircoff, *op. cit.*

même ont prétendu qu'ils avaient précédé les Grecs dans la conquête de l'Hellade. Autant de problèmes ethnographiques sur lesquels les historiens ont des opinions très différentes. Ce qui est certain, c'est qu'à une époque déterminée, vers le VIe siècle, la Péninsule presqu'entière fut submergée par les Slaves. Au Xe siècle, (de 963 à 1018), la Macédoine fait partie de l'Empire bulgare sous le Tsar Samuel, puis, reconquise par les Grecs, elle retombe aux mains des Bulgares, de 1196 à 1241, tandis qu'au XIVe siècle, elle subit la domination des Serbes avec l'empereur Douchan (1346) qui tient sa capitale dans le centre macédonien d'Uskub, et cela jusqu'à l'arrivée des Musulmans. Alors, les Bulgares, comme les Serbes, subissent l'oppression turque, qui laissa dans les cœurs tant de haines farouches, en même temps que les Grecs leur imposent et leur littérature et leur religion. Au XVIIIe siècle, le Phanar est le centre de la vie religieuse; l'évêché serbe d'Ipek est supprimé par le patriarche grec, ainsi que le siège métropolitain bulgare d'Ochrida. Les Grecs brûlent les vieux manuscrits bulgares pour effacer les traditions nationales; il faut que la Macédoine soit grecque ou qu'elle reste turque.

Mais la lutte des Bulgares contre les Grecs et les Turcs se poursuit lentement. Jusque-là incertains de leurs destinées entre les Serbes et les Grecs auxquels les rattachent et la langue et la religion, ils veulent conquérir leur indépendance religieuse et sont aidés dans cette voie, non seulement par la Russie, mais par la Porte qui redoute avant tout l'influence grecque en Macédoine. Elle pense qu'un schisme sans doute l'affaiblira. Ils obtiennent du Sultan, par un firman du 10 mars 1870, qui créait un exarchat bulgare, l'Église autonome. Cette indépendance religieuse prépare l'indépendance politique et l'avenir de la race. La propagande bulgare en Macédoine, très bien organisée avec des comités, des chefs, des dépôts d'armes, fit de rapides progrès. L'insurrection éclata en 1876 et fut réprimée par des moyens d'une violence extrême. Gladstone dénonça les « atrocités bulgares ». L'Europe, puis la Russie, intervinrent et la revanche se leva pour les Bulgares à San Stefano, où l'on créait la grande Bulgarie qui fut considérablement réduite au traité de Berlin[1]. Le programme bulgare revendiquait ces territoires qui constituèrent un instant le domaine de la nouvelle Principauté, en y ajoutant les districts de Kolonia, d'Anaselitza et de Servia, de telle sorte que la Grèce ne pourrait plus émettre de prétentions que sur le massif de l'Olympe.

Les Bulgares sont évidemment les plus nombreux en Macédoine et leur langue la plus répandue. Ils y possèdent des écoles : gymnases, écoles enfantines, primaires ou supérieures, qu'ils opposent aux écoles grecques. Ajoutez à cela la patiente tenacité des habitants, — « le Bulgare sur son araba, dit un vieux proverbe, poursuit le lièvre et le prend » — qui n'ont qu'un désir, conquérir les terres bulgares de Macédoine.

Il y a encore d'autres éléments à considérer. Les Serbes ont longtemps dominé la Péninsule, et leur Empire, qui engloba la Macédoine, s'est étendu, sous le grand Douchan (1331-1355), jusqu'aux murs de Constantinople. Avec la défaite des Serbes à Kossovo, où le Serbe Miloch tua de sa main le Sultan Mourad, disparut pendant des siècles la liberté des peuples balkaniques ; elle reparut avec eux et le héros de l'indépendance nationale, Kara-George, en 1812. La Péninsule fut conquise par les Turcs sur les Serbes, et ceux-ci furent ensuite les premiers à secouer le joug ottoman ; ils peuvent ainsi se vanter d'avoir donné aux autres peuples le signal de l'indépendance. Ce sont les titres qu'ils invoquent à la domination serbe en Macédoine ; ils y ajoutent des éléments ethnographiques très sérieux. Non seulement les patriotes

1. Voir plus haut, chapitre VIII, p. 154.

serbes revendiquent le territoire de la Vieille-Serbie, jadis le centre de la puissance serbe avec Uskub, capitale de l'Empire de Douchan, mais ils poussent leurs cartes jusqu'au sud du Char Dagh, jusqu'aux monts de Thessalie. Quoi qu'en pensent certains Bulgares, les Serbes représentent un élément important de la race slave en Macédoine ; ils ne peuvent se désintéresser du sort de cette province, et leurs droits en Vieille-Serbie sont incontestables. Mais leur propagande a été longtemps inactive par suite des crises intérieures qu'ils ont traversées, sous les rois Milan et Alexandre, puis, ne voulant pas devenir schismatiques, ils ne se sont pas constitués en église indépendante, d'où leur infériorité dans l'action directe en Macédoine.

Il y a encore des représentants de races différentes en Macédoine. Ce sont d'abord les Koutzo-Valaques qui descendent sans doute des colons latins et s'y établirent après la conquête de Paul-Émile. Ils formèrent au XIe siècle, un empire bulgaro-valaque autour de Presba puis furent refoulés par les invasions byzantines et turques dans les chaînes du Pinde et de l'Olympe. Vivant d'abord côte à côte avec les Grecs, ils les aidèrent dans leur lutte contre les Turcs et leur fournirent les héros les plus valeureux de la grande guerre. Peu à peu, les Grecs, inquiets du schisme bulgare et des progrès slaves en Macédoine, voulurent soumettre étroitement les Valaques au patriarchat, au lieu de leur laisser employer la liturgie romaine. La lutte s'engagea entre les Grecs et les Valaques qui cherchaient à obtenir, comme les Serbes, le droit d'avoir en Macédoine des évêques et des prêtres de leur nationalité, et étaient soutenus par la Porte. D'où les rapports très tendus qui ont existé un instant entre la Grèce et la Roumanie. Ces Valaques sont dispersés en Macédoine et atteignent peut-être 70,000. Parmi les Valaques, beaucoup rêvent, comme certains patriotes roumains, de constituer la grande Valachie, ou désirent s'unir aux Albanais afin de se soustraire ainsi à la domination grecque.

L'Albanie forme une importante partie de la population macédonienne jusque dans la vallée du Vardar, et au sud, jusque dans celle de la Vistritza; on trouve encore des Albanais autour de Monastir et d'Uskub. Ils se disent les descendants des Pélasges qui occupèrent jadis la Péninsule; guerriers farouches et indomptables, ils furent les piliers de l'Islamisme auquel ils se convertirent en grande partie de très bonne heure, et c'est en Albanie même qu'on trouve les vrais Musulmans de Turquie.

Il y a aussi des Juifs en Macédoine. Ils forment çà et là, comme à Salonique, des groupes importants, mais ne jouent aucun rôle dans le conflit des races.

Enfin, il faut faire une place à celui qui est évidemment le moins nombreux, mais qui fut pendant cinq siècles le possesseur de fait, sinon de droit, en vertu de la conquête et de la prescription, le Turc. Il apparut en Macédoine, sur les bords du Vardar, bien avant la conquête, dès le IXe siècle [1]. Puis, diverses tribus turques pénétrèrent en Macédoine, en 1065, en 1123, en 1243. Au XIVe siècle, les Turcs ottomans envahissent les Balkans, et, en 1370, toute la Macédoine est soumise. Le 15 juin 1389, les armées alliées des Serbes, des Bulgares, des Valaques, des Hongrois, unis en présence des dangers communs, font un dernier effort et sont écrasées à Kossovo, au Champ des Merles : les Balkans seront désormais asservis.

Mais, malgré leur longue domination dans ces contrées, les Turcs sont peu nombreux, formant de grosses taches en pays slave ou grec, autour de Yénidjé, de Drama, de Demir-Hissar, ou constituant comme des étapes sur les grandes routes militaires, à Kuprulu, Verria, Grévéné,

1. A. Rambaud. *L'Empire grec au Xe siècle*, p. 215.

Ostrovo, puis à Uskub, Monastir, Salonique, chef-lieux des trois vilayets.

Ils se heurtaient aux prétentions déjà exposées, faisant violence aux vœux des populations, à leurs sentiments religieux, et comprimant l'essor des nationalités. De même que leurs frères de Grèce, de Bulgarie, de Serbie, de Roumanie, Grecs, Bulgares, Serbes, Valaques, voulaient être indépendants en Macédoine. Et c'est pourquoi la question macédonienne présentait un caractère tout spécial. Ces diverses catégories de Macédoniens se combattaient entre elles, et les pays limitrophes étaient appelés à intervenir pour faciliter le triomphe de la nationalité qu'ils représentaient. Enfin, l'Europe, directement intéressée aux événements d'Orient, voulait assurer, par un contrôle plus ou moins actif, la sécurité des personnes et des biens, parmi la population chrétienne menacée par les agissements des bandes et la répression turque.

***

Il se manifestait non seulement en Macédoine une lutte opiniâtre des nationalités contre leur souverain légitime, le Turc, mais cette lutte se produisait entre les Chrétiens eux-mêmes. L'idée grecque, qui exalte la propagation de l'Hellénisme, était opposée à l'idée bulgare, qui poursuit l'affranchissement de tous les frères de Macédoine. Les Bulgares s'armaient parfois contre les Serbes qui combattaient leurs prétentions politiques, et les Valaques faisaient alliance contre eux avec le Turc. Hilmi Pacha disait un jour : « Je suis ici un gardien de fous ; j'empêche tous ces enragés de se dévorer les uns les autres. » Dans l'attristant récit des massacres de Macédoine, on voit, en effet, des Chrétiens s'entre-déchirer ; les bandes massacrent des coréligionnaires ; elles ne s'attaquent pas seulement aux Turcs abhorrés, parce qu'ici les prétentions de l'une ou de l'autre nationalité sont des prétentions rivales. Et puis, la religion orthodoxe, depuis le firman de 1870, a revêtu deux formes différentes : l'exarchat et le patriarchat, et c'est un motif de plus à la haine entre Bulgares et Grecs, l'explication des massacres de Grecs par des Bulgares et de Bulgares par des Grecs. Il est impossible à l'historien de distinguer, parmi les scènes de meurtres et de brigandages, la part de responsabilité de l'une ou l'autre nationalité ; et même les bandes ont commis sur les Turcs et leurs propriétés des attentats qu'il leur sera difficile de justifier. Quoi qu'il en soit, et après avoir fait la part des choses, tout le monde est d'accord pour flétrir les épouvantables massacres exécutés de façon systématique, administrativement, avec un calcul cynique, à l'encontre des Chrétiens de Macédoine et principalement des Bulgares, par l'administration turque.

Doublement émue des massacres de 1903 et de 1904, l'Europe se résolut à prendre en main la cause macédonienne. Il y avait là, au premier chef, une question humanitaire et une question politique ; l'insurrection pouvait inciter Grecs, Bulgares et Serbes à intervenir pour protéger leurs nationaux. C'eût été la paix des Balkans compromise et un danger de guerre générale pour l'Europe elle-même. Par un accord tacite, elle donna mission aux deux puissances les plus directement intéressées dans les affaires balkaniques, l'Autriche et la Russie, qui avaient signé l'accord spécial de 1897 pour garantir le *statu quo* des Balkans, d'intervenir. Le programme qui fut élaboré à Müzrsteg, après l'entrevue de Nicolas II et de François-Joseph (2 octobre 1903), établissait tout un ensemble de réformes et constituait un véritable règlement d'administration de la Macédoine. Il comportait notamment la nomination d'agents civils spéciaux d'Autriche et de Russie accompagnant l'inspecteur général Hilmi Pacha, d'un général européen et d'officiers européens pour réformer la gendarmerie, une réorganisation des institutions administratives et judiciaires, une exécution immédiate des réformes promises, etc...

Mais, vers la fin de 1904, les luttes reprenaient, des bandes, surtout grecques, s'étaient reformées et répandaient de nouveau la terreur. L'entente entre Turcs et Chrétiens n'avait pu être réalisée. Les deux partenaires de Mürzsteg résolurent d'imposer à la Turquie des réformes plus profondes, notamment en ce qui concerne les finances. Enfin, par l'accord du 27 avril 1907, les grandes puissances décidaient d'augmenter les droits de douane en Macédoine, afin de donner au Sultan les ressources nécessaires pour appliquer les réformes. Mais voici que des événements importants se préparaient dans les Balkans.

Lorsque le comte d'Aehrenthal annonça brusquement, le 27 janvier 1908, devant la commission des Affaires étrangères de la Délégation hongroise, l'intention du gouvernement de prolonger le chemin de fer de Sarajévo à Uvac jusqu'à Mitrovitza, à travers le Sandjak de Novi-Bazar, ce fut un émoi général en Russie. On déclara que le projet autrichien portait atteinte au *statu quo* balkanique et que, par conséquent, l'entente de 1897 qui le consacrait prenait fin définitivement. M. Iswolsky va riposter. D'abord, il lance le projet de chemin de fer Danube-Adriatique qui sera la vraie route des intérêts slaves, puis il intervient directement dans les affaires de Macédoine, par la note du 26 mars. Il faut dire que les réformes n'avançaient pas dans les vilayets. La Porte opposait toujours la plus grande force d'inertie aux demandes du chef de la gendarmerie, le général Degiorgis; on était impuissant à appliquer le programme de Mürzsteg et les bandes continuaient à parcourir le pays. Le 3 mars, le cabinet anglais propose la nomination d'un gouverneur général qui ne serait rappelé qu'avec l'assentiment des puissances, et la note russe moins radicale prévoit une durée de fonctions de sept ans pour le gouverneur général, l'extension des attributions de la commission financière, l'augmentation des effectifs de la gendarmerie. Le 4 avril, le gouvernement anglais acceptait les points principaux de la note russe, et, dans l'entrevue de Reval, une entente définitive devait s'établir entre l'Angleterre et la Russie sur le programme des réformes en Macédoine.

On sait comment, en présence de ces projets qui comportaient tant de dangers pour l'intégrité de l'Empire, le corps d'armée de Salonique se révolta contre un gouvernement qui défendait si mal les intérêts musulmans. Ce fut la révolution Jeune-Turque suivie de l'octroi de la Constitution (24 juillet 1908). La question macédonienne allait entrer dans une phase nouvelle. La Turquie veillera seule désormais à la pacification de la Macédoine,

N'est-ce pas alors la fin des luttes et des brigandages? Voici que les bandes déposent les armes, que les prisons sont ouvertes, que les nationalités fraternisent, saluant l'aurore brillante du nouveau régime; les habitants de Macédoine sont devenus les citoyens d'un pays libre; le fantôme des meurtres s'est évanoui avec le despotisme. Tous croient que le régime libéral donnera satisfaction à leurs vastes espoirs, puisque maintenant Chrétiens, Albanais et Turcs, d'après la Constitution, sont égaux devant la loi (art. 17).

De son côté, le nouveau gouvernement, qui était patriote et nationaliste comme le soulèvement populaire dont il était issu, entendait supprimer en Macédoine l'ingérence des étrangers : « la Turquie restera aux Turcs ». L'Europe libérale, qui avait pour la révolution Jeune-Turque la plus grande sympathie, parce qu'elle y voyait un admirable mouvement d'idées généreuses, fit confiance à la Jeune-Turquie. L'Angleterre et la Russie retirèrent leurs derniers projets de réformes.

*
* *

La Jeune-Turquie voulait donc réformer la Macédoine et c'était bien la solution en apparence la meilleure.

La question macédonienne, si on l'envisage intrinsèquement, tient tout entière dans cette formule : le désir des nationalités chrétiennes de vivre indépendantes du Sultan. La solution la plus simple, semblait-il, eût été le partage des trois vilayets entre les nationalités qui les habitaient. Mais les complications étaient telles que si, par pure hypothèse, on avait voulu opérer pacifiquement ce partage, on se serait heurté de suite à une impossibilité absolue d'aboutir par suite des prétentions opposées des divers peuples, comme nous les avons exposées plus haut. Le partage des terres macédoniennes signifiait leur attribution aux États limitrophes au nom de la théorie des nationalités? Mais cette attribution ne pouvait s'opérer équitablement qu'après une détermination des sphères d'influence que revendiquent les quatre gouvernements : Grèce, Bulgarie, Serbie, Roumanie — sans compter l'Albanie qui aurait un mot à dire dans cette vaste répartition de territoires — et par suite, qu'après un recensement des différentes populations. Mais sur quelles bases ce recensement aurait-il pu s'opérer?

En 1878, la commission européenne chargée d'organiser la Roumélie Orientale en province autonome, s'appliqua à créer des districts électoraux où les trois nationalités, grecque, bulgare, serbe, étaient représentées. C'est la même œuvre qui était prévue par l'art. 3 du programme de Mürzsteg. Mais les Grecs et les Musulmans ont affirmé que l'enquête rouméliote de 1878 était une iniquité, ne tenant pas compte de l'importance numérique des diverses catégories de sujets.

En Macédoine, si cette enquête, condition nécessaire d'un partage, s'opérait, il est bien difficile de dire de quelle façon on fixerait exactement le chiffre total de chaque nationalité, car celui-ci varie extrêmement, selon qu'on envisage tour à tour les statistiques des différents partis en présence, et suivant la nationalité des divers auteurs. Qu'on en juge plutôt ! Les Grecs sont 600,000 ou 200,000 ; les Bulgares 2 millions ou 1 million et demi, ou 60,000; les Serbes sont 2 millions 50,000 ou bien ne sont pas mentionnés du tout; les Valaques atteignent 100,000 ou 75,000; les Albanais 300,000 ou 125,000; enfin les Turcs 600,000 ou 230,000. On peut bien dire que la Macédoine est en majorité peuplée de Slaves, que parmi ces Slaves, les Bulgares sont les plus nombreux, mais les statistiques, pour toutes les races en général, n'offrent aucune exactitude, aucune précision, car elles ne reposent sur aucune base scientifique. Il est très difficile, en effet, de distinguer les races entre elles. Qu'on s'en rapporte sur ce sujet à l'anthropologie, à l'histoire, à la philologie, on ne trouvera que des éléments d'incertitude. La Macédoine a reçu, au cours des siècles, des afflux de populations diverses, et celles qui l'habitent ont gardé les caractères variés des diverses races ; il y a des Grecs slavisés, des Serbes albanisés, des Valaques grécisés. Il y a eu mélange, fusion ; nous ne sommes plus ici en présence d'une race homogène et bien caractérisée comme le sont suffisamment, en dehors de la Macédoine, les Bulgares, les Grecs, etc... Il y a bien principalement des Grecs dans le Sud, des Bulgares dans le Nord et à l'Est, des Serbes à l'Ouest, en Vieille-Serbie, mais pour les dénombrer exactement, pour les séparer par des lignes absolues de démarcation, le travail devient impossible.

La langue ici ne pourra servir de méthode de classement. On voit des Slaves parler grec et enseigner le bulgare à leurs enfants, des Valaques s'exprimer en grec, des Serbes en bulgare, et beaucoup de Bulgares se déclarer patriarchistes, en continuant à parler bulgare, et se trouver classés comme Grecs. En effet, tantôt dans les statistiques, on considère la langue, tantôt la religion, et, dans ce dernier cas, on élimine complètement les Serbes, car il n'existe pas de religion serbe, mais seulement le patriarchat grec, l'exarchat bulgare et l'islamisme, et on les fait entrer de gré ou de force dans l'une ou l'autre de ces trois religions [1]. C'est pourquoi il est difficile, si on établit un classement général des diverses nationalités, de distinguer, parmi les Slaves, entre les Serbes et les Bulgares — quoique, d'après des renseignements sérieux, les Bulgares soient en grande majorité — et parmi les Slaves et les non-Slaves, entre les Slaves patriarchistes et les Grecs orthodoxes, les Valaques et les Hellènes, les Turcs et les Albanais [2].

Si l'ethnographie et la statistique ne nous donnent pas une base suffisante pour opérer le partage rêvé par les populations macédoniennes, avant la guerre balkanique celles-ci du moins pouvaient-elles appuyer leurs droits sur des raisons historiques? D'abord se référerait-on à l'ancienneté d'occupation? Mais alors, quel peuple a les titres les plus anciens et habita le premier la Macédoine, est-ce l'Albanais ou le Grec? On a dit que les Albanais descendaient des anciens Pélasges. Alors ils auraient droit à l'Hellade plus même qu'à la Macédoine; or, rien dans l'antiquité ne signale la présence des Pélasges. Et puis, comment départager Serbes et Bulgares qui, tour à tour, occupèrent la Macédoine et l'englobèrent dans leur empire et qui, à ce titre, se déclarent les maîtres véritables, puisqu'ils ont succédé aux Grecs chassés de leur ancienne patrie? Et les Valaques qui dominèrent au XIe siècle, la Péninsule de concert avec les Bulgares, les négligerait-on complètement? La France, à ce compte-là, pourrait même émettre des prétentions sur la Macédoine,

1. Voir la thèse exposée par le distingué ministre de Serbie à Paris, M. Vesnitch, dans *Questions diplomatiques de l'année 1904*, par André Tardieu, Paris, Alcan, 1905, p. 170.

2. J. Cvijic, *Remarques sur l'ethnographie de la Macédoine*. Paris, 1907, p. 52.

où régna un chevalier français, le marquis de Montferrat, roi de Salonique en 1204, pendant la durée de l'Empire latin de Constantinople. Il était donc impossible de mettre ici les nationalités d'accord, et un partage, s'il avait dû s'opérer, ne pouvait se réaliser de façon équitable sans déchaîner les plus violentes jalousies.

Au moins, il existait en Macédoine, chez les populations chrétiennes, une volonté profonde de s'émanciper pour secouer le joug turc. Quoique les Grecs, par hostilité aux Bulgares, aient parfois favorisé les Turcs, et la réciproque est vraie, on peut dire que l'union se faisait en Macédoine dans la haine du Turc et le désir de libération : Chrétiens et Turcs semblaient ne pouvoir vivre côte à côte.

D'autres plus modérés parlaient de l'autonomie macédonienne, et c'était là le programme de « l'Organisation intérieure », et le désir d'écrivains distingués. Les uns étaient partisans d'une autonomie locale qui donnerait à chaque nationalité, en Macédoine, la prépondérance dans une sphère déterminée; les autres étaient pour la création d'une administration largement décentralisée, presque autonome, placée sous la haute surveillance d'Européens et qui aurait pour chef un gouverneur chrétien nommé dans les mêmes conditions que celui du Liban, assisté d'un conseil de délégués de chacune des nationalités [1]; d'autres enfin, préconisaient la constitution d'une Macédoine indépendante avec un gouvernement équitable pour toutes les races, respectueux des religions, dont la langue officielle serait le français, et qui aurait des ports et des villes neutres comme Salonique, laquelle n'est, peut-on dire, ni grecque, ni serbe, ni bulgare, ni turque, étant peuplée en majorité de Juifs.

Une Macédoine avec des nationalités prépondérantes

1. Voir René Pinon. *L'Europe et l'Empire ottoman*. Paris-Perrin, 1908, p. 239.

dans des sphères locales autonomes? C'était encore un partage déguisé qui supposait un dénombrement équitable des nationalités. Une Macédoine indépendante? C'était un bouleversement de l'équilibre balkanique, puisque la Turquie perdrait là une de ses plus belles provinces et cela presque en pleine paix, alors qu'après San Stefano et ses défaites, on la lui avait rendue.

Restait le système mixte, celui de l'autonomie comme au Liban qui rencontrait d'ardents défenseurs et semblait le plus raisonnable, parce que le plus logique. Mais l'autonomie supposait encore l'entente parfaite entre tous les chrétiens de Macédoine et les derniers événements nous ont montré combien elle était difficile. Dans le Liban, au contraire, n'existe pas un tel conflit de races.

Et puis, l'autonomie de la Macédoine, c'était, par contre-coup, l'autonomie de l'Albanie. Par suite du développement des idées autonomistes en Albanie, les Albanais évidemment chercheraient à réaliser leurs désirs d'indépendance ; ce serait alors la fin du régime Jeune-Turc et la disparition prochaine des Ottomans cantonnés uniquement près d'Andrinople et du Bosphore. Et enfin, toujours cette question inquiétante revenait. Les puissances allemandes plus audacieuses, plus rapprochées du terrain de la lutte, ne profiteraient-elles pas de cette modification du *statu quo* balkanique pour dessiner une intervention préjudiciable aux Slaves et aux Latins ?

L'œuvre des réformes européennes en Macédoine avait été évidemment insuffisante, puisqu'à Reval, en 1908, on cherchait déjà des procédés meilleurs. Les Jeunes-Turcs voulurent réformer seuls la Macédoine. Ils demandaient qu'on leur fît crédit. Il est impossible, disaient-ils, de réorganiser en un jour un pays désolé par des siècles de despotisme. Le changement de régime date d'hier; le nouveau gouvernement a été obligé de se consolider. D'abord à Constantinople, où il était très menacé, il a dû agir avec énergie comme tous les régimes qui veulent affermir leur pouvoir. Il a dû réprimer des révoltes au Yémen et en Albanie; il a eu des difficultés au sein des partis dans l'Empire. Il n'a pas eu le temps matériel d'effectuer les réformes, mais c'est là l'objet de ses préoccupations et peu à peu les réformes déjà entreprises porteront leurs fruits. La liberté sous toutes ses formes existe désormais, les nationalités sont représentées au Parlement, peuvent faire entendre leurs protestations, alors qu'autrefois c'était le régime de la compression et du silence; enfin, elles ont des droits reconnus par la Constitution. Déjà le nouveau régime prépare dans l'Empire une réorganisation générale de la gendarmerie pour rétablir l'ordre et la sécurité, surtout en Macédoine; une loi du 28-10 février vient d'être votée en ce sens. Un bataillon de gendarmerie de 1.000 hommes sera formé dans le vilayet de Kossovo, un autre également dans le vilayet de Scutari d'Albanie. Une somme de Ltqs 100.000 a été prévue pour la construction de nouveaux postes de gendarmes dans les vilayets de Salonique, Monastir, à Scutari, Janina; tous les postes de gendarmes doivent être reliés par le téléphone. Des secours doivent être distribués dans le vilayet d'Uskub désolé par les derniers troubles, et on étudiait un ensemble de réformes dans le vilayet de Monastir, en faveur des populations de Débré, de Zir et Bala, et en faveur de celles des régions de Mat et de Lourma. Telle était la thèse exposée par les Jeunes-Turcs

Pour appliquer ces vues, une Commission de réformes était envoyée (1912) de Constantinople pour Salonique, sous la direction du ministre de l'Intérieur, Hadji Adil bey, avec des fonctionnaires des ministères de la Guerre, de la Justice, des Finances, des Travaux publics, de l'Instruction publique. Le général Baumann, inspecteur général de la gendarmerie, faisait partie de cette commission, ainsi que des officiers étrangers dont le lieutenant-colonel français Foulon et le lieutenant-colonel Redjaï, chef du premier bureau du commandant principal de la gendarmerie. Tout un plan de réorganisation de la gendarmerie, préconisé par le général Baumann devait être étudié sur place en inspectant les vilayets de Salonique, Monastir, Kossovo, Scutari et Janina. Cette commission, fait sans précédent, était munie de pouvoirs exécutifs les plus étendus. Hadji Adil bey avait accepté la présidence de la commission à la condition d'avoir le droit de représenter partout le Conseil des ministres. Il avait obtenu certaines attributions qui n'appartiennent qu'au Sultan, comme le pouvoir de nommer ou révoquer, s'il était nécessaire, certains fonctionnaires.

***

Mais les Jeunes-Turcs agirent maladroitement en Macédoine. D'abord, ils ne s'inquiétèrent plus des réformes, surtout des réformes sociales, notamment pour la perception des dîmes; puis s'affirma peu à peu leur volonté de faire prédominer avant tout la race turque, d'islamiser la Macédoine.

On leur reprocha toute une série de mesures qui exaspéraient la population chrétienne. Le nouveau régime suspendit trop rapidement les instructions et règlements des réformateurs européens. Il remplaça les gardes champêtres chrétiens, prescrits par le programme de Mürzsteg, par des fonctionnaires turcs. Il supprima le contrôle qu'exerçaient les officiers instructeurs européens sur les actes des officiers et soldats ottomans qui leur étaient dénoncés par la population intéressée. Le gouvernement Jeune-Turc rapporta également une mesure excellente du programme de Mürzsteg, d'après laquelle les revenus du budget spécial établi par la commission financière présidée par Hilmi-Pacha seraient affectés aux besoins du pays. L'administration turque n'acceptait plus de la population que les requêtes rédigées en turc, alors qu'Hilmi-Pacha et les agents civils avaient décidé qu'elles pouvaient être présentées en bulgare ou en grec. On accusa encore les Jeunes-Turcs d'avoir inutilement molesté, persécuté, chassé les anciens chefs de bandes qui, d'eux-mêmes, abandonnaient la lutte, car la population se ralliait de plus en plus à un régime qui rendait inutiles les anciens comitadjis et leurs bandes néfastes. Ces mesures vexatoires exaspérèrent les Bulgares, d'autant plus que la nouvelle loi sur les associations (art. 4) était dirigée contre les clubs des diverses nationalités, bulgares, serbes, grecs, albanais, puisque les associations politiques ne pouvaient plus être formées sur la base de dénominations nationales. La fermeture des clubs provoqua donc un mécontentement général.

Surtout les procédés de désarmement employés en Albanie et dans les sandjaks de Monastir et de Salonique, lors de la révolte albanaise (1910-1911), laissèrent dans la population chrétienne, aussi bien que parmi la population albanaise, des ferments de haine qui pouvaient provoquer de nouveaux soulèvements. Qu'on se rappelle le procès de Monastir après le meurtre de Iovo Ivanovitch[1], l'exécution du prêtre bulgare Kalaydjieff, qui revêtit les caractères d'un assassinat, l'affaire d'Istip et le massacre de Gurech, les abus divers commis contre la population chrétienne : bastonnades, cruautés barbares, arrestations en masse, notamment dans les sandjaks d'Uskub, de Monastir, de Salonique, dans les cazas d'Istip, de Kratova, de Kotchani, de Palanka, d'Enidjé-Vardar, de Vodéna, etc...[2]. Il y eut de nombreuses protestations à la Chambre des députés, au nom des Serbes, des Bulgares, des Grecs, « traités comme des étrangers dans le pays ». Ces actes de répression vio-

1. Le *Temps*, 19 février 1910.

2. Voir pour tous ces détails et ces attaques contre le régime jeune-turc : *La vérité sur le régime constitutionnel des Jeunes-Turcs*, par F. F. O. Paris 1911, p. 26 et suiv.

lente aliénèrent aux Turcs bien des sympathies chez la population macédonienne.

Cette politique d'islamisation à outrance et de centralisation excessive était fort regrettable; le nouveau régime avait eu la main trop lourde à ses débuts et cette attitude contrastait étrangement avec les promesses qu'il avait faites. Il avait même adopté certaines mesures qui ne furent pas très heureuses, parce que trop précipitées et imparfaitement étudiées, comme, par exemple, cette tentative de peuplement de la Macédoine par des Musulmans, afin de renforcer la population ottomane en minorité : ce fut la question « mouhadjire ».

La Macédoine n'était pas assez peuplée et renfermait une grande quantité de terres incultes. Un comité se forma à Salonique pour attirer les Musulmans de Bosnie-Herzégovine, et le gouvernement mit à sa disposition les millions que l'Autriche venait de lui verser. Mais les achats de terres mécontentèrent la population chrétienne et accentuèrent les émigrations de paysans qui, tous les ans, vont chercher fortune outre-mer. Du reste, ce système de repeuplement par les mouhadjirs musulmans ne donna pas de résultats appréciables et ne fit que compliquer la question agraire qui était en Macédoine une des causes importantes de l'insécurité et des révoltes.

On trouvait donc en Macédoine, à la veille de la guerre balkanique de 1912, contre le gouvernement Jeune-Turc, les mêmes protestations qu'au moment de la révolution de 1908. La situation était loin d'être aussi troublée, il faut le reconnaître impartialement, mais, de même qu'il y a une quinzaine d'années, la question macédonienne subsistait avec toute son incertitude et ses dangers. Les crimes se multipliaient dans les campagnes, l'anarchie régnait et les bandes avaient fait leur apparition à nouveau, tuant et mutilant les habitants, mettant aux prises

Turcs, Bulgares et Grecs. Le comité révolutionnaire bulgare de Sofia et le comité de l' « Organisation intérieure »[1] s'agitaient; une nouvelle association révolutionnaire s'était même fondée, celle des « Frères rouges », portant comme armes un soleil levant, et au-dessous, un crâne surmonté de deux épées entrecroisées. Elle avait écrit au gouvernement ottoman, en disant : « Au nom de la liberté et du progrès, nous levons l'étendard de la révolte balkanique. A la terreur, nous répondrons par la terreur; à la violence, par la violence. Contre les forces de la réaction, nous lèverons le glaive ensanglanté de la Révolution. Patriotes et révolutionnaires, groupez-vous autour de cet étendard, le seul salutaire et le seul sacré. »

Telle était la situation de la Macédoine en 1912. Les réformes de l'Europe n'avaient donné aucun résultat dans cette malheureuse province, par suite de l'hostilité sourde des populations et de l'inaction des Turcs. Le nouveau régime n'avait guère fait mieux. L'état d'esprit était tel que nécessairement une explosion brutale des revendications devait se produire. La question macédonienne allait être une des grandes causes de la guerre balkanique.

II

La Turquie avait en Albanie des difficultés aussi graves qu'en Macédoine. Du jour où la question de Macédoine a pris dans l'Empire ottoman une importance plus grande, elle a nécessairement exercé une certaine influence sur les affaires d'Albanie et il est né peu à peu un nationalisme albanais. On voyait d'autre part, l'Autriche

1. Le Comité de l' « Organisation intérieure » avait même délégué MM. Miletich et Gheorgof, professeurs à l'Université de Sofia, pour visiter les capitales des puissances signataires du traité de Berlin, en commençant par Saint-Pétersbourg, et pour exposer à l'Europe la situation de la Macédoine (mars 1912).

et l'Italie avoir une politique orientale plus active, cherchant à développer, dans cette partie de la Péninsule, proche de leurs territoires, leurs intérêts économiques et politiques.

Les deux insurrections qui ont désolé l'Albanie, avant 1912, ont donné à la question albanaise un caractère plus défini. Elle n'a pas été seulement une question d'équilibre dans l'Empire, mais une question nationale intéressant à la fois et la Jeune-Turquie et l'Europe, menaçant, si les Jeunes-Turcs ne parvenaient pas à pacifier définitivement cette région troublée, de modifier les données du problème oriental en précipitant le démembrement de la Turquie.

La question albanaise est dominée, au point de vue strictement oriental, par un fait capital. La majorité des Albanais est mahométane, soit 800.000 environ sur 1.120.000 habitants (240.000 sont orthodoxes, 100.000 catholiques). L'Albanais demeurant autochtone est la représentation même dans l'Empire turc de la religion mahométane. L'Albanie devenant autonome ou se trouvant partagée entre des puissances voisines, les Turcs ne pouvaient plus conserver aucune influence en Europe, puisqu'ils ne constituent dans les autres parties de l'Empire qu'un agrégat de peuples divers, de Grecs, de Bulgares, de Serbes. Les Turcs, a-t-on dit, ne sont que campés en Europe, et c'est en Albanie qu'ils trouvent leur raison même d'exister. Il y avait donc un intérêt primordial pour la Turquie à conserver cette province sous sa domination; or l'Albanie tendait de plus en plus à se séparer d'elle.

Pour quels motifs l'Albanie, après avoir été le plus fidèle défenseur de l'Empire turc et avoir tant contribué à fonder sa puissance en Europe, voulait-elle vivre d'une vie indépendante?

Depuis 1910, elle était en proie à la guerre civile. Il faut bien connaître l'Albanais pour comprendre ce soulèvement. Par la race, par la langue, par les mœurs, il se distingue profondément des autres peuples de la Péninsule; il a son individualité bien tranchée. Quelque profession qu'il embrasse, le « Skipetar », ou fils de l'aigle, reste toujours un aristocrate, un homme libre. Libre à Stamboul, libre dans ses montagnes où il chasse et où il fait paître ses troupeaux, il garde au cœur un profond amour de l'indépendance et un très vif sentiment de l'honneur qui fait que chez lui la moindre insulte est toujours suivie d'une vengeance sanglante.

A travers toutes les crises qu'ont subies les peuples de l'Europe et qui les ont si complètement modifiés, l'Albanais, le seul de tous, est resté semblable à lui-même. Descendants des anciens Pélasges dont les Grecs dérivaient eux-mêmes, les Albanais sont depuis des siècles fixés dans leurs montagnes avec leur caractère immuable et leurs mœurs traditionnelles. On peut dire qu'ils n'ont pas d'histoire. On les voit sur tous les champs de bataille de l'Orient, conquérant l'Asie avec Alexandre, menaçant Rome avec Pyrrhus, retirés dans leurs montagnes quand les Romains occupent l'Illyrie et l'Épire et se retrouvant tels que jadis lorsque la « paix romaine » fait place à la guerre et à la barbarie. Ils luttent contre les Slaves, car ils ne veulent pas être dominés. S'ils combattent avec Mourad à Kossovo, ils entendent rester libres, et quand les Turcs veulent les soumettre, ils leur résistent avec le héros national Scanderbeg, qui est une des belles figures de la Péninsule. Les Sultans ont la sagesse de les respecter, et, appréciant leurs qualités de bravoure et de fidélité, cherchent plutôt à se les attacher; c'est ainsi que les Albanais deviennent des volontaires dans l'armée turque en se faisant musulmans. Plus tard, ils entreront dans les conseils du gouvernement, certains deviendront grands vizirs, d'autres aideront les Sultans à écraser la révolte grecque et à dompter l'Égypte; ils formeront enfin, sous Abd-ul-Hamid, la garde particulière du Khalife.

En revanche, l'Albanie jouissait de la plus complète liberté ; les tribus s'administraient elles-mêmes avec leurs chefs de clans et ne payaient pas d'impôts. Enfin, plusieurs Albanais recevaient du Sultan de larges prébendes. Et cependant, malgré cette grande indépendance et les privilèges dont ils jouissaient, ils accueillirent avec enthousiasme la nouvelle révolution qui proclamait l'égalité de toutes les nationalités ottomanes. On sait, en effet, que ce fut la dépêche lancée par une réunion d'Albanais à Férizovich, le 25 juillet 1908, qui détermina le Sultan à l'abdication. Pourquoi cette attitude des Albanais ?

On leur avait promis que leurs anciens privilèges seraient respectés, que la constitution provoquerait le retour à la plus pure foi religieuse, que le contrôle européen disparaîtrait de Macédoine. Bref, le nouveau régime fut accepté avec empressement. Mais tandis que dans tout l'Empire, il signifiait l'égalité des races et des confessions religieuses, voici qu'en Albanie, il provoquait un mouvement nationaliste. Des Albanais, réunis à Tirano et à Elbassan, demandèrent que l'albanais devint la langue officielle, réclamèrent l'ouverture d'écoles albanaises, et au mois de novembre, dans un congrès à Monastir, il fut décidé que l'alphabet garderait comme auparavant les caractères latins au lieu des caractères turcs.

Mais les Jeunes-Turcs, dans leur manie d'égalisation, annoncèrent, peu de temps après, une série de mesures que les Albanais considérèrent vite comme vexatoires. D'abord Bedri Pacha, vali de Scutari, interdit, en janvier 1910, de sortir avec des armes dans la ville ; c'était presque pour l'Albanais, aux yeux duquel le fait de porter des armes est une marque d'indépendance, une sorte de déchéance morale. L'exécution d'Albanais compromis dans le soulèvement d'avril, à Constantinople, pour rétablir Abd-ul-Hamid, provoqua une indignation générale.

Elle s'accrut encore quand Bedri Pacha convoqua les chefs de clans pour procéder au recensement. Les Albanais virent là avec raison le prélude du service militaire obligatoire et l'établissement d'impôts nouveaux. Ce fut le signal de l'insurrection de 1910 que Torghout Pacha écrasa au milieu d'excessives violences. Les procédés de désarmement furent déplorables. On a raconté que des femmes avaient été outrageusement violées, des hommes battus et torturés pour leur faire dénoncer où les armes étaient cachées, des chaumières et même des villages incendiés. Et la plupart du temps, les Albanais, tenaces et rusés, livrèrent des fusils à bas prix, au lieu de leurs Martini et de leurs armes à répétition qu'ils gardèrent précieusement.

Elles devaient bientôt leur servir. La répression brutale de l'insurrection laissa dans les cœurs albanais des désirs de vengeance, et elle donna au mouvement nationaliste albanais, déjà en préparation, une forme plus accentuée. Le programme que formulèrent alors les nationalistes albanais était un large programme d'autonomie. Ils voulaient que seuls la langue et l'alphabet albanais fussent enseignés dans les écoles, que ces écoles restassent albanaises, que les impôts perçus fussent employés pour les seuls besoins de l'Albanie ; ils songeaient à se séparer du reste de l'Empire. Il est facile de comprendre comment l'idée d'autonomie, qui, d'abord, était née dans la haute classe, peu à peu gagna les masses populaires. Certains pensaient déjà à se choisir un chef, un nouveau Scanderbeg, parmi les vieilles familles féodales du pays ; d'autres rêvaient d'une confédération balkanique dont l'Albanie serait le centre, le noyau.

De leur côté, les Jeunes-Turcs s'opposèrent énergiquement aux revendications albanaises. Ils ne voulaient pas admettre que l'alphabet latin remplaçant l'alphabet arabe, qui est celui de la langue turque, fût employé dans les écoles, et plusieurs furent fermées pour l'avoir adopté. Finalement, Halil Bey, devenu ministre, permettait la réouverture des écoles. Le geste était trop tardif, l'insurrection avait repris, au début de 1911, dans le nord de l'Albanie, sur les confins du Monténégro. Les tribus situées au nord du vilayet de Scutari, les Malissores, tribus catholiques, parmi lesquelles ont distingue les Hoti, les Kastrati, les Skreti, les Klementi, les Gronda, les Paulati, les Chochi et les Chula, se soulevèrent. Ces tribus, notamment les Hoti et les Kastrati, sont à cheval sur la frontière turco-monténégrine. Le Monténégro possède, en effet, 10.000 Albanais catholiques cantonnés dans une bande de territoire qui va de Podgoritza à Antivari et Dulcigno, jusqu'à la mer. C'est la partie de l'Albanie qu'il a acquise après le traité de Berlin, au lieu des districts de Plava et de Gusinje, peuplés d'Albanais musulmans.

L'insurrection, au début, remporta des succès marqués; Scutari faillit être enlevée. L'envoi de Torghout Pacha, avec des bataillons d'Asie se montant à près de 8.000 hommes, en ralentit quelque peu les progrès, lorsqu'on apprit tout d'un coup l'entrée en scène des Mirdites qui habitent la partie du vilayet située au sud-est de Scutari. C'était pour la Turquie un danger de plus. Elle comptait beaucoup, il faut le dire, sur l'hostilité séculaire des tribus musulmanes qui résident surtout dans le sud à l'égard des catholiques, sur l'antipathie des Tosques à l'égard des Guègues qu'elle avait si longtemps exploitée pour son plus grand profit. Mais ces rivalités maintenant s'atténuaient; l'union morale des populations albanaises se faisait contre le Turc envahisseur et oppresseur. L'idée de nationalité, et non plus de religion, était à la base du soulèvement albanais.

La Turquie changea de tactique. Aux violences de Torghout, qui, systématiquement, incendiait des villages, laissait ses soldats fusiller des vieillards, éventrer des femmes, raser des maisons, succéda une politique de recul. La répression fit place aux promesses. Un premier armistice, consenti aux Albanais le 10 juin 1911, expirait le 24 juin; il fut prolongé jusqu'au 15 juillet, puis jusqu'au 25. C'était six semaines de répit dans les opérations militaires, d'où un premier succès des Albanais. Dans cette période du 10 au 24 juin, il faut noter les marques de condescendance de la Turquie ; le 16 juin, le Sultan, à Kossovo, sur le tombeau de Mourad, lançait aux Albanais un iradé d'armistice; le 21, Torghout invitait les Malissores à venir conférer avec lui à Touza. Mais ceux-ci n'avaient pas confiance, et, dès le 24, reprenaient les hostilités. Si les chefs albanais avaient refusé de négocier avec Torghout qui leur était odieux, ils engageaient toutefois à Podgoritza des conversations avec Sadr-eddine-bey, ministre ottoman à Cettigné. Celui-ci leur promettait la réfection des routes, la reconstruction des écoles. Eux demandaient dans un mémorandum, rédigé le 17 par Ismaïl Khemal bey, le droit de porter des armes, de n'accomplir le service militaire qu'en Albanie, une décentralisation administrative; bref, c'était presque l'autonomie que la Porte ne voulait pas accorder. Elle était décidée cependant à de larges concessions.

En couvrant l'Albanie de troupes, la Turquie serait peut-être venue à bout de l'insurrection, quoique les montagnards, luttant désespérément dans leurs repaires inaccessibles, fussent de dangereux adversaires ; qu'on se rappelle les résistances désespérées des Monténégrins, jamais vaincus, contre l'Islam ! La Jeune-Turquie pouvait donc craindre d'être immobilisée par une guerre civile longue et coûteuse, qui nécessiterait l'envoi de ses meilleures troupes. Les échecs, toujours possibles, avaient encore le gros inconvénient de pousser de plus en plus les Albanais vers l'autonomie. La résistance ne pouvait que surexciter davantage leur patriotisme exaspéré. Or, l'Albanie autonome, c'était immédiatement la Macédoine autonome, et peut-être comme conséquence une lutte acharnée engagée entre Grecs, Serbes et Bulgares. Et si la Macédoine et l'Albanie se séparaient de la Turquie, où celle-ci subsisterait-elle, puisque déjà, à Constantinople, le régime donnait des preuves fréquentes d'instabilité? La Jeune-Turquie était donc dans la nécessité impérieuse de trouver promptement les solutions indispensables pour assurer la conservation du nouveau régime.

***

Mais le danger était encore plus grave. La question albanaise était, en effet, à triple face ; à côté du point de vue turc et du point de vue albanais, qui se confondent presque, il y a le point de vue international. Certaines puissances ont dans la Péninsule balkanique, et spécialement en Albanie, des intérêts tels que leur intervention se manifesta dans le courant de l'année 1911, à Constantinople, par des notes, des conseils amicaux, des déclarations qui n'ont pas été sans inquiéter la Turquie. Celle-ci comprit quel était le danger du soulèvement albanais ; elle désira y mettre fin rapidement, sous peine de voir la question s'internationaliser et l'Albanie devenir une nouvelle Macédoine. Or, le régime Jeune-Turc s'était constitué pour repousser en Macédoine l'intervention étrangère, intervention qui menaçait de s'accentuer encore après l'entrevue de Reval. S'il était impuissant à résoudre les difficultés albanaises, quel serait désormais son prestige aux yeux des Musulmans? Autoritaire et absolu à Constantinople, il serait accusé dans les provinces de faiblesse à l'égard de l'étranger. Où serait la différence avec le régime hamidien?

La question albanaise appelait de différentes façons l'attention de l'Europe. L'Autriche d'abord, qui est la puissance la plus voisine de l'Albanie, et qui, depuis l'annexion de la Bosnie-Herzégovine, n'en est séparée que par une bande de territoire, suivait avec une attention marquée le soulèvement albanais. Depuis le jour où l'Autriche a développé sa politique orientale, et où elle a songé à occuper les grandes voies qui mènent à la mer Égée et à la Méditerranée, elle a eu nécessairement des visées sur l'Albanie. Elles sont même fort anciennes, puisque, dès les victoires du prince Eugène sur les Turcs et le traité de Passarowitz (1718), l'Autriche s'est fait accorder par la Porte le protectorat des catholiques albanais; protectorat d'ordre tout religieux, il est vrai, mais qui cache mal des vues ambitieuses et des désirs d'expansion. Cette politique subit un recul marqué, depuis le traité de Belgrade jusqu'en 1878. Mais, après le traité de Berlin, elle se donne les coudées franches en Orient et ne se fera pas faute, à l'occasion, d'invoquer et ses droits historiques et ses intérêts économiques.

Ces derniers surtout sont les plus évidents et les plus sûrs, et ils sont servis, depuis le XVIIe siècle, avec un dévouement et une ténacité remarquables par les moines franciscains. Ceux-ci sont les collaborateurs de l'œuvre de pénétration autrichienne; ils enseignent dans les écoles la langue allemande; ils luttent contre l'influence italienne et surexcitent le patriotisme albanais pour l'opposer à la poussée slave. L'or autrichien qui se répand en Albanie les aide puissamment, tandis que, de leur côté, les consuls développent le commerce autrichien, cherchent à gagner les Malissores à leur cause et représentent François-Joseph comme le bienfaiteur de l'Albanie.

En Albanie, la presse s'est attachée à faire de l'Autriche la protectrice naturelle des Albanais contre « les férocités », disait-elle, du gouvernement ottoman. Le *Fremdenblatt* du 7 juin 1911 publiait, dans son éditorial, une note qui était évidemment inspirée par le Ballplatz. Le vif intérêt, disait-il, que porte la monarchie aux choses d'Albanie, s'explique « par les sympathies de longue date qu'elle a toujours eues pour les Albanais des trois confessions, et par le protectorat qu'elle exerce sur les catholiques albanais »... « Elle a donc le droit d'exprimer son avis sur une politique qui a conduit à un état de choses insoutenable. » C'était aller un peu loin, car ce « protectorat », qui est essentiellement religieux, ne donnait pas à l'Autriche le droit d'intervention qu'elle semblait vouloir revendiquer, et la révolte albanaise était et devait rester une affaire de politique purement intérieure à régler entre les Turcs et leurs sujets rebelles.

La thèse autrichienne, affirmée avec tant de netteté, allait à l'encontre de prétentions diamétralement opposées à celles de l'Italie[1]. Et voilà maintenant deux grandes puissances que la révolte albanaise intéresse directement ! L'Italie a toujours eu une politique orientale. Héritière de Rome, des princes italiens, de la Savoie, de Venise, elle se rappelle l'époque glorieuse où elle dominait sur la côte dalmate. Elle se souvient que la politique de la Sérénissime République a toujours été d'empêcher qu'on ne ferme l'Adriatique, et que ses côtes n'appartiennent à la même puissance. Comme l'Autriche, qui a en Orient les mêmes intérêts, elle veut maintenir la liberté de l'Adriatique. Elle ne pouvait permettre pour sa sécurité, que la côte albanaise tombât sous la domination d'une puissance rivale. Quelle menace pour Brindisi, si Valona, sur le canal d'Otrante, à quelques kilomètres à peine, devenait austro-hongrois ! Voilà d'abord des raisons d'ordre général pour lesquelles l'Italie surveillait de près les choses d'Albanie, surtout en présence des agissements de l'Autriche.

En plus de ces intérêts moraux, de ces intérêts stratégiques, elle a en Albanie des intérêts économiques.

1. Voir notre article dans la *Revue politique et Parlementaire* du 10 juillet 1910 : *La politique orientale de l'Italie et le maintien de la Triple Alliance.*

L'Albanie est pour elle un débouché naturel. Le commerce italien avec la côte albanaise est des plus prospères. Du reste, la langue dans ces contrées aide le commerce. On parle italien sur toute la côte et dans les innombrables écoles royales créées de toutes parts, notamment à Scutari. Les Jésuites, qui sont ici les rivaux des Franciscains, et prennent leur mot d'ordre à Rome, et non plus à Vienne, n'enseignent que l'italien.

Si le gouvernement, par des subventions aux écoles, aide au développement de l'influence italienne en Albanie, l'initiative privée y contribue également. Des sociétés italo-albanaises, le *Comitato nazionale albanese*, la *Societa nazionale albanese*, fondées en Italie, cherchaient à favoriser un mouvement national afin de réaliser, avec l'appui de l'Italie, l'autonomie de l'Albanie.

La question albanaise pouvait créer des dissentiments entre l'Autriche et l'Italie, par suite du conflit des intérêts en présence. Aux beaux jours de la Triple-Alliance, les deux puissances avaient voulu régler les difficultés que cette question si complexe pouvait soulever. En 1904, à l'entrevue de Venise, à l'époque où se posait la réforme de la gendarmerie en Macédoine, il fut question entre M. Tittoni et le comte Goluchowski d'un partage d'influence en Albanie. Dans l'attribution des districts macédoniens réservés aux cinq grandes puissances, il s'éleva des contestations entre l'Autriche et l'Italie, l'Autriche ne voulant donner à l'Italie que le district sans importance de Sérès, alors que celle-ci obtenait ceux de Monastir et de Salonique, où son influence pourrait s'exercer davantage. C'était déjà un premier symptôme; l'entente était difficile.

Il y avait encore d'autres éléments qui compliquaient le problème albanais et rendaient la situation critique en 1911 et 1912. Aux mois de mai et juin 1911, les relations étaient déjà très tendues entre la Turquie et Monténégro, et la Russie dut intervenir à Constantinople en faveur du Monténégro, au sujet des difficultés qui surgirent entre les deux puissances. Les Monténégrins, du reste, désiraient la guerre. Le Turc est détesté dans la Tsernagora; des siècles de luttes à outrance rappellent sans cesse à ses habitants les haines passées. Et puis les Monténégrins ont des aspirations nationales, des prétentions d'origine historique à faire valoir sur tout le littoral adriatique, et notamment sur Scutari, l'ancienne capitale des princes de la Zenta. D'après un vieux poème monténégrin, l'héroïque Ivan, prince de la Tsernagora, la terreur des Turcs et l'espoir des Chrétiens, dort dans une grotte mystérieuse située au-dessus de son château d'Obod; il doit se réveiller un jour pour conduire les Monténégrins à la conquête de l'Albanie! L'opposition est très marquée entre les Albanais et les Monténégrins. Il y eut une résistance acharnée, en 1880, après le Congrès de Berlin, de la part des Albanais, lorsque les districts de Plava et de Gusinje refusèrent de passer au Monténégro et durent finalement rester Turcs[1]. Les Albanais catholiques du Nord sont depuis des siècles les ennemis des Monténégrins. Les Turcs ont donc été fort surpris qu'ils aient donné asile aux réfugiés albanais et ils ont accusé le Monténégro, malgré ses protestations réitérées, de favoriser la révolte des Malissores. Peu à peu, en mai 1911, la Turquie concentrait des troupes le long de la frontière monténégrine. D'un jour à l'autre, la guerre pouvait éclater, car les Monténégrins donnaient asile aux rebelles, non pas à cause de l'affinité de race entre les tribus révoltées et les Albanais habitant les environs de Dulcigno, devenus Monténégrins, mais plutôt en haine du Turc.

Devant les menaces non déguisées de la Turquie, la Russie s'empressa d'agir. Elle adressait une note à la Porte, suivie, le 23 mai, d'une communication de M. Tcharykof à Rifaat Pacha. La note était très ferme.

1. Voir plus haut, ch. III, p. 59.

Elle demandait à la Turquie de « déclarer de la façon la plus catégorique ses sentiments parfaitement pacifiques à l'égard du Monténégro, et de concourir à la limitation de l'état de guerre ». Appuyée formellement par la France, cette démarche produisit son effet, et elle eut pour résultat de prévenir momentanément entre le Monténégro et la Turquie un conflit qui, très vraisemblablement, se serait généralisé dans les Balkans.

***

Ainsi la Turquie se trouvait en présence d'un double danger : danger de voir l'Albanie tendre de plus en plus à l'autonomie, et entraîner dans cette voie les autres nationalités de l'Empire; danger de voir la question albanaise s'internationaliser du fait de l'intervention possible des puissances européennes, de l'Autriche et de l'Italie, ou de la Triple Entente, en cas de guerre avec le Monténégro. Elle se décida donc à faire les concessions nécessaires (2 août) : amnistie générale pour ceux qui ont pris part à la dernière révolte, permission accordée aux Malissores de remplir leurs obligations militaires à Scutari, exemption d'impôts pendant deux ans, port d'armes autorisé, sauf dans les villes et les bazars, la langue albanaise reconnue langue officielle, construction de routes, dommages-intérêts pour les maisons pillées ou démolies.

Les uns, en Albanie, trouvèrent les concessions trop tardives, les autres, en Turquie, les jugèrent excessives. La question albanaise n'était point réglée. Elle devait se réveiller plus violente en 1912; les réformes avaient été accordées trop tardivement sous la pression de la force, les nationalités n'en étaient que plus encouragées à la résistance.

Ainsi l'échec des réformes avait lieu concurremment en Macédoine et en Albanie; la sécurité de l'Empire qui n'arrivait pas à se rénover était gravement compromise.

L'idée nationale qui chemine à pas comptés allait être plus forte que la volonté des princes et des gouvernements.

III

Maintenant passons les Dardanelles et entrons en Asie : nous voyons alors deux autres nationalités, la nationalité syrienne et la nationalité arménienne, auxquelles les Turcs, à la veille de la guerre, avaient promis des réformes, sous la pression de l'Europe.

S'il est une contrée célèbre dans l'histoire, où se soient déroulées les plus grandes scènes de l'antiquité, où les peuples aient pour la première fois lutté, y laissant chacun des débris et des ruines, c'est bien la Syrie, lieu de passage de tous les grands conquérants et objet de leurs convoitises. Placée au centre du monde connu des anciens, elle fut, à une certaine époque, un des brillants foyers de la civilisation et le rendez-vous du commerce mondial. Elle se trouvait, en effet, au carrefour des routes commerciales d'Europe et d'Afrique vers l'Asie, elle était comme un trait d'union entre deux continents, et Bonaparte, rêvant d'aller aux Indes, prenait la Syrie comme base de ses opérations. Malgré le percement du canal de Suez, elle est restée la route naturelle du trafic terrestre d'Europe vers les Indes. Si elle n'a pas conservé toute sa prospérité de jadis, elle a mérité d'être appelée la plus fertile contrée de l'Orient, et elle a pu être baptisée avec raison par Lamartine « le jardin du monde ». La Syrie garde du fait de sa position incomparable, sinon de ses richesses propres, une importance capitale. Là, se heurtent, comme jadis, les ambitions de divers États qui y possèdent de puissants intérêts économiques et moraux et à celles-ci s'ajoutent les revendications d'un peuple rêvant d'indépendance et de liberté.

*
* *

La Syrie comprend une bande de terre dans l'angle nord-est de la Méditerranée, qui va du nord au sud, du plateau d'Asie Mineure aux sables d'Égypte et à la Palestine. Elle a comme frontières les meilleures des défenses naturelles, la mer, un grand fleuve, l'Euphrate, le vaste désert de Mésopotamie, les sommets inaccesssibles du Liban et du Taurus. Le pays syrien comprend les sandjaks d'Alep, le vilayet de Beyrouth avec cinq sandjaks, le vilayet de Syrie avec quatre sandjaks, une partie du sandjak de Zor, et le Liban qui forme un sandjak autonome avec un gouverneur général.

Il est à remarquer que sa situation géographique a profondément influencé ses destinées politiques. L'énorme disproportion de ses axes, puisqu'elle est tout en longueur (900 kilomètres sur 150 de large), a toujours fait obstacle à l'établissement d'un centre unique de domination. La Syrie n'a pas de capitale. Sous tous les jougs qu'elle a subis, elle a été administrativement morcelée, divisée en petits États rivaux et ennemis, en proie aux luttes intestines.

Aussi bien cette constitution en étroite bande de terre et cette division en petites principautés empêchèrent la Syrie de résister aux armées étrangères qui la traversaient pour se rendre d'Afrique en Asie : armées des Assyriens, des Égyptiens, des Chaldéens, et plus tard, d'Asie en Europe : armées des Perses, des Grecs, des Romains, des Croisés et des Turcs. Son histoire se trouva liée ainsi à la fortune des peuples qui l'occupaient, d'où pas d'unité politique parce qu'il y a absence d'unité géographique. Il est bon, toutefois, de noter que cette absence de centre unique et le relief très accidenté du sol ont eu un heureux résultat, celui de permettre aux habitants de déserter le littoral et la plaine au jour du danger, pour se retrancher dans leurs montagnes et éviter ainsi une destruction totale.

Toutes les histoires se sont rencontrées en Syrie, et les annales de ce pays se confondent, peut-on dire, avec celles de l'humanité. Il sert d'abord de champ de bataille aux Pharaons dans leurs luttes contre les Hittites, au VIIe siècle avant J.-C. Puis les Assyriens, pour s'assurer la possession de la Mésopotamie et du Golfe Persique, s'emparentde la Syrie et de ses communications maritimes et terrestres. L'an 606 avant J.-C., elle passe sous la domination des souverains de Babylone, et la période chaldéenne reste tristement célèbre par les destructions et les massacres qu'elle provoque. L'Empire des Perses, avec Cyrus et Artaxercès, succède à l'Empire babylonien; puis, c'est Alexandre et les Macédoniens qui, après sa mort, livrent cette contrée à l'anarchie, débattue désormais pendant deux siècles entre les Lagides et les Séleucides, héritiers du roi de Macédoine, jusqu'à ce que les légions de Pompée viennent mettre fin aux luttes des dynasties rivales. Mais ce ne fut qu'un temps. Crassus, César, Antoine font de la Syrie le pivot de leurs ambitions politiques, et lorsqu'Auguste devient le seul maître après Actium, il attribue à l'Empire une autorité directe sur ce pays. Il en souligne l'importance en y concentrant quatre légions, il en fait une des marches de l'Empire pour contenir les Arabes et les rois de l'Asie. Celle-ci jouira pendant une longue période de temps des bienfaits de la paix romaine, jusqu'aux premières incursions des Perses et jusqu'au vaste assaut que les Arabes allaient livrer à la puissance de Rome et à son héritier, l'Empire d'Orient. L'Islam désormais dominera la Syrie et celle-ci, comme toute l'Asie musulmane, sera le théâtre d'incessantes révolutions politiques parmi les principautés qui prétendaient à a succession du Prophète, jusqu'à l'arrivée des Turcs Seldjoucides. Leur domination sera à son tour ébranlée par les

Croisés, et voilà cette province aux mains de nouveaux maîtres auxquels succéderont les Tatars, les Mogols, les Mamelouks d'Egypte, et enfin les Turcs de Constantinople qui y règnent depuis 1517.

L'organisation que Sélim 1er lui donna subsiste encore dans ses traits généraux, et cette nouvelle administration fit cesser l'état anarchique où elle était plongée depuis des siècles. Mais les agents du pouvoir central jouirent d'une indépendance de plus en plus grande; ils en abusèrent bientôt et ce malheureux pays, qui avait connu les gouvernements les plus divers, fut voué aux exactions des fonctionnaires locaux. De là l'état de trouble dans lequel il resta plongé, interrompu un instant par l'attaque de Bonaparte et la conquête passagère d'Ibrahim Pacha, pour aboutir aux douloureux massacres de 1860, auxquels mit fin l'expédition française qui eut pour heureux résultat de créer l'autonomie du Liban.

La situation géographique et politique de la Syrie explique pour quelles raisons elle n'a plus l'importance économique de jadis. Elle était autrefois la voie unique par terre entre l'Europe et l'Asie. Le percement de l'isthme de Suez donna à la navigation de telles facilités que les échanges entre les deux continents s'effectuent par mer. Il faut dire aussi que les nombreuses invasions qu'elle a subies ont dévasté le pays. Le Syrien n'a jamais été un agricole; il était avant tout un agent commercial entre l'arrière-pays, la Mésopotamie dont il dépend économiquement, et le bassin méditerranéen; depuis que l'importance de ces échanges a diminué, il est réduit à l'exploitation de son propre sol et est obligé de s'expatrier.

La Syrie offre cependant de grandes richesses agricoles. On y récolte du froment, de l'orge, du seigle, de l'avoine, du maïs, du millet, des fruits. La viticulture, très prospère dans l'antiquité, a repris depuis peu quelque importance dans le Liban. Le mûrier blanc, dont les feuilles servent à l'élevage du ver à soie, occupe la première place dans les plantations du Liban. On cultive encore le cotonnier dans le nord ; l'olivier et l'oranger sont un des principaux revenus de la Syrie.

Au point de vue de l'élevage, les troupeaux de moutons constituent la principale richesse des Bédouins, car la viande de mouton est la seule viande qu'on mange en Syrie et le lait de brebis est la base de l'alimentation des nomades. Le bœuf est employé pour la charrue ; le cheval, l'âne, le chameau sont les moyens de transport par excellence dans le haut pays et le désert.

Au point de vue minier, on ne trouve que quelques traces de charbon dans le Liban, certaines quantités de minerai de fer, du calcaire, du sel, du bitume, des gisements de phosphate.

Il faut cependant reconnaître, d'une façon générale, que cette région n'a pas la prospérité de jadis. Les règles de la technique agricole font entièrement défaut ; la main-d'œuvre manque par suite de l'émigration continuelle, l'irrigation pendant l'été est défectueuse, et tout le pays souffre de l'insécurité politique.

Telle est la physionomie économique de la Syrie, toute agricole, qui ne connaît pas d'industrie, mais dont les échanges commerciaux sont des plus actifs, par les ports d'Alexandrette, Beyrouth, Saint-Jean d'Acre, Jaffa, Caïffa, Tripoli de Syrie, et par ces grands caravansérails, intermédiaires naturels entre les Indes et l'Europe, Damas et Alep.

Ce pays si varié par ses enchevêtrements de plaines, de montagnes et de vallées, l'est aussi par les races qui l'habitent et les religions qui y ont trouvé asile. Mais si les populations restent diverses par l'origine, par leurs sentiments d'indépendance, par leur particularisme, il faut dire que la domination arabe a, au cours des siècles, amalgamé les éléments qui peu à peu s'adjoignaient aux autochtones. Il s'est formé ainsi une race unique, essentiellement arabe où l'élément turc est en quelque sorte noyé. Les groupements se sont faits surtout autour des bannières religieuses; elles symbolisent les souvenirs du passé et les espérances de l'avenir. Les divisions qui existent dans la population syrienne résident plutôt dans les variétés de religions que dans les différences ethniques. Les statistiques n'ont alors d'intérêt que si elles s'appliquent aux religions, mais elles sont, peut-on dire, illusoires, en présence de la multitude des sectes et d'un recensement de la population qui n'a jamais été fait officiellement. Il faut s'en rapporter aux travaux des auteurs et notamment à ceux de M. Cuinet[1], dont les autres du reste diffèrent très légèrement.

Nous nous trouvons alors en présence de deux grands groupements religieux : les Musulmans, au nombre de 1.500.000; les Chrétiens unis à Rome et séparés de Rome, avec 930.000; les Israëlites, 100.000, les adhérents de sectes très diverses : Druses, Ansariés, Ismaéliens, Cadmoudistes, Yézidis, etc... au nombre de 300.000 environ, ce qui donne une population de près de 3 millions d'habitants, alors que la Syrie en comptait 20 millions sous la domination romaine et 10 millions lors de l'occupation arabe (VIIe siècle). Ces races n'ont pu vivre ensemble que parce que le Turc les a maintenues réunies par la force, sans que pour cela leur personnalité disparût. Chaque région, chaque groupement ethnique, chaque secte religieuse garde ses traits principaux et le Turc doit, sous peine de révolte, respecter leur particularisme. Ces populations, très séparées les unes des autres par la constitution physique du pays, fières, résolues, rêvent de vivre indépendantes du Turc, qui est pour elles l'oppresseur.

1. *Syrie, Liban et Palestine*, 1 vol. Paris, 1896.

*
* *

La Révolution de 1908 produisit en Asie Mineure, de même que dans tout l'Empire ottoman, une impression profonde faite de satisfaction et d'espérance. On vit en Arménie, en Syrie, dans le rétablissement de la constitution, le signe avant-coureur de réformes qui mettraient fin aux exactions des pachas et donneraient aux diverses races une réelle indépendance. L'enthousiasme était à son comble; on célébrait à l'envi une ère nouvelle; la jeunesse frémissait d'impatience, prête à faire les premiers usages de la liberté. Mais les réformes se firent attendre, l'insécurité resta générale, les progrès économiques nuls, la centralisation excessive. Bref, le mécontentement subsistait dans les masses. Les Arabes attendaient en effet des Turcs une politique de décentralisation généreuse et large ; la politique centralisatrice du Comité Union et Progrès les déçut. Ils se groupèrent dans une opposition irréductible contre la politique étroite des Jeunes-Turcs. Dès l'annonce des défaites turques de 1912, les impatiences de tous se donnèrent libre cours et les Musulmans arabes, jusqu'ici rapprochés des Turcs, parlèrent d'autonomie et d'indépendance, faisant alliance avec les Chrétiens.

Il faut dire que depuis plusieurs années se manifestait parmi les Arabes d'Asie Mineure un vaste mouvement de renaissance. Les Arabes sont les maîtres de l'Asie occidentale; ils dominent le golfe Persique et la mer Rouge, les plateaux d'Asie Mineure et les rivages de la Méditerranée; ils existaient bien avant l'arrivée des Turcs au XVe siècle; les populations arabes ou arabisées de Syrie étaient musulmanes avant la conquête turque. La révolution religieuse, que provoquèrent en Syrie les lieutenants du Prophète, eut lieu vers l'an 630. La langue du Coran se substitua aux idiomes locaux, au syro-chaldéen et au grec ; la langue arabe fut adoptée de façon générale, mais la fusion de sang arabe ne fut pas absolument complète, sans qu'on pût déterminer exactement dans quelle proportion il subsistait par rapport à celui des autres races. Quoi qu'il en soit, le Turc est resté là-bas comme une sorte de fonctionnaire mal considéré par les habitants arabes du pays, mais exerçant assez facilement sa domination, par suite de la diversité qui subsiste entre les races, entre les sectes, entre les religions.

Le Padischah de Constantinople, qui a l'autorité religieuse sur tout l'Islam, est bien l'héritier des anciens Khalifes arabes du Caire, descendants du Prophète. C'est Sélim 1er qui, lors de la conquête de l'Égypte (1517), s'empara du Khalifat et le transmit à ses successeurs. Mais il est de race turque, sans parenté avec Mahomet, et suspect aux Arabes. Qu'un chérif de La Mecque se lève, revendique le Khalifat comme l'héritier du Prophète, et voilà tout l'Islam en feu. C'est pourquoi la question arabe est d'une importance capitale aux yeux des Turcs.

Or, depuis 1884, les émirs de l'Arabie centrale et de l'Yémen, se révoltent périodiquement contre leur domination abhorrée. Ceux-ci, à diverses reprises, ont dû lancer de véritables expéditions fort meurtrières contre l'Yémen et le Hedjaz. Peu à peu, la nationalité arabe a pris conscience d'elle-même. Le parti national arabe a son comité au Caire et sa propagande s'exerce par la langue et la littérature. Cette renaissance se manifeste tout particulièrement en Syrie, parce que c'est la partie la plus riche de la Turquie d'Asie, voisine de la côte et par conséquent de l'Occident, et ouverte au progrès. Le sentiment de l'unité de la race arabe est si vif en Syrie que les querelles religieuses se sont apaisées et qu'Arabes Chrétiens, Catholiques et Musulmans se sont unis sur un programme commun de revendications. Ces revendications s'affirmèrent dès que les Syriens eurent constaté la faillite des promesses Jeunes-Turques, et les désastres de Thrace et de Macédoine leur donnèrent, avec plus de force, l'espoir du succès.

Un fossé profond sépare donc aujourd'hui, en Syrie, les Arabes des Turcs. Le Khalife, aux yeux des Arabes, n'est plus en état de défendre l'indépendance matérielle et morale de l'Islam. Par suite de ses récentes défaites, il a perdu son prestige de Commandeur des croyants et même il a osé abandonner aux infidèles une province arabe, la Tripolitaine. C'est ainsi que l'idée religieuse ne retient plus les Arabes dans l'orbite de Constantinople. Ici, les faits s'unissent à l'histoire pour ruiner l'influence religieuse des Sultans.

D'autre part, les Syriens se plaignent de l'administration turque, qui n'a tenu aucune promesse de réformes, les a écartés des fonctions publiques, et va jusqu'à les priver de la jouissance paisible du sol natal, en installant dans les vilayets syriens les émigrés turcs chassés de Thrace et de Macédoine. La domination turque devient d'autant plus intolérable aux Syriens qu'ils sont de plus en plus cultivés, grâce à la diffusion de l'instruction française. Un mouvement irrésistible entraîne les Musulmans vers la culture de l'Occident, les éloigne d'un gouvernement trop souvent hostile à l'enseignement. Voilà les raisons pour lesquelles les Musulmans, qui ont la force et le nombre et qui étaient jusqu'ici réfractaires à l'idée autonomiste, s'y sont ralliés plus ou moins ouvertement; ils ont créé la question syrienne en prenant la tête du mouvement de décentralisation.

Ce mouvement revêt un caractère dangereux pour l'intégrité de l'Empire, parce que les Musulmans syriens subissent la contagion de l'exemple. Non seulement les Arabes de l'Yémen et du Hedjaz, héritiers du Khalifat, combattent l'influence religieuse et politique de la Turquie, mais les Arabes d'Égypte ont conquis l'autonomie, les Musulmans d'Albanie ont obtenu des réformes de la

Turquie, avant la dernière guerre, et l'Europe leur a octroyé l'indépendance en constituant un nouvel État. Les Musulmans de Syrie, influencés par les aspirations nationalistes qui se manifestaient autour d'eux, excédés des abus de la centralisation turque et de la mauvaise administration, manifestèrent bruyamment leur mécontentement et préparèrent un programme de réformes. C'est alors qu'à la fin de 1912, le gouvernement de Kiamil Pacha, sentant le danger, voulut prendre les devants et invita le peuple de Syrie, par l'entremise des gouverneurs de province, à formuler ses désirs. Les conseils laïques furent alors convoqués à Beyrouth; une assemblée de 90 membres fut élue et nomma, le 12 janvier 1913, une commission de 25 délégués qui élabora un programme de réformes. Sur ces entrefaites, le gouvernement de Kiamil Pacha était renversé; le gouvernement qui lui succéda prescrivit la dissolution de l'Assemblée générale des réformes et la fermeture de son club (8 avril 1913). Une vive agitation suivie de troubles se produisit à Beyrouth. Les journaux parurent sur pages blanches, en guise de blâme, et l'assemblée envoya une protestation au Grand Vizir.

Cette assemblée avait arrêté un programme de réformes revêtant un caractère officiel, par suite de l'autorisation accordée par le gouvernement, tandis qu'en février un comité, créé sur l'initiative des habitants, en avait voté un également mais ayant au contraire un caractère de revendications populaires. L'un et l'autre du reste se différenciaient sur quelques points. Ils assuraient à la Syrie une large décentralisation qui confinait à l'autonomie. Les questions intéressant la défense nationale, la politique générale, le budget, etc..., restaient soumises au gouvernement central; celles relatives aux intérêts du vilayet dépendaient des fonctionnaires locaux et des assemblées élues par les habitants. Le vali était le représentant du pouvoir central, mais aussi il devait exécuter les décisions du « conseil général » élu parmi les habitants, à raison de quinze membres musulmans et de quinze membres chrétiens pour toutes les affaires d'intérêt régional. Ce conseil était le véritable organe du gouvernement et avait l'initiative de tous les actes de l'administration du vilayet. Il ne se réunissait qu'à certaines époques de l'année, mais élisait une commission permanente chargée du soin de contrôler l'exécution des mesures décidées. Des conseillers étrangers connaissant l'arabe, le turc, le français, devaient contrôler la police, la justice, les travaux publics, les finances, etc... Les municipalités seraient autonomes; la langue officielle, d'après les premiers projets, était le turc, mais d'après le second, l'arabe et le turc. Ces projets, surtout le projet populaire, qui prit le nom de programme de Beyrouth, eurent un énorme retentissement en Syrie, en Égypte et dans tout le monde arabe.

A la suite des troubles de Beyrouth, le gouvernement comprit la nécessité d'agir et le vali de Beyrouth donna lecture, le 5 juillet 1913, d'une nouvelle loi sur les vilayets, inspirée de notre loi sur les conseils généraux, qui ne faisait que renforcer les pouvoirs des valis, resserrer les liens rattachant les vilayets au pouvoir central, et restreindre les attributions du conseil général à une compétence purement financière. Ces mesures de centralisation étaient bien différentes de ce que réclamaient les Syriens; elles furent jugées insuffisantes. Ceux-ci désiraient d'autant plus de larges concessions qu'ils voyaient une des provinces syriennes, le Liban, jouir de certains privilèges.

Après les massacres de 1860 et l'intervention française en Syrie, une constitution particulière fut accordée au Liban sous la garantie des grandes puissances. On nomma un gouverneur chrétien; on créa une gendarmerie locale, des divisions administratives, un conseil formé de délégués de chaque religion; une organisation financière autonome, ainsi que des douanes locales, furent attribuées à cette province munie désormais d'importants privilèges. Il faut bien dire que la Porte ne les respecta pas; chaque gouverneur s'ingéniait à les retirer peu à peu au Liban, et les Maronites, enserrés dans leurs montagnes, se plaignirent d'être dupés, d'être mis au même rang que les autres populations de l'Empire. Les uns émigrèrent, d'autres envoyèrent aux puissances un mémoire de revendications (1er juin 1912), joignant leurs protestations à celles des Syriens. Grâce à la France, celles-ci portèrent leurs fruits. Le 25 décembre 1912, on apprenait que les ambassadeurs des six puissances avaient signé un programme de réformes pour améliorer la situation politique du Liban. On devait procéder à une nouvelle estimation des propriétés immobilières, renforcer la gendarmerie, créer un tribunal de commerce au mont Liban et de nouveaux ports à Djounieh et à Nebi-Younès, modifier la loi sur les élections des membres de l'assemblée générale; le conseil administratif de la Montagne serait élu en partie par les contribuables et non plus nommé par les chefs de villages; la représentation des Maronites dans ce conseil serait renforcée et celui-ci aurait qualité pour préparer le budget et en réclamer la publication. C'était déjà un moyen de satisfaire aux vœux des populations, d'éviter ces émigrations de Maronites, une des plaies du Liban. Mais la Turquie, là encore, reprit en sous main ce qu'elle avait accordé, en administrant les ports elle-même et en décidant que le budget serait élaboré suivant ses ressources propres et non d'après celles du pays.

Le statut du Liban devait déterminer le statut syrien, quoique entre les deux pays la différence fut grande, puisque le Liban faisait depuis un demi-siècle l'apprentissage de la liberté; mais, comme lui, la Syrie voulait être dotée des mêmes organismes. Après l'échec du comité de Beyrouth, les Syriens réformistes décidèrent de porter leurs revendications sur un autre terrain et d'organiser à Paris un congrès arabe. Au comité libanais de Paris, à la tête duquel se trouvait M. Chekri Ganem, étaient venues se joindre des délégations du comité de réformes de Beyrouth, composé de quatre Musulmans : Zahraoui, Sélim Sélam, le cheik Tabbara et Moukhtar Bayhum, deux Chrétiens, Khalil Zénié et le Dr Tabet, et du comité de décentralisation ottomane du Caire. A la suite de leurs délibérations, en mai 1913, on démontra, dans une série de vœux, la nécessité d'assurer aux Arabes l'exercice de leurs droits politiques, d'admettre la langue arabe comme langue officielle dans le pays, de mettre en vigueur le programme de réformes de Beyrouth, qui reposait sur ces deux grands principes : l'élargissement des attributions des conseils provinciaux et la collaboration des conseillers européens.

Tout cet ensemble de mesures constituait un large programme de décentralisation qui répondait aux vœux des Syriens, qui les associait à la direction des affaires et était directement contraire aux procédés de gouvernement des Jeunes-Turcs. La décentralisation devait être, en effet, poussée si loin que chaque région aurait son régime approprié. On ne légiférerait pas indistinctement pour toute la Syrie ; on respecterait les mœurs, les traditions, les habitudes des diverses contrées ; le Liban avec Beyrouth devrait être séparé de la région de Damas, d'Alep et de la Palestine, où l'élément arabe est mélangé de Juifs. On a dit ainsi que la Syrie formerait comme une fédération d'États dont chacun se développerait librement, suivant le programme de réformes de Beyrouth, sous la souveraineté du Sultan[1].

Ce programme, aux yeux du gouvernement turc, constituait des mesures extrêmes ; aussi voulut-il devancer

1. Voir *Revue des Deux-Mondes*, 15 août 1913, p. 208, article de M. René Pinon : *La réorganisation de la Turquie d'Asie.*

ces aspirations légitimes en prenant de nouveau en main la cause des réformes syriennes. Le 20 avril 1913, il manifestait son intention de travailler à la réorganisation de la Turquie d'Asie avec la collaboration d'inspecteurs étrangers, en divisant l'Empire en grandes zones d'inspection dont l'une serait constituée par les trois vilayets syriens de Beyrouth, Damas, Alep. Le 1er juillet, le gouvernement communiquait un projet de loi créant des inspecteurs généraux indigènes et étrangers dans les diverses zones de la Turquie d'Asie, ayant sous leurs ordres des inspecteurs pour la justice, la gendarmerie, les travaux publics, l'agriculture. C'était déjà une première mesure. Mais, en fait, aucune des réformes approuvées par le congrès arabe de Paris n'avait été réalisée. Le gouvernement, pour calmer les passions arabes, s'était contenté de nommer un certain nombre de personnalités sénateurs de l'Empire, et promettait d'appliquer les réformes dans les pays arabes. Certains déclaraient qu'il cherchait ainsi à séduire les principaux chefs de l'opposition, ne voulant pas s'engager dans la voie des réformes définitives.

Enfin, le gouvernement Jeune-Turc avait l'intention d'étendre à la Syrie les réformes prévues pour l'Arménie, proposées par la Russie, soumises aux ambassadeurs et adoptées le 8 février 1914, comportant la création d'inspecteurs généraux étrangers, décidant que chaque vilayet aura un conseil général élu par la population, présidé par le vali; ce conseil général discutera le budget, les emprunts, etc... et nommera un comité de vilayet qui élaborera le programme des discussions du conseil général.

Ces revendications de la race arabe, des Musulmans et des Chrétiens de Syrie, qui déterminent tous les projets de réorganisation, n'étaient pas sans danger pour la sécurité de l'Empire. Un mouvement séparatiste pouvait éclater d'un instant à l'autre, provoquer des incidents graves et amener l'intervention de l'Europe, car les grandes puissances ont des intérêts, des droits dans ce paradis merveilleux qu'est la Turquie d'Asie.

*
* *

Dix siècles d'histoire attachent la Syrie à la France. Qu'on se rappelle l'admirable mouvement de prosélytisme qui entraîna au XIe siècle les Français vers l'Orient! Des multitudes entières portées par la foi, l'enthousiasme, l'amour de l'inconnu, se dirigent vers l'Asie Mineure; la première Croisade conquit la Syrie et Jérusalem, et l'Empire latin d'Orient dura près de deux siècles. Au cours des Croisades, nous avions enfoncé profondément sur cette terre d'Asie le souvenir de la France qui devait s'y maintenir comme une espérance, comme un droit historique. Plus tard, grâce à notre alliance avec la Turquie, nous obtenions, par les Capitulations, le protectorat des catholiques français qui voyageaient en Orient, et peu à peu nous en arrivions à protéger les missionnaires, les établissements religieux et les Chrétiens de l'Empire qui se réclamaient de nous. Ainsi s'établissait, plutôt grâce à l'usage qu'aux textes, notre protectorat des catholiques d'Orient reconnu par le Saint-Siège et consacré par les traités internationaux, lié par une infinité de rapports à notre commerce et à notre diplomatie dans l'Empire ottoman. L'expédition de Bonaparte en Égypte et devant Saint-Jean d'Acre, notre intervention en 1839, en faveur d'Ibrahim, et en 1860, dans le Liban, affirmèrent à nouveau la puissance française, en Asie Mineure. C'est ainsi qu'en Orient, et particulièrement en Syrie, l'influence morale de la France avait grandi au cours des siècles. Elle s'est manifestée en Syrie par la création d'œuvres diverses, d'entreprises économiques et commerciales, par nos capitaux, par notre langue elle-même.

Le protectorat que nous exerçons sur les Chrétiens latins d'Orient et qui remonte aux Croisades et aux Capitulations, constitue une importante partie de l'influence française. Nous avons un certain nombre de privilèges de juridiction, de protection sur les Lieux-Saints et les écoles, quelle que soit la nationalité de ceux qui les dirigent; notre consul a seul le droit de paraître aux cérémonies du Saint-Sépulcre avec l'épée au côté et les insignes de sa dignité. Ces privilèges furent menacés, à la suite de la guerre de 1870, par la Russie, l'Italie et l'Allemagne, tandis que les Syriens, les habitants du Liban qui n'oubliaient pas ce que nous avions fait pour eux en 1860, nous restaient fidèles. L'article 62 du traité de Berlin reconnaissait heureusement, en 1878, nos droits spéciaux en Syrie et de manière officiellement juridique. Léon XIII également, dans la circulaire du 22 mai 1886 et la lettre au cardinal Langénieux du 20 juillet 1898, confirmait les droits et les prérogatives de la France.

Notre protectorat, conservé jalousement par le gouvernement français, était en plus soutenu en Orient par les soins de la propagande romaine qu'on a appelée le « grand ministère des missions catholiques » et qui procède par tout l'univers à la restauration du culte, de sorte que, grâce à elle, la Rome des papes peut se vanter d'avoir soumis à ses lois un empire plus grand que celui des Césars romains. Fidèle à ses traditions de grandeur impériale, elle a répandu en Orient franciscains, jésuites, lazaristes. Ils n'étaient que quelques douzaines, au début du XIXe siècle. Grâce aux efforts d'Eugène Borée, supérieur général des missions du Levant, et de ses collaborateurs, des églises, des séminaires, des collèges, des écoles se fondaient de toutes parts, en Palestine, à Bebeck, à Galata, à Antoura, à Beyrouth, à Smyrne, à Damas, à Alep, etc. Il y a aujourd'hui, en Palestine et en Syrie, près de 2.400 missionnaires de tous ordres, et dans tout le Levant près de 60 congrégations françaises, dont plus de 1.100 membres pour les sœurs de Saint-Vincent-de-Paul et plus de 1.000 pour les frères des écoles chrétiennes.

Nous avons encore en Syrie, des hôpitaux, des dispensaires, des orphelinats et enfin des écoles qui sont en majorité aux mains des congrégations religieuses dans le Levant, sans oublier les œuvres fondées là-bas par ces missionnaires laïques, ceux de l'*Alliance israëlite*, de l'*Alliance française*, de la *Mission laïque* : en Orient, laïques et religieux n'ont qu'une pensée, servir la France.

Nous entretenons de nombreux hôpitaux, dont beaucoup sont tenus par les sœurs de Saint-Vincent-de-Paul, à Smyrne, à Jaffa, à Jérusalem, à Beyrouth, à Damas, le centre le plus fanatique de la Syrie, à Betlhéem, à Brousse, etc... ; avec les dispensaires, ils soignent chaque année près d'un million de malades.

De nombreuses écoles, de nombreux orphelinats français répandent encore notre langue en Orient. Presque toutes les congrégations religieuses dirigent des écoles ou collèges qui sont les plus anciens, les plus prospères et comptent le plus d'élèves; elles possèdent la faculté de médecine de Beyrouth, qui, a dit le professeur Pozzi, « poursuit une œuvre civilisatrice et patriotique. » Cette faculté, fondée en 1883 et dirigée par les jésuites, a réalisé toutes les espérances de ses promoteurs, Barthélémy Saint-Hilaire, Gambetta, Duclerc, Jules Ferry. Elle avait 11 élèves à sa fondation, elle en a 250 aujourd'hui. Elle a lancé en 28 ans, à travers le monde, 480 médecins ou pharmaciens qui sont allés surtout exercer leur profession dans l'Empire ottoman, au Soudan, en Perse, au Tonkin.

A côté de ces écoles religieuses, s'élèvent des écoles laïques plus spécialement consacrées à l'enseignement secondaire; collège Augier de Beyrouth, collège Osmanié, école Velletas de Brousse, école de l'Alliance israëlite de Damas, d'Alep, de Beyrouth. C'est ainsi que notre influence intellectuelle se répand en Syrie, en même temps que s'étend notre langue. Le Syrien, avide d'instruction, très admirateur de notre littérature, de nos idées, de notre civilisation, préfère les écoles françaises à toutes les autres; aussi à Beyrouth, à Damas, à Alep, on parle couramment le français.

A cette influence intellectuelle, il faut joindre l'influence économique qui provient d'entreprises industrielles fondées grâce à nos capitaux, et dirigées par nos ingénieurs. Telles sont la Régie générale des chemins de fer et travaux publics, celle du port de Beyrouth, des eaux et du gaz de Beyrouth, des tramways libanais, du réseau de routes de Syrie. Enfin, la France a la concession de presque toutes les lignes syriennes. Nous avons en Syrie 900 kilomètres de chemins de fer : la ligne Jaffa-Jérusalem, la ligne Beyrouth-Damas, avec son prolongement Damas-Hauran, la ligne Rayak-Alep qui se soude à la précédente à Rayak, passe par Homs et Hamah et se prolonge sur Tripoli de Syrie vers la mer. D'après les conventions franco-turques du 10 avril 1914, nous avons obtenu l'exploitation des ports de Jaffa, Caïffa, Tripoli de Syrie; nous devons exploiter une ligne de Rayak à Ramleh, sur le chemin de fer Jaffa-Jérusalem, établissant un lien entre toutes les lignes de Syrie jusqu'ici dispersées, unissant le Beyrouth-Hauran avec le Jérusalem-Jaffa et plus tard avec le réseau égyptien, c'est-à-dire, le monde asiatique avec le continent africain. Notre total de lignes en Syrie passera ainsi de 900 kilomètres à plus de 1.200 kilomètres. Ces lignes contribueront incontestablement au développement économique de la Syrie. Mais il est regrettable que nous n'ayons pas cherché à relier directement notre réseau syrien au chemin de fer de Bagdad, en construisant le Homs-Bagdad, tandis que les Allemands obtenaient la concession de la voie se dirigeant de l'Homs-Bagdad sur Alexandrette (acte du 5 mars 1903), pour y établir un grand port commercial. Le dernier accord franco-allemand (22 février 1914) ne nous permit pas de revenir sur ces déplorables concessions.

« Nous avons à sauvegarder des centaines d'établissements français, disait M. Pichon, ministre des Affaires étrangères à la Chambre des Députés, le 17 mai 1909, à assurer la prépondérance de notre langue en Orient, à garantir notre situation privilégiée, nos intérêts philantropiques et politiques; je vous assure, Messieurs, que c'est une tâche à laquelle nous ne manquerons pas [1]. » Notre politique n'avait pas toujours, en effet, dans le passé, tiré le meilleur profit possible de notre situation en Syrie; nos écoles, pour subsister, avaient besoin de plus larges subventions. Et cependant, il faut le dire, notre influence sur les populations syriennes reste considérable. L'amour des Syriens pour la France est toujours aussi vivace que jadis. Ils ont donné une preuve de leur fidélité, en 1870, quand ils voulurent nous envoyer 100.000 des leurs; en 1898, lors de la visite de Guillaume II qui fut accueilli sans illuminations et sans drapeaux, alors qu'à chacune de nos fêtes nationales, tous les villages du Liban sont pavoisés. La Syrie reste comme jadis en harmonie de relations, d'idées, de confraternité avec nous. Aussi les Syriens s'appuient-ils sur nous pour demander des réformes. Beaucoup font un grand rêve : se séparer de la Turquie et se constituer en province autonome sous le drapeau français.

* * *

Mais des ambitions opposées se manifestent en Syrie au détriment de nos droits légitimes pour les affaiblir et

1 C'est la même politique à laquelle M. Georges Leygues, comme M. Pichon en 1909, demandait au gouvernement de se conformer en disant, le 11 Mars 1914, à la Chambre des députés : « La politique française dans le bassin de la Méditerranée n'est pas une politique ambitieuse, mais elle ne peut être et ne sera pas une politique de renoncement. »

les restreindre. Le plus ancien rival que nous rencontrions en Syrie, c'est l'Anglais. Tous les professeurs de l'Égypte, depuis Ptolémée, ont cherché à dominer la Syrie pour conserver des débouchés vers l'Euphrate et les Indes. Les Anglais sont d'autant plus attachés à cette politique traditionnelle qu'ils sont les maîtres de l'Inde et veulent en défendre les approches. Ajoutons à cela que de nombreux Syriens habitent l'Égypte, y occupent de hautes positions dans l'administration et dans les affaires, qu'ils y rencontrent un gouvernement sage, tolérant et fort qu'ils admirent. Les Musulmans arabes d'Égypte veulent attirer à eux les Syriens, aidés de ce côté par les Musulmans émigrés d'Algérie qui peignent notre gouvernement sous de noires couleurs. Mais il ne faut pas que les Syriens se tournent vers l'Angleterre pour obtenir des réformes ; ils doivent être soutenus exclusivement par la France qui, seule, a des droits imprescriptibles à faire valoir en Syrie.

D'autres ambitions se sont fait jour en Syrie. Un peuple jeune, ardent, tard venu dans les conquêtes lointaines, mais ambitieux et tenace, y suit une politique patiente qui dresse en face des nôtres des intérêts déjà forts. Nous voulons parler des Allemands et de leur action en Asie Mineure et en Syrie. Il leur a fallu moins de 40 ans pour prendre pied dans ces contrées réservées jusqu'ici à notre influence, et où seules l'Angleterre et la Russie menaçaient nos intérêts. Notre influence morale est certainement prépondérante; de même notre langue, notre civilisation, notre culture délicate et raffinée sont préférées à la littérature germanique, à la *Deustche Kultur*. Les Allemands n'ont guère que 8 écoles dans le vilayet de Beyrouth et 8 dans celui de Jérusalem, avec 1.200 élèves, contre nous près de 500 écoles avec 45.000 élèves; leurs hôpitaux, leurs dispensaires sont également moins nombreux que les nôtres, mais déjà leurs progrès sont notables. A Alep, la plus ancienne des échelles françaises de Syrie, ils ont fondé une école et un dispensaire et voulaient y créer un camp d'instruction. Non seulement la dotation des écoles à l'étranger avait été augmentée de 100.000 marks dans chacune des trois années précédentes, mais elle bénéficiait d'un brusque accroissement de 400.000 marks qui la portait à un million et demi. De plus, de nouveaux crédits étaient demandés au Parlement pour renforcer la représentation consulaire allemande en Turquie d'Asie.

D'autre part, sur le marché syrien, leur concurrence est menaçante, parce que leurs commis voyageurs, plus nombreux, plus actifs, vendent de la marchandise à meilleur marché qui supplante la nôtre. Aussi importons-nous deux fois moins que l'Allemagne, alors que ses exportations sont de vingt fois supérieures. Le commerce allemand est soutenu par son pavillon représenté dans les ports syriens par les bateaux de la *Deutsche Levante Linie*, par ses établissements de crédit à Beyrouth, Alexandrette, Jaffa, Jérusalem. Avec la concession du port d'Alexandrette, devant faire concurrence à celui de Beyrouth, avec le chemin de fer qui le reliera au Bagdad, avec cette ligne elle-même, voie la plus directe entre l'Océan Indien et la Méditerranée, l'Allemagne maîtresse des avenues conduisant à la mer et de l'arrière-pays, exercera son hégémonie économique sur la Syrie et la Mésopotamie.

Si l'on ajoute à ces manifestations commerciales de nombreuses expériences de colonisation agricole en Palestine, à Jérusalem, Jaffa, Caïffa (colonies de Neuhardthoff avec 300 hectares, de Bet-Laum avec 703 hectares, de Waldheim avec 720 hectares), on se rendra un compte exact de l'activité des Allemands en Syrie qui indique suffisamment leurs ambitions politiques.

Il ne faut pas négliger non plus les tentatives des Italiens en Syrie, où leur politique prend une envergure de plus en plus grande, déterminant une véritable poussée vers ce pays, cherchant à gagner notre clientèle catholique à la faveur de nos dissensions religieuses, et à se tailler là-bas une sphère d'influence. Certaines congrégations, dont les Carmes, les Salésiens, ont déserté notre protectorat pour demander celui du gouvernement italien qui, dans cette circonstance, marche d'accord avec le Vatican : ils ont même la « Custodie » de Terre-Sainte. En 1905, une convention, qualifiée par M. Leygues, à la Chambre des députés, le 11 mars 1904, de « détestable », fut conclue entre le gouvernement français et le gouvernement italien en vertu de laquelle « chaque fois que la majorité du personnel des établissements français devenait italienne, l'établissement lui-même devenait italien ». C'est ainsi que nos établissements et écoles d'Orient passeront entre les mains des Italiens.

Les Italiens multiplient aussi les sacrifices pour construire des écoles, des hôpitaux, des dispensaires en Asie Mineure et les subventionnent largement. Ils ont acheté à Saleh, faubourg de Damas, un terrain de 7.000 hectares pour la colonisation agricole. Un groupe italien a obtenu la concession d'une voie ferrée reliant le port d'Adalia, à mi-chemin sur la côte, entre Rhodes et Chypre, à Bourdour, à 150 kilomètres dans l'intérieur. Cette construction de ligne, compensation à l'évacuation des Sporades qu'elle détient actuellement, serait, aux yeux de l'Italie, l'amorce de projets plus vastes en Asie Mineure.

Nous ne parlerons que pour mémoire des ambitions russes. Si elles existent encore en Palestine, aux Lieux-Saints, elles sont moins ardentes en Asie Mineure depuis l'entente de 1911 avec l'Allemagne au sujet du Bagdad. Les intérêts de la Russie se sont concentrés dans le nord de l'Anatolie où elle veut protéger sa frontière terrestre ; néanmoins, tout projet de partage en Turquie d'Asie ne pourrait se réaliser sans son consentement.

Ce bref examen de la question syrienne nous a permis de voir quelles répugnances le gouvernement turc éprouvait à accorder les réformes demandées, puisque c'était, en somme, à la veille de la guerre, qu'il en comprenait enfin la nécessité. Mais n'était-ce pas trop tard déjà pour calmer en Asie Mineure les passions surexcitées, pour prévenir un partage de la Syrie entre les puissances européennes qui avaient là-bas, comme nous l'avons vu, de tels appétits et interviendraient si le conflit éclatait entre Arabes et Turcs?

IV

Il est une autre contrée d'Asie, l'Arménie, où le Turc ne se pressa guère de donner aux populations les satisfactions légitimes qu'elles réclamaient.

Les Arméniens sont sujets de trois Empires : La Russie, la Turquie, la Perse. Ils sont restés chrétiens, au milieu des populations islamiques, convertis jadis par Saint-Grégoire l'Illuminateur. Ils ne forment nulle part la majorité, étant mélangés aux tribus Kurdes soumises à la religion du Prophète, vivant de dîmes et d'impositions de toute nature et surtout de pillage. Dans l'Arménie ou Géorgie qui déborde jusqu'en Caucasie russe, dominée par le mont Ararat, s'étendant vers la Mésopotamie, vers a Cappadoce et la Perse, sillonnée par les vallées du Tigre, de l'Euphrate, de l'Araxe, il y aurait environ 3.000.000 d'Arméniens répartis entre les trois Empires[1]. L'Arménie turque, qui seule nous intéresse ici, comprend les six vilayets de Sivas, Erzeroum, Bitlis, Van, Diarbékir, Mamouret-El-Aziz, avec une population de 5.381.535 dont 62 p. 100 de Musulmans (3.891.889 contre 1.385.027 Chrétiens)[2]. Dans cette population se confon-

1. L. de Contenson. *Les Réformes en Turquie d'Asie.* — Paris. Plon, 1913, p. 10.

2. Vital Cuinet. — *Turquie d'Asie, Syrie, Liban, Palestine.* — Paris, Leroux 1896. — D'après une autre statistique de source arménienne, l'Arménie turque, limitée au massif arménien, en y englobant les six vilayets, ne comprendrait que 2.615.000 habitants.

dent avec les Arméniens, des Turcs, des Kurdes, des catholiques, des protestants, des israélites, et, comme les Arméniens ne sont pas la majorité, il y a une question arménienne qui met en cause les droits de la race.

L'Arménie a résisté aux révolutions et aux guerres qui affligeaient l'Empire, et ses souffrances l'ont obligée à présenter des revendications. Les Arméniens constituent une race nombreuse, énergique, tenace et persévérante, et ont été jadis, dans les luttes de Byzance, d'héroïques guerriers. Laborieux, intelligent, l'Arménien, par ses qualités intellectuelles très développées, ses idées politiques et sociales proches de celles de l'Occident, forme une race à part au milieu des populations turques, pour ainsi dire supérieure, et qui s'est maintenue avec son originalité distincte, avec ses qualités propres. Elle a gardé ses mœurs, ses occupations, sa vie agricole et pastorale. Et cependant l'Arménie fut le champ clos des luttes entre les Persans et les Turcs, ravagée, razziée en temps de paix comme en temps de guerre.

Les Arméniens ont leur église à part qui se distingue de l'église grecque et latine, leur pontife, le *Catholicos* d'Etchmiadzin, leurs prêtres mariés, leurs monastères vénérés, leurs écoles, et il y a parmi eux des Arméniens qui relèvent directement de Rome.

Pour se libérer du joug des Kurdes musulmans, les Arméniens se tournent de bonne heure vers le protecteur des Chrétiens, le Tsar. Déjà, sous Pierre le Grand, ils exposent leurs revendications. Catherine II d'abord, puis Nicolas Ier promettent à l'Arménie l'indépendance, et à la suite du traité de Tourkhmantchaï (1829), qui lui donne l'Arménie jusqu'à l'Araxe, la Russie organise l'Arménie en province séparée. L'Arménie apprécie les bienfaits des tsars. Plusieurs de ses dignitaires sont comblés de faveurs à la cour de Pétersbourg, tandis que certains autres veulent se libérer du joug moscovite aussi bien que du joug turc, conquérir l'autonomie, garder leur langue, leur église, pour ne devenir ni orthodoxes, ni russes, ni musulmans, ni turcs.

De 1830 à 1836, l'Arménie obtient cependant, grâce aux efforts de la Russie, puis de la France, de grands avantages pour son église ; les Arméniens catholiques qui relevaient directement de Rome, avec un patriarche et un synode à Constantinople, étaient protégés par la France.

L'influence de la Révolution française s'était manifestée en Asie Mineure comme en Orient, et les populations arméniennes demandaient à juste titre un gouvernement tolérant et des réformes, sinon l'indépendance. Ce mouvement libéral prit surtout de l'extension parmi la Jeune-Arménie qui se pénétrait davantage de la culture occidentale. Déjà cette poussée libérale avait abouti, en 1839, à la création auprès du patriarche de Constantinople, chef officiel de l'Arménie, d'un conseil laïque pour surveiller les affaires civiles et d'un conseil ecclésiastique pour les affaires spirituelles. Mais le peuple n'avait, avec cette organisation mi-théocratique, mi-laïque, aucune part dans le gouvernement; aussi la jeunesse d'Arménie, après 1848, poussa-t-elle énergiquement vers la création d'un régime plus démocratique. La constitution de 1860, ratifiée par la Porte, le 17 mars 1863, établissait le suffrage universel et l'élection à toutes les charges, instituant à Constantinople une Assemblée nationale arménienne de 400 membres, élue pour 10 ans, qui devait contrôler l'administration; le pouvoir était confié au *Catholicos* assisté de deux conseils, l'un religieux, l'autre laïque, nommés par l'Assemblée nationale. Puis, l'instruction était assurée par la création d'écoles et la langue arménienne remise en honneur ; « les traditions et la foi de l'église nationale grégorienne » seraient ainsi conservées.

La Porte, par une politique sage, essaya de gagner la confiance et la sympathie des Arméniens, sans doute pour qu'ils ne soient pas attirés du côté de la

Russie. Tandis que cette puissance cherchait à se les assimiler, la Porte leur donnait plus d'indépendance. C'est ainsi qu'elle utilisait, pour les besoins de l'Empire. les qualités remarquables des Arméniens en leur accordant d'importantes fonctions : « Le sabre aux Albanais, disait-on en Turquie, la plume aux Arméniens. »

Mais pour l'Arménie comme pour les autres provinces de l'Empire, trop d'obstacles s'opposaient à l'établissement d'un régime sage, tolérant, respectueux des libertés. L'administration restait vexatoire, oppressive, accablant d'impôts les populations ; les Kurdes gardaient leurs prétentions, pillaient, se livraient à leurs fantaisies habituelles à l'égard des Chrétiens considérés par eux comme des sujets inférieurs.

Pendant plusieurs années, les Arméniens supportèrent ces vexations de la part des Kurdes. Vint la guerre de 1877 qui amena en Arménie des excès encore plus graves. Le Patriarche s'adressa à la Porte, exposant la situation pitoyable de la nation, demandant la garantie des propriétés, la suppression des redevances dues aux Aghas, le respect des églises et des monastères[1]. La Porte se contenta de faire des promesses. Au moment de l'arrivée des Russes, une explosion de fanatisme musulman éclata; aussi, au traité de San Stefano, la Russie faisait-elle spécifier que « la Sublime Porte s'engageait à réaliser sans plus de retard les améliorations et les réformes exigées par les besoins locaux dans les provinces habitées par les Arméniens, et à y garantir leur sécurité contre les Kurdes et les Circassiens. » Et de son côté l'Angleterre, craignant que la Russie, en intervenant seule en faveur de l'Arménie, n'en tirât de trop gros bénéfices et ne cherchât plus tard à profiter des services rendus pour la placer sous son protectorat, obtint, par la convention du 4 juin 1878, de la Porte, qu'elle « intro-

1. V. Victor Bérard. — *La Politique du Sultan.* — Paris, Collin 1900, p. 143 et suiv.

duisît dans ses possessions d'Asie Mineure toutes les institutions propres à y relever l'état des populations chrétiennes et musulmanes[1] ». Alors le Turc, pour ne pas se laisser devancer par les Russes et les Anglais, s'engageait, par l'article 61 du traité de Berlin qui reproduisait l'article 1er du traité de San Stefano, à donner aux populations arméniennes les réformes nécessaires. Le sort des Arméniens était ainsi placé sous la sauvegarde de l'Europe dont la Porte acceptait le contrôle et à laquelle elle promettait des rapports périodiques. Mais de même que dans l'Empire ottoman la politique réformatrice de Midhat-Pacha était peu à peu abandonnée du Sultan Abd-ul-Hamid, en Arménie également, les réformes ne devaient pas être appliquées. Les stipulations de Berlin étaient dépourvues de sanctions pratiques et subordonnées à la bonne volonté du Sultan. D'autre part, les réformes étaient difficiles à réaliser, car les Arméniens sont mélangés partout aux éléments musulmans et ne constituent la majorité dans aucun vilayet. Les mois passèrent et les réformes ne furent pas effectuées. Les impôts étaient levés arbitrairement et les Kurdes, encouragés par le gouvernement, de plus en plus entreprenants et rapaces.

Les rapports de la Porte n'étaient ni présentés aux puissances ni réclamés par elles. Les Arméniens étaient victimes de la jalousie, de la rivalité de l'Angleterre et de la Russie, qui se surveillaient étroitement et empêchaient toute action réciproque. Le Sultan sentait cette rivalité sourde entre les deux États, et il en profitait pour se faire des Arméniens des clients contre la Russie. De 1800 à 1890, il les combla de faveurs, laissant à leurs églises et à leurs écoles pleine liberté, prenant ses fonctionnaires parmi les Arméniens.

Mais des réformes profondes n'avaient point été

1. Engelhardt. — *La Turquie et le Tanzimât.* — *Op. cit.* T. II, p. 209, 211.

accomplies; il n'existait pour les Arméniens que des faveurs toutes en surface. L'ambassadeur anglais à Constantinople, sir Henry Layard, constatait dans un rapport officiel, en 1880, « qu'aucune des réformes projetées en Asie n'avait été loyalement exécutée. » Le 22 juillet 1880, M. Gladstone disait aux Communes : « Si désireux que nous soyons d'éviter les complications qui naîtraient de la destruction de l'Empire turc, l'accomplissement des devoirs du gouvernement turc vis-à-vis de ses sujets n'est plus pour nous la question secondaire, c'est la question primordiale, c'est le but principal vers lequel tendent nos efforts. Que si la Turquie ne se décide pas à accomplir ses devoirs, son intégrité et son indépendance devront se tirer d'affaire elles-mêmes comme elles pourront.»

Tout dépendait de la faveur du Sultan; on le vit bien, lorsqu'à partir de 1888 celui-ci se rapprocha de la population kurde parce qu'on lui avait soi-disant dénoncé des menées arméniennes. Les préfets soumirent alors à une révision les firmans impériaux accordés aux églises et aux écoles; les exactions dans les levées d'impôts redoublèrent. Les Kurdes, se sentant soutenus, rançonnent les hommes et enlèvent les femmes. Un mouvement arménien se dessine pour protester; des comités nationaux se fondent pour dénoncer les méfaits de l'administration turque; les Arméniens dispersés en France, en Angleterre, en Autriche, en Amérique, s'unissent pour signaler à l'Europe ces multiples violations du traité de Berlin. En mai 1890, éclatent des troubles à Erzeroum, à la suite d'une perquisition dans les églises arméniennes pour y rechercher des armes et des munitions entassées là. La cathédrale est prise de force, profanée, et on n'y trouve aucune arme. Ce fut la fin de la bonne entente entre le Sultan et les Arméniens. Le Sultan sera convaincu que les comités, composés en majeure partie de révolutionnaires russes qui ont formé le plan d'un soulèvement de l'Arménie, ont derrière eux toute la nation. Ceux-ci, il est certain, pousseront les choses à l'extrême, grâce à l'influence qu'ils acquièrent dans les comités de l'*Hindchak* et de *Trochak*. Ils chercheront à rendre nécessaire, à n'importe quel prix et par n'importe quels moyens, une intervention européenne.

Ils font d'abord présenter par leur patriarche de Constantinople aux ambassadeurs des grandes puissances le résumé de leurs vœux : un régime analogue à celui de la Crète et du Liban, un vali chrétien, une fixation régulière des impôts, une gendarmerie indigène pour protéger les populations arméniennes contre les Kurdes, un conseil provincial élu au suffrage universel et une commission européenne de contrôle.

Le gouvernement anglais n'approuva guère le projet d'une assemblée élue rendu difficile par le mélange des races, et il engagea avec les autres gouvernements des négociations qui n'aboutirent point. La Russie était mal disposée envers l'Arménie et hostile en général, à cette époque, à la politique des nationalités qui ne lui réussissait guère en Bulgarie. Elle ne voulait point alors d'une Arménie autonome qui lui barrerait le chemin de l'Euphrate et de la Perse, et qui pourrait tomber sous l'influence de l'Angleterre. Et même le tsar Alexandre III suivait une politique très énergique à l'égard des Arméniens qui, à ses yeux, dans les autres pays du Caucase, avaient acquis une trop grande puissance du fait de leurs richesses et de leur habileté commerciale et financière. La langue russe fut rendue obligatoire dans les écoles, les fonctionnaires durent se convertir à l'orthodoxie. Il fallait russifier l'Arménie.

Abandonnés et des Anglais et des Russes qui les avaient soutenus jadis au congrès de Berlin, les Arméniens n'obtinrent aucune faveur et mécontentèrent davantage les Turcs par leurs démarches près des puissances. Ils se livrèrent à une campagne de presse, organisèrent des meetings chez eux et à l'étranger pour forcer la main à l'Europe. Alors le gouvernement, confondant la population paisible et les comités avec leurs meneurs, usa de mesures violentes; le grand vizir Saïd Pacha déclara que « pour résoudre la question arménienne il fallait supprimer les Arméniens. »

On excita les Kurdes contre les Chrétiens. Ils multiplièrent leurs exigences au point de vue des contributions (le *halif*, le *hala*) qu'ils avaient le droit de lever sur les villages arméniens. Les Chrétiens refusèrent de payer; il y eut échange de coups, des crimes isolés, et le gouvernement décida de réprimer l'insurrection. Du 12 août au 4 septembre 1894, les villages chrétiens du Sassoun : Mouch, Talori, Chenik, Semal, Guéliégusan, Api, Spagank, sont mis à feu et à sang; les Kurdes entrent dans les maisons, pillent, tuent; ceux qui ne se défendent pas sont obligés de creuser les fosses des combattants; il y eut des actes de cruautés inouïes : prêtres écorchés vifs, jeunes filles violées, femmes éventrées, enfants coupés en deux, et cela sous les ordres du maréchal Zekki Pacha. [1] Le Sassoun fut entièrement dévasté.

L'Angleterre intervint, demandant une commission d'enquête que la Porte elle-même nommait, dès le 20 novembre 1894. La commission terminait ses travaux en juillet 1895. La seule sanction fut la révocation du vali de Bitlis. L'enquête établit que les crimes avaient été perpétrés par des soldats réguliers turcs.

Les puissances, pour empêcher le retour de tels faits, présentèrent à la Porte un mémorandum (2 mai 1895), demandant l'exécution des réformes déjà promises et, en plus, un contrôle exercé par elles sur le choix des valis, une perception régulière des impôts, une gendarmerie indigène. La Porte répondit, le 3 juin, par un contre-projet au sujet duquel M. Paul Cambon disait qu'il ne donnait aucune satisfaction. Le Sultan ne voulait

1. *Livre jaune. — Affaires arméniennes*, pièce 10.

à aucun prix du contrôle des grandes puissances, et ne faisait pas de concessions.

Alors, le 28 septembre 1895, les comités arméniens décident de faire une manifestation pacifique à Constantinople pour exprimer leurs désiderata au sujet des réformes à introduire. Le 30 septembre, la procession eut lieu à travers la ville. La police était là. Comme toujours un coup de feu partit qui tua un officier de la troupe ; ce fut le signal d'une décharge générale qui mit en fuite les Arméniens. Les massacres se continuèrent dans le quartier arménien, puis à Trébizonde, Erzeroum, Kighi, Bitlis, Malatia, Mersina, Diarbékir, Arabkir, Mardin, Van, etc.., dans presque toutes les villes d'Arménie.

Les puissances, pendant ce temps, réduisaient les termes de leurs demandes du mois de mai précédent, afin d'amadouer le Sultan, et celui-ci acceptait les propositions faites dans un iradé du 20 octobre qui donnait aux Arméniens les garanties essentielles. Mais ce fut alors au tour des Kurdes d'être mécontents des concessions acceptées par le Sultan ; les massacres reprirent (novembre à décembre 1895). Pendant près de trois mois, la malheureuse Arménie fut mise à feu et à sang et on n'estime pas à moins de 100.000 le nombre des morts. Et même à Marasch, dans une école catholique placée sous notre protectorat, un sujet italien, le père Salvatore, fut massacré et brûlé avec ses compagnons. Le gouvernement français dut intervenir, ce qui entraîna simplement la poursuite et non la punition du colonel ottoman coupable. L'Europe restait indifférente. Elle demandait simplement au Sultan la permission d'envoyer un second stationnaire dans la Corne-d'Or pour protéger les nationaux en cas de nécessité, et les ambassadeurs, de leur côté, étudiaient un programme de réformes.

Les Arméniens, pour pousser l'Europe à intervenir, attaquaient à Constantinople, le 26 août 1896, les bureaux de la Banque ottomane. Alors la colère du Sultan ne connut plus de bornes et, pendant deux jours, à Constantinople, le quartier arménien fut pillé et transformé en un véritable abattoir humain sur les ordres du « Sultan rouge ». On compta plus de 6.000 morts!

En Angleterre, il y eut de nombreux meetings de protestation. Le gouvernement britannique proposa de déclarer au Sultan que « la continuation de la mauvaise administration de son Empire impliquerait pour lui-même la perte de son trône » (16 sebtembre 1896). Le 21 octobre, il communiquait aux cabinets un mémorandum qui rappelait les engagements pris par le Sultan et contenus dans le traité de Berlin; s'il en était besoin, on supprimerait par la force les vices qui font tomber en ruine l'Empire turc[1].

Ce mémorandum n'eut pas de suite. A Constantinople, notre ambassadeur déclarait cependant que l'intervention des six puissances était nécessaire et serait seule efficace. Mais à ce moment-là, le gouvernement se défiait de la politique anglaise et craignait que l'Angleterre ne tirât, au profit de ses intérêts immédiats en Asie Mineure, un trop grand avantage d'une action collective contre la Porte. D'autre part, la Russie était hostile à toute intervention qui préparerait l'autonomie arménienne nuisible à ses projets politiques. La France, d'accord avec la Russie avec laquelle se cimentait l'alliance, au lendemain du voyage du Tsar à Paris (octobre 1896), opposa aux demandes de l'Angleterre le principe de l'intégrité de l'Empire ottoman placé sous la garantie collective des six grandes puissances. Pas de condominium, pas d'action isolée, telle fut la formule. L'Europe prenait en tutelle les populations de l'Empire pour empêcher le retour des massacres[2], mais n'était pas en mesure d'imposer des

1. *Livre Jaune*. — *Affaires arméniennes* — pièce 277.

2. Dépêche de M. Hanotaux à M. Jules Cambon (15 décembre 1896)-*Livre jaune*, pièce 337. « Quant à la question des mesures de coercition, nous ne nous refuserions pas à l'examiner le moment venu, si les puissances étaient unanimes à en reconnaître l'absolue nécessité. »

réformes qui devenaient de plus en plus nécessaires et auxquelles le Sultan se refusait. On avait repoussé à plus tard la solution à adopter, cependant le conflit n'en subsistait pas moins dans ce coin de l'Asie.

Le projet de réformes, sanctionné par la Porte, le 20 octobre 1895, était resté lettre morte, alors qu'il aurait dû être la charte constitutionnelle de l'Arménie. Aussi l'administration était de plus en plus vexatoire; les massacres seuls avaient cessé. De leur côté, les chancelleries étaient heureuses que le silence se fît autour des misères et des ruines accumulées. Et puis la question macédonienne absorbait en Orient toute leur attention.

La Révolution Jeune-Turque devait soulever l'enthousiasme en Arménie, de même qu'en Syrie et dans les autres parties de l'Empire. Les massacres d'Adana (avril 1909) enlevèrent aux Arméniens leurs illusions. Trois villes, soixante-dix villages furent pillés, leurs populations décimées par les Kurdes. Dans les campagnes, leur rage destructive n'épargna pas les récoltes, les machines agricoles, les bêtes de somme. La population crut que le nouveau régime allait frapper les coupables. Ç'était discréditer le gouvernement aux yeux des populations, et celui-ci eut la même attitude, la même mauvaise foi que jadis Abd-ul-Hamid. On traduisit bien les fonctionnaires, témoins impassibles de ces horreurs, de ces crimes, devant une cour martiale, mais en même temps que les Arméniens qui, paraît-il, étaient également responsables. Les uns furent quittes pour des peines légères, les autres exécutés [1]. Le patriarche arménien de Constantinople, Mgr. Archarouni, démissionna (12 septembre 1913), remettant au patriarche des Arméniens, le *Catholicos* Georges V, le soin d'appeler sur le sort des victimes l'attention de l'Europe. Tous ces événements soulevèrent

1. Vr. René Moulin — *Force et faiblesse de la Jeune-Turquie*. — Paris, Plon, 1910, page 26 et suiv.

des colères et des haines violentes dans la population arménienne.

Elle était à bout, ses souffrances avaient été trop grandes ; il fallait des réformes. Les promesses des Vieux-Turcs, comme celles du comité Union et Progrès, avaient été illusoires. Le décret de réformes du 20 octobre 1895 n'avait même pas été appliqué. Les Arméniens demandaient la justice dans l'administration, dans l'impôt, la sécurité pour les populations livrées au despotisme des beys ou aux exactions des Kurdes. Certains parmi eux désiraient une large autonomie comme au Liban et jadis en Roumélie, l'indépendance avec un statut spécial d'une conception qui, sans être impossible, semblait de prime abord difficile à réaliser, tant les populations habitant l'Arménie sont différentes de mœurs et de religions, partout mélangées aux Musulmans sujets de trois empires, réparties aux quatre points de la Turquie et même jusque dans l'Archipel.

La Russie, qui a, sous sa loi, un grand nombre d'Arméniens, dut intervenir diplomatiquement auprès de la Porte pour que des garanties leur fussent accordées. M. de Giers présentait, en juillet 1913, un projet de réformes aux ambassadeurs des grandes puissances ; et le 30 novembre 1913, les délégués d'Allemagne, d'Autriche-Hongrie, de France, d'Angleterre, de Russie et de Suisse se réunissaient à Paris pour examiner la question des réformes arméniennes.

Du reste, la Turquie, assagie par les revers de la guerre balkanique, comprit enfin qu'il fallait accorder des réformes profondes à l'Arménie. Une commission spéciale, comme en Albanie, comme en Macédoine, était envoyée dans les vilayets de Van, Diarbékir, Bitlis, Mamouret, comprenant un inspecteur général et six membres dont trois Musulmans, deux Arméniens, un Chaldéen, sous la présidence d'un conseiller étranger. Elle devait s'occuper de la réforme de la police et de la gendarmerie, et des divers litiges entre Kurdes et Arméniens.

Du reste, l'action de la Russie, soutenue par les grandes puissances, portait ses fruits, et le 8 février 1914, un accord était signé entre la Turquie et la Russie, avec l'assentiment des ambassadeurs des grandes puissances à Constantinople, pour l'amélioration du sort des Arméniens. L'Arménie devait être divisée en deux secteurs ayant à leur tête un inspecteur nommé par la Turquie avec l'assentiment des puissances, le premier secteur comprenant les vilayets de Sivas, Erzeroum, Trébizonde, et le second, les vilayets de Van, Bitlis, Karpout, Diarbékir. Ces inspecteurs européens auraient le contrôle de l'administration, la justice, la police du secteur, le droit de remplacer les fonctionnaires subalternes, de présenter à l'agrément du Sultan les fonctionnaires supérieurs, de les révoquer en prévenant les ministères compétents. Dans chacun des secteurs, les lois et les décrets seraient publiés en langue locale, sauf pour les jugements des tribunaux. Le service militaire local était adopté. Dans les vilayets placés sous la juridiction d'un inspecteur général, un conseil général serait élu par la population. Il discuterait le budget de la province, déciderait des emprunts à faire, élirait un comité de vilayets composé de quatre membres. Ce comité de vilayets aurait pour mission de préparer les lois locales, d'examiner le budget transmis par le vali, d'élaborer le programme des discussions du conseil général.

La Porte semblait devoir entrer sincèrement dans la voie des réformes qui assureraient aux populations chrétiennes la sécurité et la prospérité. Tâche ardue qui suffisait à absorber toute l'attention du gouvernement turc ; l'avenir de l'Empire ottoman dépendait de l'exécution de cette politique réformatrice qui permettrait à l'Asie Mineure de mettre paisiblement en valeur ses vastes richesses laissées en friche par l'inertie du régime.

Mais l'effort à accomplir ne semblait-il pas au-dessus

des bonnes volontés en présence ? De même qu'en Syrie, il se manifestait un peu tard, et ne semblait plus pouvoir donner, à la veille de la guerre européenne, les résultats qu'on aurait pu attendre de réformes effectuées quelques années auparavant.

CHAPITRE X

LA GUERRE BALKANIQUE

I

Nous avons indiqué quels démembrements avait subis l'Empire turc pendant trois siècles, montré l'essor des nationalités balkaniques constituées à son détriment, la ente désagrégation de cet Empire, sous la poussée des forces nationales et par suite de l'absence de toutes réformes sérieuses et durables, au cours du XIXe siècle. Il reste à montrer comment s'est produite la dernière crise qui a provoqué la guerre de 1912, et qui a consommé, avant la folle provocation de novembre 1914, la déchéance de l'Empire turc en Europe.

***

Au lendemain d'Agadir, le gouvernement italien qui voit que la France va établir son protectorat au Maroc, et qui veut avoir la compensation promise par notre accord spécial, adresse à la Turquie un ultimatum lui enjoignant de consentir, dans les quarante-huit heures, la cession de la Tripolitaine (27 septembre 1911). La Turquie, tout en proposant l'ouverture de négociations, n'accorde pas les satisfactions demandées et l'Italie lui déclare la guerre. Dès le 30 septembre, elle envoie une division navale bloquer Tripoli. La Turquie n'a pas de flotte et ne peut défendre la Tripolitaine où l'Italie tente bientôt des débarquements successifs après avoir bombardé les côtes. Les troupes turques qui séjournent en Tripolitaine, même grossies de contingents arabes, après avoir obtenu quelques succès partiels, ne peuvent chasser les envahisseurs. A Constantinople, le cabinet d'Hakki-Pacha, qui n'avait rien préparé et rien prévu, est renversé dès le début de la guerre, et remplacé par Saïd-Pacha qui, quoique animé de tendances conciliantes, est obligé, devant les injonctions de l'élément musulman, de résister aux ambitions italiennes. L'Italie exigeait de la Turquie, — et celle-ci ne pouvait l'accorder, — la reconnaissance de sa pleine et absolue souveraineté sur la Tripolitaine et la Cyrénaïque, tout en s'engageant par ailleurs à respecter l'autorité religieuse et spirituelle du Khalife en Tripolitaine, pourvu que cette autorité ne gênât pas le système administratif et politique du pays.

Pour adopter les vues italiennes, il fallait évidemment que la Turquie s'avouât vaincue ; or, l'Italie rencontrait, malgré son corps expéditionnaire de 100.000 hommes en Tripolitaine, de telles difficultés que la Turquie pouvait espérer résister. Elle perdait bien peu à peu les îles de la mer Égée et de l'Archipel, mais l'Italie ne parvenait pas à forcer les Dardanelles ; une seule chose pouvait amener la Turquie à céder : l'impossibilité où elle était de ravitailler la Tripolitaine en hommes et en vivres, et surtout ses difficultés financières. D'autre part, dès la fin de juin 1911, on signalait de nombreuses révoltes de soldats et d'officiers à Monastir et dans les principaux centres albanais.

A cette époque, malgré un raid audacieux des torpilleurs italiens qui essayèrent, mais en vain, de couler les cuirassés ottomans dans les Dardanelles, la Turquie ne subissait en somme aucun dommage militaire essentiel; en Tripolitaine, les progrès italiens étaient très lents.

Or, les troubles d'Albanie vont déterminer une action intérieure énergique d'une nouvelle Ligue composée d'officiers qui en voulaient à mort à Mahmoud Chevket, ministre de la Guerre, et aux membres influents du Comité Union et Progrès, leur reprochant leur inaction militaire. Il faut bien remarquer, en effet, que le régime qui succéda à la Révolution ottomane de 1909 n'avait qu'une façade parlementaire et était, en réalité, un régime de dictature militaire, où l'armée, sous les ordres de son grand chef Mahmoud Chevket, formait l'ossature du système politique et était toute puissante. Si l'armée n'obtenait pas de succès, et notamment dans la guerre contre l'Italie, où — certains le pensaient — elle pouvait donner la preuve de sa fidélité, il est évident que le mécontentement ne ferait que grandir de toutes parts, et le nouveau régime perdrait de sa puissance.

La révolte naquit en Macédoine[1], comme en 1909, d'une mutinerie militaire, qui s'aggrava du fait du soulèvement albanais. Devant l'attitude hostile de la Ligue militaire, le cabinet Saïd Pacha, et notamment le ministre de la Guerre démissionnèrent; Ghazi-Mouktar, le héros de la guerre russo-turque, fut chargé du ministère avec les grands noms de la Vieille Turquie : Férid, Kiamil, Noradounghian, Nazim, la victime de Mahmoud Chevket.

Les chefs du Comité Union et Progrès essayèrent de résister, en s'appuyant sur la Chambre des Députés, favorable dans sa grande majorité à leur politique, mais le nouveau gouvernement prononça la dissolution de la Chambre, et le Comité, qui n'était pas soutenu par l'armée et même par la garnison de Salonique, berceau de sa puissance, dut s'incliner. D'autre part, les difficultés albanaises, les nuages noirs qui s'amoncelaient

1. Voir plus haut chapitre IX, p. 191 et suiv.

du côté de la Bulgarie, de la Serbie et du Monténégro, donnaient à réfléchir aux hommes d'État turcs.

Les Albanais[1], qui formaient le seul élément capable de soutenir la Turquie en Europe, se révoltaient contre un régime qui avait fait peser sur eux une tyrannie intolérable, les soumettant à un véritable caporalisme prussien. Leur soulèvement avait été une des causes de la chûte du Comité; or, il prenait des proportions de plus en plus grandes. Uskub tombait entre les mains des montagnards (août 1912), et un de leurs détachements poussait jusqu'à Salonique. Le gouvernement se décidait à leur accorder la plupart de leurs revendications, presque l'autonomie, mais en refusant de mettre en accusation les anciens ministres et de leur restituer leurs armes, comme ils le demandaient.

Devant ces concessions importantes, les Albanais obtenaient bien de regagner leurs villages et d'abandonner Uskub, mais il y avait la contagion de l'exemple, et des troubles éclatèrent en Macédoine et dans les pays limitrophes. Sur la frontière turco-monténégrine, Turcs et Monténégrins entrèrent en lutte. En Bulgarie, l'état de l'opinion publique était des plus inquiétants ; à la suite des massacres de Kotchana, la population de Bulgarie était excitée au plus haut point, et des meetings de protestation se tenaient un peu partout, réclamant la guerre immédiate, blâmant les hésitations du gouvernement et du roi Ferdinand.

En Serbie, quoiqu'on fût plus calme, on ne pouvait rester indifférent aux manifestations de l'opinion publique d'autant plus qu'on signalait à Siénitra un massacre des Serbes par les Turcs. En Grèce enfin, éclataient sur la frontière des incidents sanglants.

La situation de la Turquie était des plus périlleuses,

1. Voir plus haut chapitre IX, p. 197 et suiv.

par suite de l'excitation des populations chrétiennes des Balkans et de la guerre avec l'Italie. Or, à ce moment, le comte Berchtold, ministre des Affaires étrangères d'Autriche-Hongrie, prenait l'initiative d'une proposition, soumise aux chancelleries, qui conseillait à la Turquie d'appliquer en Macédoine un programme de décentralisation, et invitait les cabinets à donner des conseils de sagesse à Sofia, à Belgrade, à Athènes et à Cettigné. S'agissait-il de sauver la Turquie, en lui permettant de réaliser, mais un peu tard, en Albanie et en Macédoine, des réformes qu'elle se montrait incapable d'effectuer elle-même, ou bien voulait-on mettre un frein au débordement des passions nationalistes dans les États des Balkans ? En tout cas, le règlement des questions balkaniques, consoliderait le gouvernement turc et lui donnerait la force nécessaire pour conclure la paix avec l'Italie. En réalité, la proposition du comte Berchtold, qui n'était qu'une intervention plus ou moins déguisée dans les affaires intérieures de la Turquie, n'était pas faite pour renforcer, à l'égard des États balkaniques, l'influence du gouvernement ottoman ; elle se trouvait obtenir ainsi un résultat contraire à celui que peut-être elle cherchait.

La situation faite à la Turquie, et par la crise albanaise, et par l'attitude des États chrétiens limitrophes, et par la note de l'Autriche, donna à réfléchir au nouveau personnel politique. Il comprit qu'il fallait faire la part du feu, et abandonner la Tripolitaine à l'Italie, pour s'occuper de la réorganisation de l'Empire. Des négociations s'engagèrent, d'abord secrètement, avec des agents sans mandat officiel, aussi bien du côté de l'Italie que du côté de la Turquie, à Ouchy (25 août 1912). Il est certain qu'une paix prochaine avec l'Italie donnerait à la Turquie la liberté de ses mouvements. Si d'autre part le nouveau gouvernement, en accordant des avantages notables aux Albanais, en réglant les difficultés macédoniennes avec un large programme de décentralisation, donnait satisfaction aux aspirations nationalistes, l'Empire se trouverait consolidé à la satisfaction des Allemands. Ce que l'Allemagne craignait et redoutait avant tout, c'était un affaiblissement trop grand de la Turquie et le renforcement des États balkaniques : elle favorisa donc par ses conseils énergiques, à Constantinople, les pourparlers d'Ouchy.

D'autre part, il était évident que si les États balkaniques voulaient assurer le triomphe de leurs revendications, il était temps d'agir. Ils avaient laissé passer l'occasion d'attaquer la Turquie au début de la guerre avec l'Italie et au moment où l'agitation albanaise était devenue redoutable pour elle ; aujourd'hui que la Turquie était sur le point de signer la paix et cherchait peut-être, sur les conseils de l'Autriche et de l'Allemagne, à pacifier l'Empire, il n'y avait plus une minute à perdre. La coalition va donc se nouer entre les États balkaniques : une nouvelle phase s'ouvrira dans cette éternelle question d'Orient, pour aboutir cette fois à l'anéantissement de la puissance militaire turque en Europe.

En présence de l'agitation du parti macédonien, la mobilisation turque entraîna la mobilisation des Bulgares qui n'attendaient qu'un prétexte pour intervenir. Ils avaient, depuis le 13 mars 1912, une convention avec le gouvernement serbe, avec le Monténégro et la Grèce (19 mai). La Serbie, elle aussi, mobilisa et la Grèce appela sous les armes ses réserves et sa flotte. La Confédération balkanique, qui aurait pu être un instrument de paix, et à laquelle la Turquie s'était tant de fois opposée, était enfin conclue, mais en vue de la guerre (30 septembre) [1]. Des démarches de la Russie et de l'Autriche auprès des alliés ne purent retarder le conflit (7 octobre). Du reste, en présence des hésitations qui se manifestèrent, le Monténégro déclarait la guerre à la Turquie (8 octobre).

1. Voir notre article dans le *Mois Colonial* de Mai 1910 : *La Confédération balkanique.*

La Porte se décida à faire des concessions; elle remercia les puissances de chercher à éviter un conflit, et affirma son intention de réaliser les réformes promises en dehors de toute influence étrangère; c'était un peu tard. D'autre part, elle signait la paix avec l'Italie (15 octobre). L'Italie proclama son entière souveraineté sur la Lybie, sans exiger de la Turquie qu'elle reconnût l'annexion. La Turquie s'engageait à rappeler de Tripolitaine ses officiers et ses soldats, et à cesser de fournir aux Arabes des munitions et de l'argent; en revanche, l'Italie s'engageait à restituer à la Turquie les îles de la mer Égée qu'elle occupait.

Mais sur le continent, les événements militaires se précipitaient. Les armées des Alliés entraient en campagne, et l'armée turque, jadis si remarquable et qui avait donné dans la guerre de 1877 tant de preuves d'héroïsme, était battue; en moins de deux semaines, la Macédoine se trouvait bloquée, les Turcs défaits à Koumanovo, d'un côté, et de l'autre, à Kirk-Kilissé et à Lulé-Bourgas; Andrinople était investie.

Peu à peu, la Turquie perdait Monastir dont les Serbes s'emparaient, puis Salonique où entraient les Grecs, et le 14 novembre, elle faisait des propositions directes aux États balkaniques en vue d'un armistice. La puissance militaire turque, que les instructeurs allemands n'étaient pas parvenus à conserver, avait cessé d'exister.

II

Devant les exigences des Bulgares, qui demandaient Scutari, Andrinople et les lignes de Tchataldja, les Turcs d'abord se montrèrent intraitables. Mais les Alliés étaient épuisés, et les Bulgares surtout ne parvenaient pas à enlever les lignes de Tchataldja. Ils diminuèrent leurs prétentions, et finalement l'armistice était signé le 3 décembre; les négociations de paix devaient s'engager à Londres. D'un côté, se réunissaient, au ministère des Affaires étrangères, les ambassadeurs des grandes puissances pour échanger leurs vues au sujet des modifications qui résulteraient de la guerre des Balkans, tandis que le 16 décembre, Sir E. Grey inaugurait la conférence de Londres, entre les délégués turcs et ceux des Alliés.

Les négociations se poursuivirent pendant plus d'un mois. Après de grandes hésitations, le gouvernement ottoman se résolut à céder la Macédoine, l'Épire, une partie de la Thrace et la Crète ; mais au nombre des demandes des Alliés, il n'acceptait pas l'abandon d'Andrinople et des îles. Les ambassadeurs des grandes puissances firent une énergique pression à Constantinople (17 janvier 1913), conseillant au gouvernement turc d'accorder Andrinople aux Bulgares, et de s'en rapporter à l'Europe au sujet des îles. Le 22 janvier, le grand Divan consentait les cessions demandées, lorsque le lendemain tout était remis en question à la suite du coup d'État Jeune-Turc, opéré par Enver Bey, et qui coûtait la vie au ministre de la Guerre, Nazim Pacha, tué à coups de révolver.

Mahmoud Chevket Pacha était nommé Grand Vizir, et la réponse du nouveau gouvernement, envoyée le 30 janvier, à Londres, était un refus au sujet des îles et d'Andrinople, dont toute une partie resterait turque. La Turquie faisait preuve d'énergie, mais trop tard encore. Depuis près d'un siècle, le gouvernement turc rassemblait toujours ses efforts dans une lutte désespérée, alors que des concessions effectuées au moment propice auraient pu le sauver; ces résistances suprêmes ne pouvaient être profitables à la Turquie. Les Alliés, enhardis par leurs succès précédents, auraient facilement raison des Turcs, et sur mer, la flotte grecque était bien supérieure à la leur. La Turquie était épuisée et bientôt elle faisait savoir aux grandes puissances qu'elle acceptait leur médiation. Celles-ci transmirent la proposition turque aux Alliés qui maintinrent leurs exigences précédentes, en demandant en plus les territoires situés à l'ouest de la ligne Rodosto-Cap Malatra. La Turquie déclara, le 5 mars, qu'elle acceptait sans réserve l'intervention des puissances ; Andrinople tombait du reste le 26 mars, sous l'effort conjugué des Bulgares et des Serbes, et Janina était bientôt emportée par les Grecs. La Turquie ne pouvait plus résister.

Il restait encore Scutari qu'assiégeaient désespérément les Monténégrins, et qui, on le pensait, ne tarderait pas à succomber. Or, l'Autriche qui, depuis plusieurs mois, avait mobilisé son armée, quoique la Russie restât pacifique, prit prétexte d'incidents banals : arrestation et mort d'un prêtre catholique albanais à Ipek, de mesures de violence à l'égard d'un bateau austro-hongrois à Saint-Jean-de-Médua, du bombardement du consulat autrichien et de quelques établissements religieux à Scutari, pour adopter une attitude comminatoire, exigeant l'abandon du siège de Scutari (25 mars). Pour obliger le roi Nicolas à céder, le gouvernement autrichien, qui décidément mène l'Europe, demande des mesures coercitives. Mais il n'est pas dans l'intérêt de la Triple Entente d'agir seule contre le Monténégro ; aussi décide-t-elle, avec les autres puissances, le blocus du littoral monténégrin, à l'exception de la Russie qui délègue son mandat à la France et à l'Angleterre (10 avril). Or voici que, le 25 avril, Scutari se rendait aux Monténégrins ; l'Autriche était jouée. Il lui faut à tout prix obliger le roi Nicolas à sortir de Scutari ; elle exige des puissances un débarquement. C'est alors que, sur les instances de la Russie, le roi de Monténégro évacue Scutari. Pour la seconde fois depuis 1909, la Russie s'inclinait devant les exigences autrichiennes, et abandonnait la cause slave.

Tandis que les événements de Scutari créaient des

difficultés parmi les grandes puissances, les États balkaniques, après de longs pourparlers, rendus difficiles par la question des îles et les prétentions bulgares d'obtenir la ligne de Rodosto–Malatra, lorsque les Turcs n'accordaient que la ligne Enos-Midia, signèrent la paix à Londres (30 mai 1913). Les Bulgares acceptèrent la ligne allant d'Enos, sur la mer Égée, à Midia sur la mer Noire. Les grandes puissances devaient statuer sur le sort des îles.

Mais la paix de Londres qui consacrait la défaite irrémédiable de la Turquie allait avoir d'autres conséquences.

* * *

Les frontières d'Albanie n'étaient pas déterminées ; les puissances allemandes prétendaient écarter la Serbie du territoire albanais, pour ne pas lui donner un débouché sur l'Adriatique, et les Grecs n'obtenaient aucune garantie en ce qui concernait l'Épire et les îles. Il y avait là des difficultés à résoudre auxquelles les grandes puissances seraient mêlées, d'autant plus que, d'après le traité de paix, elles n'étaient pas seulement médiatrices, mais arbitres, dans les questions qui n'étaient pas définitivement résolues. D'autre part des contestations allaient s'élever, également entre les alliés de la veille, notamment au sujet de la répartition des territoires conquis sur les Turcs.

Par le traité du 13 mars 1912, la Bulgarie et la Serbie se reconnaissaient la possession de territoires en Macédoine, entre lesquels se trouvait une partie contestée, constituée par les gazas de Koumanovo, Uskub, Kitchevo et Dibra, dont l'attribution devait être soumise à l'arbitrage de la Russie. Les Bulgares demandaient l'exécution intégrale de ce traité. Les Serbes répondaient, non sans raison, qu'à la suite du grand concours de troupes et de canons qu'ils avaient fournis aux Bulgares devant Andrinople, alors que ceux-ci n'avaient pas complètement exécuté la convention de septembre, d'après laquelle ils devaient donner 100.000 hommes à la Serbie, ils revendiquaient la possession de cette zone contestée et des villes qu'ils occupaient au delà, principalement Monastir. Ils faisaient remarquer encore qu'ils avaient dû s'interdire, dans l'intérêt de la paix européenne, des débouchés sur la mer Adriatique, en laissant constituer l'Albanie autonome.

Puis il y avait des discussions entre Grecs et Bulgares, les Bulgares réclamant Salonique où ils déclaraient être entrés les premiers à la tête de leurs troupes. En présence de cet état de tension qui existait entre Bulgares et Serbes au sujet de l'attribution des territoires macédoniens, l'empereur de Russie fit entendre des conseils de prudence, les invitant à accepter son arbitrage. Mais la Bulgarie exigeait que cet arbitrage portât sur les territoires mentionnés, et qu'au préalable la Serbie les évacuât (11 juin), condition que celle-ci craignant de se trouver lésée, ne pouvait accepter.

Pendant que les négociations se poursuivent, et qu'on attend le résultat de l'arbitrage du Tsar, les Bulgares attaquent subitement les avant-postes serbes et grecs (nuit du 29 au 30 juin). Et cependant la Roumanie, qui n'avait pas obtenu dans la dernière guerre les territoires qu'elle ambitionnait, et qui n'avait reçu que la ville de Silistrie (protocole de Saint-Pétersbourg du 15 avril 1913), avait laissé comprendre qu'en cas de guerre nouvelle, elle demanderait des compensations. Comment la Bulgarie, menacée par les Turcs au sud, en présence des armées grecques et serbes bien entraînées et de la forte armée roumaine, put-elle commettre ce coup de tête ? Son attaque brusquée, « à l'allemande », ne lui réussit pas. Tandis que les Roumains pénètrent en Bulgarie, sans rencontrer de résistance (10 juillet), les troupes serbo-grecques repoussent partout les Bulgares ; les Turcs s'emparent d'Andrinople et occupent la Thrace (22 juillet).

Le 30 juillet, les délégués des quatre États balkaniques, réunis à Bucarest, décidaient la conclusion d'un armistice de cinq jours. Voilà, en moins de quatre semaines, par un curieux retour des choses, la Bulgarie envahie. Le 10 août, le traité est signé entre les puissances belligérantes. La nouvelle frontière serbo-bulgare, en Macédoine, suivait la ligne de partage des eaux entre la Strouma et le Vardar, laissant Stroumitza à la Bulgarie, Kotchana et Radovitch à la Serbie. La frontière serbo-grecque partait du sud-ouest du lac Doiran, jusqu'au nord de Vodéna que conservait la Grèce ainsi que Florina. Du lac Doiran, la frontière bulgaro-grecque se dirigeait, à l'est, le long des monts Belachitza, jusqu'à la rivière Mesta qui sépare les deux pays. La Grèce gardait Démir-Hissar, Sérès, Drama et Cavalla; la Roumanie s'étendait jusqu'à la ligne Turtukaï-Baltchick. La Serbie et la Grèce obtenaient une grande partie de la Macédoine au détriment des Bulgares. D'autre part, les Turcs prétendaient conserver Andrinople et tout le territoire entre cette ville et la ligne Enos-Midia qui, d'après le protocole de Londres, formait la frontière avec la Bulgarie.

En résumé, la seconde guerre balkanique avait affaibli les Alliés par rapport à la Turquie, qui se renforçait d'une partie des territoires qu'elle avait précédemment perdus. Après les victoires écrasantes des Bulgares, en novembre 1912, Constantinople avait été menacée et les lignes de Tchataldja, à quelques kilomètres de la capitale, avaient formé le dernier rempart de l'armée turque; celle-ci fut sur le point d'être chassée définitivement d'Europe. Depuis la seconde guerre, la Turquie, en reconquérant une partie de la Thrace, constituait, grâce à Andrinople, une défense avancée de la capitale; elle était ainsi délivrée d'une grave menace. Les ambassadeurs des puissances, réunis à Londres, invitèrent les Turcs à respecter les stipulations du traité de Londres et à se retirer derrière la ligne Enos-Midia; la Turquie répondit qu'elle n'abandonnerait pas Andrinople. Qui voudrait entrer en campagne pour l'en chasser?

Cette même commission, qui devait régler la situation de l'Albanie et des îles, termina ses travaux, le 10 août. Elle décida que l'Albanie serait érigée en Principauté, sous la souveraineté d'un prince nommé par les six représentants des puissances et par un représentant de l'Albanie. Elle délimita les frontières méridionales de l'État factice qu'elle venait ainsi de créer; elle attribuait à l'Albanie des villes et des territoires incontestablement de population grecque. D'autre part, elle réglait la situation des îles de la mer Égée : il était décidé que lorsque la Turquie aurait satisfait aux stipulations du traité de Lausanne, en rappelant toutes ses troupes de Tripolitaine, l'Italie évacuerait les Sporades, et le sort de toutes les îles de la mer Égée serait fixé par les puissances.

*
* *

Les protocoles qui venaient d'être conclus ne mettaient point fin aux difficultés orientales. La Bulgarie sortait irritée de cette seconde guerre qui lui enlevait Andrinople, ne lui permettait plus de satisfaire ses ambitions sur Salonique, Cavalla, Monastir, et l'obligeait à céder les territoires que la Roumanie s'appropriait. Elle ne cherchera qu'une occasion de réparer les pertes subies. D'autre part, la question des îles amènera probablement des contestations entre l'Italie et la Turquie, et entre la Turquie et la Grèce. Quant à l'Albanie ceux qui l'ont étudiée de près reconnaitront que l'État ainsi formé ne pouvait pas durer. Il était constitué pour satisfaire les ambitions autrichiennes, au détriment des intérêts serbes et des prétentions italiennes; il était surtout contraire au vœu des populations grecques de l'Épire. Ce nouvel équilibre des

Balkans, était instable. Au bout d'une année à peine, il subissait déjà de telles atteintes, qu'on pouvait en prévoir une modification radicale.

Il restait, en effet, bien des difficultés à régler dans les Balkans, d'abord entre la Turquie et la Bulgarie. Le 8 septembre, des négociations s'ouvraient à Constantinople entre les délégués bulgares et les délégués turcs pour conclure un traité de paix. Un instant, on crut qu'elles échoueraient par suite du désir de la Bulgarie de ne pas abandonner un des faubourgs d'Andrinople, Kirk-Kilissé, et la frontière obtenue au traité de San Stefano. La frontière qu'elle proposait, suivant le cours de la Maritza, lui aurait laissé, en plus de Demotika, la voie ferrée qui relie Andrinople au port bulgare de Dédéagatch; la Bulgarie demandait même l'embouchure du fleuve et une bande de territoire sur la rive gauche de cette embouchure. Or, les Turcs voulaient conserver, non seulement la ville d'Andrinople, mais Kirk-Kilissé, le golfe d'Iniada, et la voie ferrée en question, c'est-à-dire toute la rive droite de la Maritza. Les délégués bulgares offrirent une résistance bien moins opiniâtre qu'on ne l'aurait supposé, si ce n'est sur l'attribution définitive de Demotika, car, grâce à la possession de cette ville, ils pouvaient construire une ligne qui irait de Dédéagatch à Mustapha-Pacha, sans passer en territoire turc. La Turquie tenait à Demotika pour assurer la défense d'Andrinople; or, la Bulgarie qui, en cette circonstance, n'était guère soutenue par l'Europe, désireuse de ne pas froisser la Turquie, céda sur tous les points. La Turquie gardait la voie ferrée d'Andrinople à Dédéagatch, l'embouchure de la Maritza, — ce qui lui permettait de fermer la ville dans la région de Demotika — Kirk-Kilissé, Andrinople, la grande métropole musulmane. La frontière, aboutissant à la mer Noire et au nord du golfe d'Iniada, ne laissait à la Bulgarie que le district de Tirnovo.

III

Si ce traité, qui fut signé le 29 septembre 1913, était plus avantageux pour la Bulgarie que celui de San Stefano, — la grande Bulgarie de cette époque, tout en s'étendant plus au nord dans la Thrace, laissait à l'écart Dédéagatch, — elle n'acquérait pas du moins, comme elle l'eût désiré, des avantages appréciables sur la mer Égée. La partie de la Bulgarie située sur cette mer était en effet séparée du reste du royaume, car la voie ferrée qui la traverse est turque d'un côté, et grecque de l'autre. Les contrées bulgares de la haute Strouma et de la haute Mesta n'ont pour débouchés que des ports grecs, et Dédéagatch, port bulgare, n'est pas en communication directe avec les autres contrées balkaniques et l'Europe. Quant au port de Lagos, il n'a pas d'importance appréciable. D'autre part, les stipulations du traité de Bucarest assuraient à la Bulgarie, malgré le partage que lui imposèrent les Alliés, certains avantages qu'annulait le traité de Constantinople. Par le traité de Bucarest, la Bulgarie gagnait encore près de 500.000 habitants; avec les pertes subies au traité de Constantinople, elle n'obtenait, après un an de guerre, aucun accroissement en population, tandis que la Grèce s'augmentait de 2.600.000 habitants, la Serbie de 1.210.000, le Monténégro de 230.000, la Roumanie de 285.760 habitants. Pourquoi les Bulgares avaient-ils cédé si vite devant les exigences turques? Etait-ce parce que leur armée ne pouvait plus résister? ou bien, n'était-ce pas plutôt pour gagner les bonnes grâces de la Turquie, afin de préparer la revanche contre les Serbes et les Grecs, et conquérir plus tard Monastir, berceau de leurs hommes d'Etat, Cavalla et Salonique, les ports les plus riches de la côte? Ainsi, dans les mois qui vont suivre, planera sur les difficultés balkaniques une menace d'entente turco-bulgare qui ne laissera pas d'être grave.

Il existait, d'autre part, des sujets d'inquiétude en Albanie, où certains chefs, peut-être soutenus par les intrigues des Bulgares de Macédoine, entreprenaient une sorte de guerre d'affranchissement contre les Serbes. Le 21 septembre, la Serbie faisait remettre une note aux puissances, disant qu'elle serait probablement obligée de réoccuper certains points stratégiques de l'Albanie autonome qu'elle devait évacuer, pour se conformer aux stipulations du traité de Londres, et elle mobilisait les divisions de la Morava. L'Autriche et l'Italie laisseraient-elles les Serbes s'avancer ainsi en Albanie ? D'autre part, les Bulgares ne trouveraient-ils pas là une occasion d'assouvir leur rancune?

Le 20 octobre, l'Autriche-Hongrie adressait brusquement un ultimatum à la Serbie, demandant l'évacuation par ses troupes de tout le territoire albanais. Elle voulait empêcher la Serbie d'occuper certains points militaires importants de l'Albanie, et de se faire reconnaître plus tard des droits à un débouché sur l'Adriatique ; elle voulait aussi lui créer des difficultés à propos du règlement de l'affaire des chemins de fer orientaux.

La compagnie des chemins de fer orientaux, dont les titres étaient en grande partie aux mains des banquiers austro-hongrois, possédait une ligne de Krania à Salonique par Uskub-Mitrovitza et d'une grande importance pour la Serbie. Les actions de ce chemin de fer étaient, avant la guerre, détenues par la *Deutsche-Bank* ; le gouvernement serbe désirait, soit racheter cette ligne, afin d'en posséder le contrôle, soit la constituer en réseau international, comme la chose avait été décidée pour le Danube-Adriatique. Or, les Autrichiens voulaient garder, grâce à cette ligne, un débouché vers Salonique, pour eux d'une importance exceptionnelle, ou, si la ligne était internationalisée, conserver, dans le contrôle de la compagnie, une influence prépondérante. En lançant son ultimatum, l'Autriche pensait intimider la Serbie, la réduire plus aisément à ses vues ou la pousser à la guerre.

Il existait encore tant de contestations entre la Turquie et la Grèce, à propos de l'attribution des îles, que l'Autriche avait évidemment le désir, par son ultimatum, de paralyser la Serbie, au cas où un conflit éclaterait entre ces deux puissances. Les Turcs et les Grecs n'avaient pas signé la paix depuis la dernière guerre ; la conclusion d'un traité rencontrait de nombreuses difficultés. La Grèce revendiquait les îles de population grecque, non pas comme une « conquête », mais comme un patrimoine national; elle demandait, par exemple, Chio et Mitylène, mais là ses prétentions étaient directement contraires à celles de l'Italie qui les occupait. La Turquie évidemment ne voulait pas abandonner aux Grecs les îles voisines de l'Asie Mineure, et déclarait qu'il était suffisant pour eux d'avoir Thasos et Samothrace.

D'autre part, la Grèce éprouvait des difficultés avec les puissances de la Conférence de Londres, au sujet de la délimitation de l'Albanie méridionale. Les membres de la Commission de délimitation, nommés par la Conférence de Londres, devaient, le 30 novembre, terminer leurs travaux, et le 31 décembre, les territoires attribués à l'Albanie seraient évacués et par les Serbes et par les Grecs. Or, les commissaires rencontraient dans les pays de l'Épire habités par des populations grecques une grande opposition, celles-ci éprouvant une appréhension légitime à tomber sous la domination du nouvel État créé par l'Europe. L'Autriche, enhardie par le succès de son ultimatum à la Serbie qui obligeait cette puissance à s'incliner devant la force, aidée de l'Italie dont les ambitions dans l'Albanie méridionale étaient évidentes, lança, le 30 octobre, un ultimatum à la Grèce, lui demandant d'abandonner, avant le 31 décembre, le sud des territoires attribués à l'Albanie par la Conférence de Londres. Il fallait, d'après l'Autriche et l'Italie, qu'avant le 31 décembre, quelles que fussent les difficultés de la délimitation dans des pays aussi pénibles d'accès, quelle que fût la population du territoire contesté, celui-ci fût attribué en bloc à l'Albanie.

Or, le 31 décembre, la Commission de délimitation n'avait pu achever ses travaux, ne parvenant pas à faire la différence entre ce qui était albanais et ce qui était hellène, comprenant mal les idiomes locaux, gênée par les prétentions de l'Autriche et de l'Italie. D'ores et déjà, il semblait qu'Argyrokastro et Koritsa, de population grecque, reviendraient à l'Albanie, et d'avance les Grecs protestaient avec énergie.

Le gouvernement britannique prit en main, d'accord avec les gouvernements français et russe, la défense des intérêts grecs, et adressa aux puissances de la Triple Alliance une proposition de règlement de la question de l'Épire et des îles de la mer Égée. D'abord, la Grèce obtiendrait un mois de répit pour évacuer l'Albanie. On relierait ensuite, par la ligne la plus courte, à travers le territoire contesté, les points extrêmes des deux tracés partant, l'un du lac d'Ochrida, l'autre de l'Adriatique que la Conférence de Londres avait déterminés sans chercher à préciser, par de vaines recherches ethniques, l'attribution exacte des territoires. La Grèce perdrait ainsi, par ce partage brutal, des territoires helléniques, tels que ceux d'Argyrokastro, Koritsa, Prémeti, Liaskovik, Herseg. En revanche, elle aurait des compensations dans la mer Égée, à l'exception d'Imbros et de Ténédos, situées à l'entrée des Dardanelles, et que la Turquie ne voulait pas abandonner, car elle se verrait fermer l'entrée du détroit. Elle conserverait les autres îles qu'elle occupait, telles que Thasos, Samothrace, Lemnos, Mitylène, Chio, Samos ; d'autre part, l'Italie devrait évacuer les Sporades, car il ne restait plus en Tripolitaine de combattants turcs ;

ainsi se trouveraient exécutées les stipulations du traité de Lausanne (13 décembre 1913).

Les puissances de la Triple Alliance mirent un certain temps à répondre à la note britannique. L'Italie, visée directement, avait de grandes répugnances à décider l'évacuation des îles qu'elle occupait. Sir Edward Grey avait proposé la date du 18 janvier 1914, pour l'abandon par la Grèce des territoires albanais fixés par la Commission internationale. Le 14 janvier, la Triple Alliance consentait à ce que les troupes helléniques ne fussent pas retirées quatre jours plus tard de ces territoires, se contentant de la promesse formelle de la Grèce. Elle acceptait, d'autre part, les propositions anglaises au sujet des îles de la mer Égée, mais l'Italie faisait savoir une fois de plus qu'elle évacuerait les Sporades, le jour où les stipulations du traité de Lausanne seraient réalisées [1].

La Grèce, quoique relativement satisfaite du côté des îles, n'abandonnait qu'à regret les territoires épirotes, et la Turquie voyait avec un vif déplaisir les belles îles de Chio et de Mitylène, dont la possession lui tenait tant à cœur, attribuées à la Grèce. C'est ainsi que les décisions adoptées par les grandes puissances n'arrivaient à contenter en Orient aucun des intéressés, les uns perdant des territoires qu'ils détenaient depuis des siècles, les autres n'acquérant pas ceux qu'ils se voyaient en droit de réclamer, au nom du principe des nationalités.

IV

Il y avait enfin, à côté de ces questions brûlantes, la situation particulièrement difficile de l'Albanie que l'Europe, si malencontreusement inspirée par la Triple Alliance, avait créée de façon arbitraire. Comment pou-

1. Voir article du C[t] de Thomasson dans *Questions diplomatiques et coloniales*, du 1er fév. 1914 : *Appréhensions en Orient, péril en Allemagne.*

vait-on décider que l'Albanie deviendrait un État, alors qu'elle n'en remplissait pas tous les caractères constitutifs, puisqu'elle n'était formée que de tribus qui ne reconnaissaient pas une autorité commune. En Albanie, c'était le désordre, le chaos; il y régnait une ombre de gouvernement, le meilleur fonctionnant encore à Scutari, occupé par des détachements internationaux, et dans les territoires épirotes, aux mains des Grecs. La Commission de délimitation ne parvenait pas à faire régner l'ordre dans ce malheureux pays; il en était ainsi de la Commission de contrôle internationale, entre les mains de laquelle le gouvernement provisoire, créé après la guerre balkanique sous la direction d'Ismaïl-Kemal-Bey, avait remis ses pouvoirs, le 22 janvier.

Voilà où conduisait la politique ambitieuse de l'Autriche. Le souverain même qu'elle avait fait nommer, de concert avec l'Allemagne, le prince de Wied, d'origine allemande, n'arrivait pas à quitter Postdam, voyant qu'il lui faudrait trop d'argent pour pacifier l'Albanie. Les divers candidats albanais, soit Essad Pacha, dont les bandes attaquaient la ville d'El-Bassan (8 janvier 1914), soit Izzet Pacha, se servant pour soutenir sa candidature de l'élément musulman et essayant vainement de débarquer en Albanie, ne faisaient que compliquer par leurs intrigues une situation singulièrement difficile. Enfin, le prince de Wied, après avoir demandé qu'un emprunt de 70 millions lui fût garanti par les puissances, et avoir accepté, en attendant, une avance de dix millions que lui faisaient l'Autriche et l'Italie, débarquait le 6 mars, à Durazzo. Il prenait, comme nouveau souverain du peuple albanais, le nom de Guillaume Ier.

Or, les chefs locaux se disputaient le pouvoir; l'élément musulman s'agitait, mécontent d'avoir un prince chrétien, et les Épirotes, arbitrairement incorporés à l'Albanie, déclaraient qu'ils résisteraient les armes à la main aux décisions de la Commission internationale, préférant constituer une république autonome.

La question de l'Épire n'était pas en effet réglée, par la réponse de la Triple Alliance du 14 janvier à la note du 13 décembre. Le gouvernement britannique, d'accord avec les cabinets de Paris et de Pétrograd, décida de proposer aux grandes puissances de « communiquer simultanément, à Athènes et à Constantinople, les décisions déjà prises au sujet de la frontière de l'Épire, du retrait des troupes grecques, et du statut futur des îles de la mer Égée » (24 janvier).

Après que les gouvernements de la Triple Entente et de la Triple Alliance se furent mis d'accord sur la rédaction d'une note collective à adresser à la Grèce et à la Turquie, une double démarche fut faite, les 13 et 14 février, à Athènes et à Constantinople. Tout en exprimant ses regrets de la décision prise, le gouvernement ottoman faisait preuve de dispositions conciliantes; la Grèce qui, d'après la note remise, devait, entre le 1er et le 31 mars, évacuer les territoires qu'elle occupait en Épire, protestait contre l'attribution à la Turquie d'Imbros, de Ténédos et de Castellorizo, et se déclarait prête, tout en faisant des réserves, à évacuer les territoires de l'Épire. Turquie et Grèce ne s'inclinaient que devant la force. En résumé, la Triple Entente n'était pas arrivée, dans le règlement des difficultés orientales, à imposer sa manière de voir. L'Albanie se constituait tant bien que mal, au mépris des intérêts serbes, et contre les aspirations grecques. D'autre part, l'Italie ne semblait pas décidée à abandonner les Sporades.

*
* *

Les puissances germaniques, marchant la main dans la main, semblaient régner en maîtresses à Constantinople. L'Allemagne, qui avait une grande influence sur le personnel Jeune-Turc obtenait l'envoi d'une mission pour réorganiser l'armée turque; le premier corps d'armée de la capitale devait être commandé par des officiers germaniques ayant à leur tête le général allemand Liman von Sanders. L'Allemagne de cette façon cquérait une influence prépondérante directement contraire aux intérêts russes et anglais. La Russie très émue se décida alors à faire, avec les cabinets de Londres et de Paris, une démarche auprès du gouvernement turc, puis voulut négocier avec Berlin, mais finalement manifesta de telles fluctuations dans les décisions à prendre que le gouvernement turc ne s'émut pas outre mesure. Enver Pacha, le tout-puissant ministre de la Guerre turc, trouva une solution élégante; le général Liman von Sanders fut relevé du commandement de son corps d'armée, nommé inspecteur général de l'armée ottomane, et promu au grade de général; il n'avait pas de commandement effectif, mais pouvait toujours diriger l'instruction technique militaire turque pendant une durée de cinq ans. On ne pouvait pas se dissimuler que le gouvernement allemand consolidait ainsi son influence en Turquie; son attitude à Constantinople menaçait de créer de sérieuses difficultés à la Russie.

D'autre part la situation de l'Albanie restait inquiétante; le gouvernement du Prince ne s'y établissait pas d'une façon stable, et les ambitions italo-autrichiennes étaient toujours en présence.

Ce prince de comédie, installé à Durazzo pour gouverner l'État fantôme créé par l'Autriche, se défendait avec peine contre les insurgés partisans d'un prince musulman, et qui, éparpillés à 3 ou 4 milles dans les campagnes environnantes, étaient pourvus de nombreuses munitions. Contre cette petite armée, les troupes du prince faisaient piètre figure ; la gendarmerie, commandée par des officiers hollandais, était insuffisante pour repousser les insurgés, devant en même temps lutter contre les populations grecques soulevées dans l'Épire.

Le Prince n'avait aucune autorité ; il était combattu en sous main par Essad Pacha qu'il faisait même arrêter maladroitement en pointant un canon contre sa demeure (19 mai). Du reste, devant les attaques plus ou moins menaçantes des insurgés, le prince perdait la tête et s'enfuyait sur un navire de guerre italien, avec le ministre d'Autriche, le personnel de la Légation, ses archives et ses caisses. Ce n'était qu'une alerte ; quelques heures après il revenait à terre (21 mai).

A la fin de juin, la situation devenait encore plus sérieuse. La ville n'était plus défendue que par les marins austro-italiens qui avaient été débarqués, et les insurgés l'attaquaient à nouveau, tuant le colonel Thompson, colonel-chef de la gendarmerie.

Comment pacifier l'Albanie ? L'Autriche aurait bien voulu intervenir, mais l'Italie s'y refusait ; l'intervention avec l'Autriche lui répugnait, tant elle redoutait son immixtion dans les affaires albanaises, craignant une nouvelle affaire des Duchés. Les deux gouvernements enjoignaient bien à leurs agents en Albanie d'entretenir entre eux les rapports les plus cordiaux ; si ceux-ci se conformaient aux ordres donnés, leurs subalternes n'en continuaient pas moins les intrigues. Le gouvernement italien avait intérêt à laisser à la question albanaise son caractère international ; alors on parla d'intervention européenne. Mais les puissances de la Triple Entente accepteraient-elles une expédition en Albanie pour y consolider un prince allemand ?

V

Il y avait cependant, à la veille de la guerre, parmi les grandes puissances, un désir de liquider les questions orientales. L'accord s'était fait entre l'Autriche et la Serbie au sujet des chemins de fer orientaux, l'Autriche ayant opposé depuis longtemps aux demandes de la Serbie une résistance intransigeante. L'accord comportait, selon les propositions serbes, l'étatisation de la ligne, et le prix d'achat du réseau était fixé à 40 millions (mai 1914).

Entre l'Italie et la compagnie Smyrne-Aïdin (19 mai), en Asie Mineure, une convention était signée qui faisait présager une entente prochaine dans la question des îles de la mer Égée; et à la Chambre des députés d'Italie, le 26 mai, le marquis di San Giuliano, dans une série de déclarations sur la politique orientale, parlait du désir de l'Italie de respecter l'intégrité territoriale de la Turquie et son indépendance économique.

Dans les entrevues entre Georges V et le Président de la République, à Paris, entre les ministres des Affaires étrangères de l'Entente cordiale (21 et 23 avril), d'après le communiqué fait à la presse, on était tombé d'accord sur la nécessité de « continuer de constants efforts en vue du maintien de l'équilibre et de la paix. »

On lisait des déclarations similaires dans le communiqué qui avait fait suite à l'entrevue d'Abazzia, entre les ministres des Affaires étrangères d'Italie et d'Autriche-Hongrie, et aux entrevues de Guillaume II avec l'Empereur François-Joseph, à Vienne, (23 mars) et avec le roi Victor-Emmanuel à Venise : on parlait d'une parfaite identité de vues pour assurer « la solution pacifique des nombreux problèmes soulevés par la dernière crise balkanique. »

Entre la France et l'Italie, était intervenu un accord réglant la condition des Tripolitains, en Tunisie, et des Tunisiens, en Tripolitaine, question qui avait un instant provoqué certaines difficultés entre les deux États (29 mai).

Faut-il mentionner encore les ententes entre la France et l'Allemagne en Asie Mineure, l'Angleterre et l'Allemagne dans la question du Bagdad? Une convention était élaborée, comme conclusion des négociations entamées à Berlin, entre les représentants du gouvernement français, MM. Sergent, Ponsot et Klapka, et les représentants du gouvernement impérial, de Rosenberg et Helfferich. On poursuivait ainsi un accord entre les Banques et les sociétés de Chemins de fer françaises et allemandes en Asie Mineure, sous les auspices des deux gouvernements, pour régler dans ces contrées les difficultés en présence (février 1914).

Des négociations avaient eu lieu également, au cours de l'année, entre l'Angleterre et l'Allemagne, au sujet de la navigation du Tigre, de l'irrigation en Mésopotamie, de la détermination des sphères d'influence sur le parcours du Bagdad, et de la fixation des concessions dans les pays traversés par les voies ferrées projetées; elles aboutissaient à un accord qui fut signé, le 15 juin, à Londres, par sir Edward Grey et le prince de Lichnowsky, ambassadeur d'Allemagne.

Un accord était aussi conclu entre la Russie et la Turquie, au sujet des réformes arméniennes (février 1914). Les vilayets de l'Anatolie étaient divisés en inspectorats généraux. La Porte devait nommer les inspecteurs, ceux destinés aux vilayets de l'est de l'Anatolie seraient choisis dans les petits États européens. Les pouvoirs des inspecteurs seraient très étendus, jusqu'à révoquer les hauts fonctionnaires nommés par iradé impérial, à l'exception des valis. Le service militaire devait être régional; la langue locale serait usitée dans tous les vilayets etc...; c'était un projet de décentralisation préparé du reste après entente avec les grandes puissances [1].

Au début d'avril, des accords étaient paraphés à Paris par M. Doumergue, président du Conseil, ministre des Affaires étrangères, et Djavid Pacha, ministre des Finances de l'Empire ottoman; ils visaient l'émission

1. Voir plus haut, chapitre IX, pp. 240, 241.

d'un emprunt turc sur le marché de Paris de 500 millions, et certaines facilités données au gouvernement ottoman au point de vue financier, ainsi que des concessions de nature économique et politique accordées par la Turquie à la France, en Syrie. La France obtenait la concession d'une ligne allant de Reyak à Ramleh, une ligne de Smyrne aux Dardanelles, avec embranchement d'Hodeïda à Sana, en tout, près de 900 kilomètres de chemins de fer en Syrie, puis en Arménie, les lignes de Samsoun-Sivas, Sivas-Karpout-Arghana, Arghana-Bitlis-Van, Samsoun-Kastamouni-Héraclée-Bolou, ces lignes avec les embranchements formant un total de 2.000 kilomètres. Nous obtenions encore la concession d'Héraclée et d'Inéboli sur la mer Noire, de Jaffa, de Caïffa et de Tripoli de Syrie, dans la Méditerranée.

Ces accords tendaient à assurer l'équilibre et la paix en Orient. La Turquie était directement intéressée à leur conclusion, et comme d'autre part son différend avec l'Italie semblait devoir s'aplanir, on pouvait supposer qu'elle était sortie de l'ère des difficultés ; mais il restait bien des points de frottement entre elle et la Grèce. Ainsi, à la fin de juin, des contestations s'étaient élevées entre ces deux puissances, au sujet de l'émigration en masse des Grecs de Thrace et d'Asie Mineure, chassés de leurs terres et dépossédés de leurs biens par les émigrés turcs de Macédoine. A la suite de l'intervention amicale des puissances, tout danger de conflit gréco-turc fut pour l'instant écarté.

Cependant la situation de l'Orient ne cessait pas d'être grave. L'Albanie n'était point pacifiée, et, en juillet, la position du prince de Wied, à Durazzo, était des plus précaires. L'Albanie pouvait être la cause d'un conflit entre l'Autriche et l'Italie, car ces deux puissances seraient nécessairement obligées d'intervenir. La Grèce était lésée, en Épire, par les décisions des puissances et aurait, au moment d'une conflagration, des droits à faire valoir. La condition générale des Balkans, déterminée par le traité de Bucarest, était incertaine, parce qu'entre la Serbie et la Bulgarie de graves dissentiments existaient, ainsi qu'entre la Bulgarie et la Grèce; la Bulgarie ne voulait point s'avouer vaincue.

Peu importaient à la Turquie ces rivalités; elle pouvait, au milieu des difficultés qui existaient, apporter tout son soin aux réformes intérieures. Mais les intrigues allemandes, à Constantinople, ne laissaient pas de rester inquiétantes. Si l'Allemagne avait signé des accords avec la Farnce et l'Angleterre, elle ne renonçait point à ses prétentions ambitieuses en Orient, et entendait garder la main mise sur la Turquie. Là était le danger.

Ainsi, à la veille de la guerre, la situation se présentait de la façon suivante. D'une part, un équilibre instable de l'Orient auquel les grandes puissances ne pouvaient rester indifférentes, et d'autre part, une Turquie qui avait perdu toute influence sur le continent européen, à la suite des défaites et des démembrements qu'elle avait subis. Elle était dominée par des politiciens qui n'avaient que des appétits à satisfaire, et elle était sollicitée par les intrigues allemandes. Saurait-elle y résister? Le conflit européen n'aurait pas éclaté que la Turquie pouvait vivre, mais une guerre devait précipiter sa ruine. La guerre pour elle était la dernière folie à commettre!

CHAPITRE XI

LA QUESTION D'ORIENT ET LA GUERRE EUROPÉENNE

I

Le 28 juin 1914, l'héritier présomptif du trône des Habsbourg, l'archiduc François-Ferdinand, et son épouse morganatique la duchesse de Hohenberg étaient assassinés, à Sarajevo, par des Serbes égarés. Cet attentat causa une vive émotion en Autriche-Hongrie, où l'archiduc était considéré comme une des forces de la double monarchie, et où même certaines races, les Tchèques notamment, comptaient sur lui pour obtenir des libertés et des franchises. La presse autrichienne déclara de suite que la main criminelle qui avait perpétré le forfait était armée par Belgrade. L'Empereur chercha à calmer ces excitations chauvines en parlant, dans une lettre adressée au comte Stürgkh, président du Conseil en Autriche, au comte Tisza, président du Conseil en Hongrie, et à M. de Bilinski, ministre commun des Finances, « du vertige d'un petit nombre d'hommes induits en erreur », semblant ainsi ne pas incriminer le gouvernement serbe. Les chancelleries, rassurées et par les déclarations du souverain, et par celles de ses diplomates [1], ne crurent pas

1. Le baron Macchio, à Vienne, faisait, le 3 juillet, les déclarations les plus rassurantes, disant à M. Jovanovitch : « personne

que la crise approchait. On était au milieu de l'été, chacun pensait aux projets de vacances, aux déplacements de famille; était-ce le moment de parler de guerre?... Depuis plusieurs années déjà, l'Orient occupait l'attention de l'Europe, des menaces de conflit austro-serbe l'avaient à diverses reprises inquiétée; elle s'y accoutumait, et ne voulait plus croire au danger. Or, de gros nuages s'étaient lentement accumulés; si l'orage n'avait pas éclaté, il n'en était que plus menaçant. Qui pourrait l'écarter à nouveau?... L'Orient, où commença l'histoire du monde avec les luttes des Troyens, des Grecs, des Perses, avec Philippe et Alexandre, allait être le théâtre d'un des plus grands chocs de peuples, puisqu'il était la cause première de cet immense conflit où Germains, Slaves, Latins, Anglo-Saxons, combattraient, les uns pour la domination de l'Europe, les autres pour son indépendance. De même qu'autrefois, lors de la bataille de Lépante, des guerres de succession de Pologne, de Russie, de Crimée, des Balkans, c'est d'Orient que partait l'étincelle qui devait enflammer l'Europe centrale.

*
* *

Un mois après l'attentat de Sarajevo, le 28 juillet, la guerre ne pouvait plus être que difficilement évitée.

n'accuse le royaume, ni le gouvernement serbe, ni tout le peuple serbe. Nous accusons seulement ceux qui entretiennent les projets panserbes et qui travaillent à leur réalisation. » (*Livre bleu serbe*, pièce 12).

Le marquis Pallavicini déclare, le 30 juin, à Constantinople, à M. Georgevich, chargé d'affaires: « Les rapports entre la Serbie et l'Autriche sont devenus bien meilleurs ces derniers temps. » (*Livre bleu serbe*, pièce 6).

M. de Manneville écrivait, le 4 juillet, de Berlin, à M. Viviani, Président du Conseil, ministre des Affaires étrangères: « le gouvernement allemand ne paraît pas partager les inquiétudes qui se manifestent dans une partie de la presse allemande, au sujet d'une tension possible des rapports entre les gouvernements de Vienne et de Belgrade, ou du moins il ne veut pas en avoir l'apparence. » (*Livre jaune*, pièce 9.)

Pourquoi ? Etait-ce l'attentat lui-même qui la rendait inévitable ?.. Mais dans ce laps de temps d'un mois, on aurait pu calmer l'opinion publique en Autriche-Hongrie — le souverain avait l'air de s'y employer —, trouver des formules d'entente entre l'Autriche et la Serbie, alors surtout que le gouvernement serbe avait promis de rechercher et de punir les coupables du complot [1], s'il était prouvé qu'il y avait eu complot. L'attentat fut le prétexte cherché. Tout était prêt depuis l'entrevue de Vienne (24 mars 1914), entre Guillaume II et l'Empereur François-Joseph, et surtout celle de Konopischt, entre le Kaiser et l'archiduc François-Ferdinand (12 juin), où l'empereur allemand arriva, accompagné de l'amiral von Tirpitz, entrevue dont la presse berlinoise soulignait alors la grande « portée politique ». Les plans d'agression contre la Serbie furent minutieusement élaborés ; on en finirait d'un coup avec les Serbes, avant-garde russe dans les Balkans, puis ensuite on attaquerait la France et la Russie. A quelle date se produirait le conflit ?.. On ne le savait pas exactement, mais on était prêt à le déchaîner au moment favorable. Si, au lendemain de l'attentat, François-Joseph prononça des paroles conciliantes, ce fut pour endormir l'opinion, afin de donner le temps nécessaire à l'exécution du plan.

Tôt ou tard, le conflit austro-serbe devait éclater. Depuis 1908, il était devenu évident qu'on ne l'empêcherait pas, et que la Russie, protectrice du slavisme, y serait nécessairement entraînée. Alors se produirait ce grand choc des Slaves et des Germains, qu'Edouard Hervé

1. Le gouvernement serbe avait promis, dès le 30 juin, de punir les coupables, « afin de prouver que, sur son territoire, il ne souffrira aucune agitation ou entreprise passible d'une peine et pouvant nuire aux relations déjà si délicates avec l'Autriche-Hongrie. » (*Livre bleu serbe*, pièce 5). — Il ne faisait du reste que se conformer aux conseils du gouvernement français qui recommandait d'observer le plus grand sang-froid. » (*Livre bleu serbe*, pièce 10).

prévoyait, en 1867, et qu'il signalait, dès 1871, à l'attention de notre diplomatie, afin de rester « les arbitres de ce grand débat entre l'Empire germain et l'Empire slave, et, sur le Danube, reconquérir le Rhin.... [1] »

L'Autriche et la Russie avaient vécu en bonne intelligence pendant la plus grande partie du XIXe siècle. La Russie, en récompense de son abstention dans la guerre de Crimée, et pour lui permettre d'écraser l'insurrection hongroise, avait prêté son précieux concours à l'Autriche qui ne devait pas tarder à la payer d'ingratitude. A la veille de la guerre de 1877, grâce à ses intrigues, elle obtenait de la Russie, pour prix de sa complicité dans la lutte contre la Turquie, la faculté d'annexer la Bosnie-Herzégovine, en cas de dissolution de l'Empire ottoman (entrevue de Reichstadt, 26 juin—8 juillet 1876, et convention des 3—15 janvier 1877)[2]. A la suite du traité de Berlin, qui accordait à l'Autriche l'occupation de ces provinces, les rapports furent tendus avec la Russie.

Ces progrès de l'Autriche en Orient, conformes à la politique que Bismarck lui avait tracée, pour y frayer la voie à la culture germanique, devaient l'entraîner vers Salonique, vers cette mer Méditerranée, chemin du grand commerce mondial. Mais elle trouverait

1. Vr. Paul Deschanel, *A l'Institut*, p. 38.

M. Paul Deschanel écrivait, en mars 1883 : « Dans ce grand problème que la France devra réaliser, si elle veut ne point périr, l'union des Latins et des Slaves contre les Germains, l'Angleterre sera le facteur d'où dépendra la solution; maîtresse des mers, elle tiendra le nœud du problème ». (*Orateurs et Hommes d'État*, p. 49), et en mars 1898 :

« Le XXe siècle verra se dérouler, par l'effet des vicissitudes naturelles dans la maison de l'Autriche, un drame décisif, dont il es aisé de prévoir dès aujourd'hui tout au moins le prologue et les premiers actes. Le rôle de la France y est d'avance tracé ». (*La République Nouvelle*, p. 259).

En avril 1914, il disait à ses électeurs : « La guerre des Balkans n'a été qu'une préface. Le duel entre les Germains et les Slaves est inévitable Et la France y sera fatalement engagée. »

2. Vr. Serge Goriainow, *Le Bosphore et les Dardanelles*, p. 312 et suiv.

là, en face d'elle, dans les provinces bosniaques et les territoires qu'ils détiennent aujourd'hui, les Serbes qui se dresseraient devant elle. Et si elle entrait en lutte avec les Serbes, si elle menaçait leur liberté d'expansion, l'Autriche s'attaquerait aux intérêts slaves en général, et à ceux même de la Russie en Orient.

A la période de froissement entre les deux puissances, qui avait été la conséquence du traité de Berlin, avait succédé une entente, sur la base d'une collaboration dans les affaires orientales, et notamment dans les affaires macédoniennes. Cette entente fut consacrée par l'élaboration du programme de Mürszteg. La Russie, absorbée par les affaires d'Extrême-Orient, désirait avoir les mains libres dans les Balkans dont l'Autriche se constituait comme la gardienne. Cette entente qui ne pouvait devenir une alliance, tant les intérêts étaient divergents, prendrait fin du jour où la Russie, à la suite de ses échecs contre le Japon, prêterait plus d'attention à la question de Macédoine, et à celle de l'Orient en général.

L'Autriche voyait l'entente devenir de moins en moins efficace, et chez elle s'affirmait davantage le désir de réaliser ses visées orientales. En janvier 1908, le comte d'Aehrenthal lança son projet de chemin de fer Uvac-Mitrovitza pour relier Vienne à Salonique. Des résistances se produisirent chez les Slaves; les puissances de la Triple Entente, et même l'Italie, ripostèrent avec le projet Danube-Adriatique. Des négociations s'ébauchèrent alors entre l'Autriche et la Russie (échange de notes avec M. Iswolsky, 19 juin 1908) pour lui faire accepter une entente dans les questions balkaniques, favorable, grâce à l'annexion de la Bosnie-Herzégovine, aux intérêts autrichiens. Mais avant qu'on ait abouti, la révolution turque éclatait, et le comte d'Aehrenthal, inquiet des répercussions qu'elle pourrait avoir sur les musulmans de Bosnie-Herzégovine, s'empressait de décréter l'annexion (6 octobre), avant que M. Iswolsky, tenu à l'écart, ait pu réclamer les compensations qu'il attendait[1].

L'émotion parmi les Serbes fut immense, car ils perdaient désormais tout espoir d'atteindre la mer et de recouvrer les provinces, berceau de leur race. Or, la Russie qui n'était pas préparée pour une guerre européenne dut reconnaître l'annexion, sous la menace de l'Allemagne d'intervenir (entrevue de M. de Pourtalès et de M. Iswolsky, 24 mars 1909). L'Autriche regretta que le conflit se fut terminé si vite ; elle aurait voulu en finir une bonne fois avec les Serbes.

Par cette annexion qui déchirait brutalement un traité signé par les puissances, l'Autriche non seulement posait le problème de l'union des Slaves du Sud, menaçant pour son existence, mais elle préparait de nouveaux démembrements de la Turquie, d'abord en lui enlevant deux provinces, puis en donnant aux Bulgares, aux Crétois, à tous les autres peuples des Balkans, le désir de se libérer du joug ottoman. Les événements de 1908 ont déterminé les guerres balkaniques de 1912, et la crise de 1914.

Les populations chrétiennes des Balkans réclamèrent les réformes que les Jeunes-Turcs leur avaient promises et qu'ils ne réalisaient pas, et la Ligue balkanique se forma contre la Porte, dès le printemps de 1912. L'Autriche et l'Allemagne poussèrent à la guerre, persuadées du triomphe de la Turquie. L'Autriche vit là l'occasion rêvée de se débarrasser du danger serbe. Les victoires décisives des Bulgares, des Serbes, des Grecs, déjouèrent ses prévisions. Elle se retourna alors d'un autre côté et organisa contre les Slaves, avec la complicité de l'Italie, à laquelle elle promit des compensations sur la côte, l'Albanie autonome. Elle alla même plus loin ; elle exigea que Scutari fut enlevée aux Monténégrins, et la Russie, menacée d'une guerre qui eut éclaté dans des conditions

1. Voir plus haut chapitre IV, p. 64 et suiv.

favorables à l'Allemagne, abandonna une fois de plus la grande cause slave. Les peuples de la Triple Entente n'auraient pas compris qu'une guerre fût déchaînée pour la possession du rocher de Scutari, mais ils étaient las des exigences germaines et hongroises.

La guerre échappait une fois encore à l'ambitieuse Autriche, qui était restée inutilement sous les armes pendant tout le conflit avec la Turquie, prête à écraser les Serbes. Une autre occasion se présenta : elle incita la Bulgarie à se jeter sur les Serbes, pour leur enlever les territoires macédoniens que ceux-ci réclamaient légitimement. Les Serbes furent vainqueurs, et au moment où se signait le traité de Bucarest (9 août 1913), de dépit, l'Autriche avertissait l'Italie de son désir d'attaquer les Serbes épuisés, invoquant près d'elle les engagements de la Triple Alliance. Mais l'Italie qui avait tant d'intérêts à sauvegarder en Orient, déclara qu'elle observerait dans ce conflit une stricte neutralité (révélations de M. Giolitti à la Chambre des députés d'Italie, 5 décembre 1914). Que va désormais combiner l'Autriche? Précisément, pendant la seconde guerre balkanique, le roi Pierre Ier avait occupé des positions stratégiqnes en Albanie, pour se garantir contre toute attaque des Albanais. Le comte Berchtold lui envoie brutalement un ultimatum lui demandant d'abandonner ces positions dans les huit jours (17 octobre)[1]. La Serbie, qui vient de soutenir deux guerres, est obligée de céder en remettant sa réponse aux grandes puissances signataires des protocoles de Londres. Les Slaves enregistraient une nouvelle défaite diplomatique.

Ils avaient cependant dans les Balkans de fortes positions à la suite de leurs récentes victoires, qui avaient été un recul du germanisme, mais ils n'avaient pas l'accès à la mer, l'Autriche leur ayant fermé toute issue par l'annexion des provinces bosniaques et par la création de l'État albanais. Ils avaient la volonté d'y accéder, et la lutte

1. Voir plus haut chapitre X, p. 258.

s'engagerait fatalement avec l'Autriche soutenue par l'Allemagne; c'était pour eux une question de vie ou de mort, et la Russie ne pourrait les abandonner.

D'un autre côté, l'Autriche serait entraînée dans une guerre contre les Serbes pour les comprimer, pour prévenir leur union avec les Slaves de la monarchie, avec les Croates, avec les Slovènes, union que la Hongrie, à laquelle appartient la Croatie-Slavonie et une partie de l'influence en Bosnie-Herzégovine, ne tolérerait à aucun prix. D'où les efforts de l'Autriche contre la Serbie lors des deux guerres balkaniques, et à Bucarest en avril 1914, lorsque le marquis Pallavicini démontrait la nécessité d'une « agression préventive », et demandait à la Roumanie si, en cas de nécessité, elle prêterait son appui (révélations de M. Take Jonesco dans le *Giornale d'Italia*, 21 janvier 1915). D'où la lente préparation d'une liquidation balkanique au profit de la Triple Alliance et contre les intérêts slaves, par la création de l'Albanie, le refoulement des Grecs au-delà de l'Épire, l'attribution d'Andrinople, ainsi que des îles d'Imbros et de Ténédos à l'entrée des Dardanelles, aux Turcs. Les résultats ne répondent pas aux efforts déployés ; l'Albanie ne peut pas vivre, la Turquie persécute et massacre les Grecs en Asie Mineure ; à Pergame, à Adramytte, Karabournou, Cydonie, Phocée; elle se montre des plus audacieuses ; la propagande serbe ne désarme pas... Aux entrevues de Vienne (24 mars), Miramar (28 mars), Konopischt (12 juin), tout est préparé entre les souverains allemands pour une attaque des Serbes qui déclanchera une guerre favorable.

II

L'assassinat du 28 juin va fournir l'occasion cherchée et l'ultimatum du 23 juillet contient des injonctions telles que, si la Serbie ne riposte pas par la guerre, ce sera pour elle une humiliation sans précédent, car « on n'a jamais vu auparavant un État quelconque adresser à un autre État indépendant un document d'un tel caractère [1] » ; la Serbie, sans prestige et sans autorité, ne deviendrait qu'un État vassal de l'Autriche.

Le conflit, d'abord austro-serbe, se transforma rapidement en conflit européen par l'intervention de l'Allemagne qui, dès le 23 juillet, télégraphiait à ses représentants de notifier aux gouvernements près desquels ils étaient accrédités que, suivant le désir du gouvernement impérial, le conflit « devrait être localisé, toute intervention d'une autre puissance devant, par le jeu naturel des alliances, provoquer des conséquences incalculables. » [2] A cette note, M. Sazonoff était nécessairement obligé de répondre que la Russie ne pourrait pas rester « indifférente » [3]; elle ne pouvait permettre à l'Autriche d'écraser la Serbie ; elle avait, depuis six ans, fait assez de concessions pour ne plus en consentir davantage.

Le 25 juillet, le gouvernement serbe, au risque de compromettre la dynastie des Karageorgevitch contre laquelle la colère populaire pourrait se déchainer, acceptait avec un grand courage presque tous les points de la note autrichienne [4], même la publication au *Journal Officiel* du royaume d'une « énonciation » aux termes de laquelle le gouvernement condamnait la propagande

1. *Livre bleu anglais*, pièce n° 5, télégramme de Sir Edward Grey à sir M. de Bunsen et *Livre rouge autrichien*, note autrichienne, pièce 7.

2. *Livre blanc allemand*, annexe Ib, et *Livre jaune*, pièce 28. — Le Baron de Schœn insistait à Paris « sur la nécessité, pour l'Europe, de détruire, une fois pour toutes, à Belgrade, ce foyer d'agitations perpétuelles. » *Livre rouge*, pièce 13.

3. *Livre blanc allemand*, annexe 4 (24 juillet). *Livre orange*, pièce 10, *Livre jaune*, pièce 31, *Livre rouge*, pièce 16. — Du reste le Tsar, à l'entrevue de Constantza (14 juin 1914), avait dit au roi Charles Ier que si l'Autriche attaquait la Serbie, ce serait la guerre, malgré tout son attachement pour la paix. Vienne et Berlin en avaient été de suite avertis. (Article de M. Take Jonesco, dans la *Grande Revue*, février 1915).

4. *Livre bleu serbe*, pièce 39.

dirigée contre l'Autriche, regrettant que des officiers y aient pris part, et désapprouvait toute idée ou tentative d'immixtion dans les destinées des sujets de l'Autriche-Hongrie. Cette énonciation devait être portée à la connaissance de l'armée et publiée dans son *Bulletin Officiel*. Quant à la participation des autorités austro-hongroises à une enquête contre les auteurs du complot, le gouvernement serbe s'y refusait, car ce serait une violation de la constitution. De même, avant de frapper les coupables pour les propos tenus contre le gouvernement impérial, il attendra que les preuves lui en aient été fournies.

Or, l'Autriche déclare que la réponse serbe n'est pas satisfaisante [1]. Elle n'est qu'un moyen de gagner du temps. En vain notre ambassadeur, M. Dumaine [2], et sir Edward Grey [3] lui ont conseillé la modération (22 juillet); en vain sir Edward Grey, à nouveau, lui a demandé une prolongation du délai de l'ultimatum [4], ainsi que M. Sazonoff, afin d'éviter tout ce qui pourrait précipiter la crise [5], elle rompt les relations diplomatiques et mobilise [6]. Elle cherchait un prétexte de guerre, elle l'a trouvé et s'empresse de le saisir.

Le gouvernement italien cependant « jugeait sévèrement l'agression de l'Autriche ». M. Salandra, le 25 juillet faisait remarquer à M. de Flotow « que l'Autriche n'avait pas le droit, d'après l'esprit du traité de la Triple Alliance, de faire une demande comme celle qu'elle a faite à Belgrade, sans accord préalable avec ses alliés..... Dès lors, l'Italie ne sera pas obligée de venir en aide à l'Autriche au cas où, par suite de cette démarche, elle serait en guerre avec la Russie, parce qu'en ce cas, toute guerre

1. *Livre bleu serbe*, pièce 40. — 2. *Livre jaune*, pièce 17. — 3. *Livre bleu anglais*, pièce 19. — 4. *Livre bleu anglais*, pièces 3,5,26. — 5. *Livre orange*, pièce 4 et *Livre jaune*, pièce 38.

6. « Nous ne pouvons pas accorder de prolongation de délai (Le comte Berchtold au baron Macchio). *Livre rouge*, pièces 20 et 21.

européenne est la conséquence d'un acte de provocation et d'agression de la part de l'Autriche [1] ».

Néanmoins le 26 juillet, les décrets de mobilisation étaient publiés et étaient exécutoires, le lendemain 27. « Ils avaient dû être préparés bien avant la réponse serbe, connue seulement dans le courant de la nuit. Le décret de mobilisation était même daté du 24 [2] ». Toute la presse austro-hongroise exultait, jugeant le moment venu d'écraser la Serbie. Et puis la Russie, qui l'avait tant de fois abandonnée et qui ne semblait pas prête, sans aucun doute se contenterait uniquement de protester !

L'Allemagne et l'Autriche, qui se solidarisaient par la note du Chancelier impérial aux ambassadeurs d'Allemagne, le 23 juillet, voulaient que la France et la Russie n'intervinssent pas, afin que la monarchie austro-hongroise pût agir à loisir. Du reste, il est hors de doute que l'Allemagne connaissait la note autrichienne avant qu'elle ne fût communiquée aux ministres de Serbie à Vienne ; plusieurs documents diplomatiques sont là pour l'affirmer. Si notre ministre à Munich, M. Allizé, et sir M. de Bunsen n'avaient pas été déjà très nets à cet égard [3], la démarche de l'Allemagne du 23 juillet serait une preuve suffisante [4].

Les puissances pacifiques vont essayer par tous les moyens d'empêcher le conflit et inciter l'Allemagne à intervenir à Vienne, d'où la provocation est partie. Sir Edward Grey n'a pu prévenir la rupture entre Vienne et Belgrade, en demandant la prolongation du délai de l'ultimatum et en conseillant au gouvernement austro-hongrois la modération : il ne se décou-

1. Discours de M. Salandra au Capitole le 3 juin 1915. Voir aussi discours de M. Tittoni au Trocadéro, le 24 juin 1915 et *Livre vert italien*.

2. Voir le très intéressant ouvrage de M. A. Gauvain, *Les origines de la crise européenne* Paris, Collin, 1915, pages 125,126.

3. *Livre jaune*, pièce 21 et *Livre bleu anglais*, pièce 95.

4. *Livre blanc*, pièce 4.

rage pas, et va agir plus directement. Le conflit austro-serbe est sur le point de devenir un conflit austro-russe ; alors il propose une intervention à Vienne ou à Pétersbourg des puissances qui ne sont pas directement mêlées à la question, sous la forme d'une conférence à Londres des ambassadeurs italiens, allemands et français, « afin de trouver une solution qui empêchera les complications[1]. » La France, l'Italie, la Russie acceptent la proposition, mais l'Allemagne refuse, parce que la conférence proposée « équivaudrait à une cour d'arbitrage qui ne saurait être convoquée qu'à la requête de l'Autriche et de la Russie[2]. »

De son côté, M. Sazonoff avait engagé des négociations avec Vienne et demandé à l'ambassadeur d'Autriche-Hongrie, le comte Szapary, de prier son ministre, le comte Berchtold, de l'autoriser à entrer en pourparlers avec lui, afin de trouver une formule qui « fut acceptable pour la Serbie tout en donnant satisfaction à l'Autriche quant au fond de ses demandes[3] ».

Le 27 juillet, aucune réponse n'avait été faite à cette proposition[4]. M. de Jagow, à Berlin, auquel le chargé d'affaires de Russie, M. Bronewsky, avait demandé d'appuyer auprès du gouvernement austro-hongrois la démarche de M. Sazonoff, « répondait qu'il ne pouvait conseiller à l'Autriche de céder[5] ».

L'Allemagne, en somme, ne voulait pas faire un seul geste pour prévenir la crise, ou plutôt elle rendait inutile toute tentative d'apaisement. Elle provoquait même la Russie, dès le 26 juillet, en la menaçant de mobiliser les forces allemandes si elle mobilisait dans le Nord, c'est-à-dire contre l'Allemagne[6]. Du reste l'Allemagne, pour placer les puissances devant le fait accompli, laisse l'Autriche déclarer la guerre à la Serbie, le 28 juillet, après

1. *Livre bleu anglais*, pièce 36 (26 juillet). — 2. *Livre bleu anglais*, pièce 43, et *Livre rouge*, pièce 35. — 3. *Livre orange*, pièce 25. 4. *Livre orange*, pièce 32. — 5. *Livre orange*, pièce 38. — 6. *Livre rouge*, pièce 28 et *Livre bleu anglais*, p. 43.

que celle-ci a refusé la proposition d'entente séparée du gouvernement russe [1], et le projet de conférence de sir Edward Grey qui lui semble désormais hors de saison par suite de l'état de guerre [2]. Le pas décisif est fait. Voilà où aboutissaient les trois jours de négociations qui venaient de s'écouler ; il sera difficile désormais de retarder le dénoûment.

Sir Edward Grey et M. Sazonoff s'y emploient cependant avec insistance. M. Sazonoff prie même le gouvernement anglais de « tenter d'agir à Berlin pour engager le gouvernement allemand à l'action nécessaire. C'est à Berlin qu'indubitablement, écrit-il, le 28 juillet, se trouve la clef de la situation [3]....; il est nécessaire que l'Angleterre entreprenne d'urgence une action médiatrice et que l'action militaire de l'Autriche contre la Serbie soit immédiatement suspendue [4] ».

Mais le gouvernement russe, par suite de la déclaration de guerre de l'Autriche à la Serbie et de son refus d'accepter « un mode quelconque de solution pacifique », était obligé de décréter la mobilisation, le 29 juillet (nuit du 29 au 30 juillet) [5], des districts militaires du Sud, en affirmant » l'absence de toute intention agressive contre l'Allemagne [6].

Il n'y a plus de temps à perdre, puisque voici les deux États en partie sur le pied de guerre. Sir Edward Grey demande au gouvernement allemand de proposer n'importe quel moyen qui permettrait aux quatre puissances de combiner leur influence pour empêcher la guerre. La France et l'Italie se rallient à cette proposition. La médiation est prête dans la forme qui convient à l'Allemagne, et la Russie l'acceptera [7]. Et même, au cas où l'Autriche arriverait jusqu'à Belgrade et occuperait une

1. *Livre orange*, pièce 45 et *Livre bleu anglais*, pièce 70. — 2. *Livre rouge*, pièces 40 et 41. — 3. *Livre orange*, pièce 43. — 4. *Livre orange*, pièce 48. — 5. *Livre jaune*, pièce 91. — 6. *Livre orange*, pièce 158, *Livre bleu anglais*, pièce 70 et *Livre rouge*, pièce 28. — 7. 29 juillet, *Livre bleu anglais*, pièces 70 et 93 n°2.

portion du territoire serbe, « il serait peut-être possible encore de faire naître une médiation, si l'Autriche, tout en déclarant qu'elle est obligée de conserver le territoire occupé, jusqu'à ce qu'elle ait obtenu complète satisfaction, affirme qu'elle n'avancera pas plus loin [1] ».

La Russie, du reste, avoue que la Serbie, si on lui fait des propositions raisonnables, se décidera encore à beaucoup de concessions [2]. Et même la Russie consent à suspendre les armements, « si l'Autriche, reconnaissant que la question austro-serbe a assumé le caractère d'une question européenne, se déclare prête à éliminer de son ultimatum les points qui portent atteinte aux droits souverains de la Serbie [3] ».

Or, pendant que ces propositions pacifiques s'échangent entre les capitales, l'Allemagne, non seulement ne les accepte pas, non seulement n'intervient pas à Vienne en faveur de la paix, mais fait tout en sorte pour que le conflit éclate. Depuis le 26 juillet, elle poursuit ses préparatifs militaires : ordre aux réservistes de ne pas s'absenter de leur domicile, réquisition d'automobiles, rappel d'officiers en congé, armements des places fortes, renforcement des garnisons, transport de troupes vers la frontière (du 26 au 30 juillet) [4]. Bien plus, le 29 juillet, le comte de Pourtalès vient déclarer à M. Sazonoff que le gouvernement impérial mobiliserait, si la Russie ne cessait pas ses préparatifs militaires [5], alors que, le 27 juillet, M. de Jagow ne parlait de mobilisation de l'Allemagne qu'au cas où la Russie mobiliserait dans le Nord ; or, elle n'avait mobilisé que dans le Sud. Puis le 30 juillet, à une heure de l'après-midi, le *Lokal Anzeiger* annonçait la mobilisation générale à Berlin comme pour affoler l'opinion publique et précipiter les choses [6] ; il était, il est vrai, confisqué une heure après. Ces actes décisifs de l'Alle-

1. *Livre bleu anglais*, pièce 88. — 2. *Livre bleu anglais*, pièce 94. — 3. 30 juillet, *Livre orange*, pièces 60 et 67. — 4. *Livre jaune*, pièces 59, 60, 76, 106. — 5. *Livre orange*, pièce 58, et *Livre rouge*, pièce 42. — 6. *Livre orange*, pièces 61 et 62.

magne se produisaient au moment précis où la Russie venait de faire au gouvernement austro-hongrois la proposition indiquée plus haut ; on pouvait croire qu'elle cherchait à rompre toutes négociations.

Or, l'Autriche qui avait provoqué la crise, sous la direction du comte Berchtold, du comte Tisza et de M. de Tchirsky, qui, le 28 juillet, refusait encore sur la demande de l'ambassadeur russe, M. Schebeko, d'accorder au comte Szapary les pouvoirs pour continuer à Pétersbourg les conversations déjà commencées, qui, le 29 juillet, faisait encore une démarche énergique à Berlin afin d'imposer au gouvernement russe la suspension de ses préparatifs militaires, sinon la mobilisation générale serait proclamée [1], l'Autriche, le 30 juillet, modifiait son attitude. Il y avait ainsi revirement complet dans la diplomatie austro-hongroise. Les pourparlers reprenaient entre M. Schebeko et le comte Berchtold ; le chancelier déclarait qu'il autoriserait le comte Szapary à Pétersbourg à « discuter quel accomodement serait compatible avec la dignité et le prestige dont les deux empires ont un égal souci [2]. »

Le 1er août, le comte Szapary avait cédé à Pétersbourg sur le point principal, déclarant que l'Autriche consentirait à « soumettre à la médiation les points principaux de la note adressée à la Serbie qui semblaient incompatibles avec la sécurité et l'indépendance serbes [3]». Le gouvernement austro-hongrois « n'avait pas l'intention de porter atteinte aux droits souverains de la Serbie, ni d'obtenir une augmentation de territoire [4]. » Il était prêt à « discuter avec les autres puisssances le fond de son conflit avec la Serbie [5] », à « faire bon accueil à la proposition de médiation de sir E. Grey entre la Serbie et lui [6] » (31 juillet). Et jusqu'au 6 août, les pourparlers continuèrent, à Vienne, entre M. Schebeko et le comte Berchtold.

1. *Livre rouge*, pièce 48. — 2. *Livre jaune*, pièce 104, *Livre bleu anglais*, pièce 161 et *Livre rouge*, pièces 49 et 50. — 3. *Livre bleu anglais*, pièce 161. — 4. *Livre bleu anglais*. pièce 137. — 5. *Livre orange*, pièce 73. — 6. *Livre rouge*, pièce 51 et pièce 56 (1er août).

Que signifiait cette attitude? Ces concessions étaient destinées à tromper l'opinion pour rejeter sur la Russie la responsabilité de la rupture, et s'attirer ainsi les sympathies des neutres et de l'Angleterre, à moins qu'on ne suppose que le comte Berchtold et le comte Tisza, qui avaient cru que la Russie céderait et espéraient ainsi une victoire facile, n'aient reculé devant les conséquences de leur acte? Mais l'Autriche n'avait-elle pas, par son ultimatum du 23 juillet, provoqué elle-même la crise, n'avait-elle pas refusé d'accorder un délai à la Russie, repoussé la conférence à quatre et le projet d'entente séparée avec la Russie? De telles concessions, alors que Belgrade était bombardée le 30 juillet, et que la mobilisation générale était décrétée dans l'empire austro-hongrois, le 31 juillet, ne constituaient que des feintes, étaient trop tardives et ne pouvaient plus modifier le cours des choses[1].

Du reste, l'Allemagne se chargeait de précipiter les événements comme pour arrêter toutes les négociations en cours. Le 31 juillet, à midi, le gouvernement impérial proclamait « l'état de danger de guerre » ; le vendredi soir à minuit, M. de Pourtalès déclarait, d'ordre de son gouvernement, à M. Sazonoff, que si la Russie ne démobilisait pas avant le samedi midi, l'Allemagne mobiliserait à son tour. Désormais, la guerre était inévitable, et le samedi 1er août, au soir, les trois grandes puissances étaient sous les armes. C'était donc la guerre, puisque l'Allemagne avait exigé que l'Europe laissât l'Autriche envahir l'Orient.

III

C'est à cause de l'Orient que la guerre éclatait. Il était évident que la Turquie, qui avait tant de fois

1. Voir A. Gauvain : article dans la *Revue de l'Ecole des Sciences Politiques*, 15 avril 1915. — E. Denis : *La Guerre*. Paris, Delagrave, 1915, pages 63-65, et P. Saint-Yves : *Les reponsabilités de l'Allemagne*, Paris, Nourry, 1915, page 131.

concentré autour des débris de son Empire l'attention des diplomates, serait de quelque façon mêlée au conflit actuel. Ce sont les ambitions de l'Autriche, dans cet Orient si longtemps aux mains des Turcs, ses prétentions sur des territoires soumis jadis au Croissant, qui déchaînaient la guerre, et la Turquie n'avait pas, loin de là, adressé un dernier adieu à ce qui jadis était le plus beau fleuron de son Empire. N'avait-elle pas précisément recouvré Andrinople et une partie de la Thrace depuis ses dernières défaites?..

Quelle serait donc l'attitude de la Turquie, puisque, si même elle restait neutre, elle ne pourrait garder une complète impassibilité?..

***

Depuis plusieurs années déjà, la Turquie subissait l'influence du germanisme. Cette influence avait crû rapidement ; il y a 35 ans, elle n'existait pour ainsi dire pas. En 1840, des officiers prussiens, commandés par de Mühlbach et de Moltke, avaient séjourné en Turquie, préparant les projets futurs de pénétration allemande en Asie Mineure par les chemins de fer, et le futur chef d'état-major général demandait même la fondation d'une principauté allemande en Palestine. En 1848, l'économiste Rocher écrivait que l'Asie Mineure devrait former plus tard le lot de l'Allemagne, lors de son démembrement, et Frédéric List disait : « Dans ces régions, il serait possible, par une conquête pacifique, de créer une nouvelle Allemagne qui offrirait en grandeur, en population et en richesse à la vieille Allemagne, le plus solide bastion contre le danger russe, contre le panslavisme. » En réalité, l'Allemagne n'avait cure de l'Asie Mineure et de la Turquie, comme à l'époque où, pendant la guerre de Crimée, M. de Bismarck, de Francfort, conseillait à la Prusse la neutralité [1]. Ne se

1. Voir notre article dans la *Revue d'histoire diplomatique*, juil-

flattait-il pas, du reste, de ne jamais lire le courrier d'Orient?.. Or, au bout de quelques années, l'Allemagne avait à Constantinople une influence toujours croissante.

En juin 1882, une mission militaire, sous les ordres de von der Goltz et de Rustow Pacha, était venue à Constantinople réorganiser l'armée ottomane en lui fournissant surtout des canons Krupp. Elle ne prit pas seulement des commandes d'armement, elle dressa aussi le plan de voies ferrées, d'un grand transcontinental vers l'Asie qui servirait de véhicule aux produits allemands. Cependant, c'est de l'année 1888 que date l'entrée en scène de la puissance allemande dans les affaires turques.

En 1851, une compagnie anglaise s'était formée pour établir en Asie Mineure une voie ferrée de Suediah à Koweit, et avait obtenu un firman, en 1856; mais elle avait laissé périmer la concession. De 1871 à 1873, la Turquie faisait construire, par l'ingénieur wurtembergeois von Pressel, un tronçon, amorce du futur Bagdad, d'Haïdar-Pacha à Ismidt. Le gouvernement ottoman ne pouvant exploiter directement, va donner la ligne en location à un groupe allemand, puis à des capitalistes allemands.

La *Deutsche Bank*, à la faveur des querelles entre l'Angleterre et la France à propos de l'Égypte, des craintes de cette puissance au sujet de nos ambitions coloniales, et des progrès des Russes en Asie, obtiendra l'exploitation du chemin de fer d'Haïdar-Pacha à Ismidt. En 1888, deux iradés accordent à M. Alfred Kaoila l'exploitation de cette ligne et la concession, pour une durée de 99 ans, des 485 kilomètres de voie ferrée, pour rejoindre Ismidt à Angora et Siwas, avec promesse de prolongation à Bagdad, à mesure que la ligne couvrirait ses frais. Et le 16 mars 1889, la *Deutsche Bank* et la *Wurtembergische Vereinsbank* de Stuttgart fondaient la *Société ottomane des chemins de fer d'Anatolie*. Le succès de la Société s'accentua;

let 1909 : *M. de Bismarck à la Diète de Francfort pendant la guerre de Crimée.*

en 1893, 578 kilomètres étaient construits jusqu'à Angora. Du reste, de 1890 à 1895, les cours allemandes et anglaises furent en coquetterie. Guillaume II prodiguant ses démonstrations d'amitié à Londres, se faisait octroyer toutes libertés en Orient, et par un rescrit impérial du 15 février 1893, la concession, pour la compagnie, d'un embranchement d'Eskichéïr à Koniah et de la ligne d'Angora à Césarié, avec prolongement à Diarbékir et Bagdad. Mais ce tronçon étant jugé trop difficile à construire, le premier seul fut poussé à fond et achevé en 1896.

L'Empereur voudra obtenir maintenant la prolongation de Koniah à Bagdad; il voyait tout le profit que l'Allemagne pourrait tirer de l'exploitation des débouchés immenses qu'offraient la Syrie et la Palestine. Il vint à Damas, en novembre 1898, pour aplanir les difficultés et les résistances qu'il pouvait y avoir du côté des Musulmans à ses projets. Du reste, on lui était favorable là-bas. L'Allemagne n'avait-elle pas montré ses sympathies à la Turquie dans les affaires d'Arménie, lors des massacres de Macédoine et de la guerre gréco-turque de 1897, en lui prêtant ses instructeurs pour écraser les Grecs? A Damas, le 18 novembre, il se proclame le protecteur de la Turquie et de l'Islam: «Puisse le Sultan et puissent les 200 millions de Mahométans dans toutes les parties du monde qui vénèrent le Sultan comme leur chef être assurés que l'Empereur allemand sera leur ami pour toujours.» La Turquie voyait dans Guillaume II un protecteur, et se confia à lui; Abd-ul-Hamid pensa que l'Allemagne assurerait la grandeur du monde musulman. L'idée panislamique reçut ainsi de Berlin son plus ferme encouragement. Le Sultan fonda la ligue islamique, encouragea les théologiens, les écrivains musulmans qui répandaient parmi les Croyants l'idée de la grandeur de l'Islam, et soutenaient, dans tous les pays mahométans, les prétentions nationalistes. Guillaume II trouvait, du reste, dans la propagation de l'idée panislamique, le meilleur moyen de nuire à ses rivaux européens qui ont des Musulmans dans leurs colonies. C'était déjà un succès. Il en obtint de plus définitifs.

Le 27 novembre 1899, le principe de la concession était décidé entre la Porte et le docteur Siémens, président du conseil d'administration des chemins de fer d'Anatolie et ancien directeur de la *Deutsche Bank*. L'Angleterre laissait faire ; à Londres, Lord Salisbury et M. Chamberlin étaient séduits par les grâces que déployait Guillaume (mars 1899). Enfin, un iradé du Sultan, du 16 janvier 1902, accordait à la Société allemande des chemins de fer d'Anatolie une promesse d'extension des lignes d'Asie Mineure au Golfe Persique, en donnant les garanties nécessaires pour la première section de Koniah à Eregli : c'était le chemin de fer de Bagdad. Le 5 mars 1903, la convention était signée entre les ministres du Commerce et des Travaux Publics de Turquie et les représentants de la *Deustche Bank* et de la Société d'Anatolie. La ligne partant de Koniah viendrait aboutir à Bassorah sur le Chatt-el-Arab. D'autre part, les Allemands obtenaient la concession du port d'Haïdar-Pacha. En Turquie d'Europe, les capitaux allemands et autrichiens s'emparaient de la compagnie des chemins de fer orientaux. Ainsi, peu à peu les Allemands accaparaient tous les points de communication pour relier directement Berlin et leurs grands ports Hambourg, Brême, au golfe Persique.

Avec son Bagdad, l'Allemagne renforcerait ses relations économiques avec l'Empire turc, et peu à peu s'emparerait commercialement de la Turquie d'Asie, en y réalisant d'énormes bénéfices, en exploitant les charbonnages, les pétroles, les richesses agricoles, en y vendant les bibelots et les produits allemands. Enfin, elle aurait la main-mise sur la route la plus courte vers les Indes, celle qui avait servi entre l'Extrême-Orient et l'Orient de chemin naturel aux caravanes pour le transport des produits des deux continents. Les Échelles du Levant, jadis fief du commerce français, passaient à l'Allemagne.

L'Allemagne en même temps, par cette voie, permettrait à l'Empire ottoman de transporter rapidement en Europe ou sur la frontière russe d'Asie ses corps d'armée d'Erzeroum, de Damas, du golfe Persique. Le Bagdad « fortifiait donc l'armée de la Turquie, protégée de l'Allemagne, contre nos alliés » [1]. La Turquie pourrait plus aisément s'opposer à la pénétration russe en Asie Mineure. Aussi la Russie était fort hostile aux projets allemands, concurrence évidente de son Transsibérien. Elle avait, du reste, un autre projet auquel nuirait le Bagdad, celui d'un transasiatique allant de Moscou à Bochara-Merv-Herat-Queta.

Le chemin de fer germanique du Bagdad faisait aussi échec à l'Angleterre qui veut garder libre la voie commerciale vers les Indes, et qui voyait, grâce à cette ligne, la concurrence allemande s'installer aux portes de son Empire asiatique.

Le Bagdad froissait donc les intérêts que les deux grandes puissances asiatiques, la Russie et l'Angleterre, ont en Asie Mineure, et contrecarrait leurs idées ambitieuses sur ces riches pays, berceau de l'humanité. Le Bagdad lésait aussi les intérêts de la France qui fait, depuis des siècles, un commerce actif avec ces contrées.

Les capitaux manquaient à l'entreprise ; les Allemands cherchèrent les moyens d'exécution financière dans les deux riches pays capitalistes, la France et l'Angleterre. Dès 1899, Français et Allemands convinrent que les deux pays auraient parts égales dans l'apport des capitaux. Une première convention répartissait le capital à raison d'un quart aux Allemands, aux Français et aux Anglais, le dernier quart à la société d'Anatolie et à divers participants, et lorsque la société du Bagdad se constitua, elle prit une apparence exclusivement allemande. Les Anglais

1. Paul Deschanel, *Politique intérieure et étrangère*, Paris, Calmann-Lévy, 1909, page 71.

alors se retirèrent et firent tomber l'accord. Par une autre convention qui se forma entre Français et Allemands, le capital devait être fourni, 2/5 par les Français, autant par les Allemands, et le reste par divers syndicats; cet arrangement obtint l'adhésion des intéressés. La presse russe mena une vive campagne, s'indignant de la coopération de la France à une entreprise qui facilitait les ambitions allemandes [1].

Certains pensaient que cette participation de la France serait pour elle une occasion de manifester sa puissance en Orient, « d'y être représentée [2] »; faite de concert avec l'Angleterre et la Russie, elle aurait pour résultat de « dégermaniser la ligne ». D'autres, plus justement, blâmaient cette participation qui, tout au moins, n'aurait dû se faire que sous des garanties précises et suffisantes. En résumé, ce concours financier permettrait à l'Allemagne, dont les capitaux étaient rares, de construire sa ligne, et quelques années plus tard, elle évincerait les capitaux étrangers, et le tour serait joué [3]. En 1902, on pouvait certainement paralyser leurs efforts, grâce à notre influence à Constantinople et à l'appui de la diplomatie russe, très hostile au projet, et croyant les Allemands dans l'impossibilité d'aboutir sans le secours de l'argent étranger. Or, les capitalistes français allaient

1. Paul Imbert, *la Rénovation de l'Empire Ottoman*, Paris, Perrin 1909, pages 38, 39.

2. Voir séance de la Chambre des Députés du 24 mars 1902. — Discours de M. Delcassé, ministre des Affaires étrangères : « Si une solution était trouvée, en vertu de laquelle la société d'Anatolie, concessionnaire de la ligne de Bagdad, disparaîtrait devant une société d'études, laquelle céderait ensuite le pas à une société définitive où l'élément russe aurait pleine faculté d'entrer et où l'élément français aurait, et dans la construction, et dans l'exploitation, et dans la direction générale de l'entreprise, une part absolument égale à celle de l'élément étranger le plus favorisé, je demande à la Chambre s'il n'y aurait pas plutôt lieu de se féliciter de cette participation. »

3. A. Chéradame, *le Chemin de fer de Bagdad*, Paris, Plon, 1903, p. 270 et suiv.

faciliter l'entreprise à raison de 40 p. 100, y entraînant les capitaux russes à raison de 20 p. 100, alors que ceux-ci avaient assez à faire pour l'amélioration du Transsibérien. M. Paul Deschanel, critiquant cette politique, le 19 novembre 1903, à la Chambre, disait : « Nous qui avons le premier crédit du monde, cette arme suprême des luttes modernes, nous allons la mettre au service d'intérêts étrangers, contre les intérêts généraux permanents de notre politique... Je demande si, dans l'état présent des relations internationales, étant donnés les vues et les intérêts respectifs de la France, de l'Angleterre et de la Russie, il est politique de contribuer à installer l'Allemagne sur le golfe Persique entre ces deux puissances.[1] » Ce n'était pas là augmenter l'influence française, mais plutôt l'amoindrir.

L'Allemagne ayant, par la suite, manqué à la parole donnée et constitué une société où elle avait la prépondérance, l'émission publique n'eut pas lieu, le gouvernement refusa de laisser coter les titres à la Bourse. Mais les maisons de Paris n'en apportèrent pas moins les fonds aux entrepreneurs allemands, qui construisirent le Bagdad avec des capitaux français. Toute tentative de « dégermaniser la ligne » devait échouer, car l'Allemagne gardait la prépondérance dans l'entreprise. M. de Schoen déclarait, en février 1908, à la commission du budget du Reichstag, que le Bagdad restait une affaire commerciale allemande ; si elle admettait la coopération de capitaux non allemands ajoutait-il, c'était « à la condition que cette coopération n'enlevât pas le caractère allemand de l'entreprise. »

En 1906, 200 kilomètres étaient construits, de Koniah à Bourbourlou. L'Allemagne avançait à pas de géant, vers la réalisation de ses ambitions, grâce au bon vouloir de la Turquie et à la faiblesse des puissances de la Triple Entente.

1. *Politique intérieure et étrangère.* — *Op. cit.*, p. 71.

La question du terminus de la ligne restait cependant toujours en suspens. Le gouvernement turc ne voulait pas qu'on décidât, avant que la ligne médiane fût achevée, si le terminus serait à Koweit, Fao, ou Bassorah, l'Angleterre ayant son mot à dire dans cette circonstance et élevant déjà des objections.

En 1908, un iradé du Sultan du 25 mai autorisait la construction de quatre sections qui prolongeaient la voie jusqu'à Helfe. Le 20 mars 1911, un iradé approuvait une convention conclue avec la société du Bagdad et relative à la construction, dans le délai de six ans, du tronçon Hélif-Bagdad. La société obtenait aussi la concession et l'exploitation de la ligne Osmanié-Alexandrette et celle du port d'Alexandrette, ce qui constituait pour le Bagdad un excellent débouché sur la Méditerranée.

En échange, la société renonçait à son monopole au sujet de la station de Bagdad-Bassorah, et à son privilège sur la majoration éventuelle de 4 p. 100, des droits de douanes pour la garantie d'intérêt. D'un autre côté, l'Angleterre engageait des pourparlers avec la Porte au sujet du tracé Bagdad-Bassorah, désirant que la Turquie lui reconnût les droits spéciaux qu'elle s'était acquis sur le golfe Persique, par suite de sa convention avec le Cheikh de Koweit. En tout cas l'Angleterre admettait qu'elle ne pouvait s'opposer au développement du Bagdad; il aurait fallu pour cela jadis en enmpêcher la concession. Du reste le 15 juin 1914, après de longues négociations, elle signait un accord avec l'Allemagne au sujet de la dernière section de Bagdad à Bassorah. L'Angleterre ne participerait plus à la construction et à la mise en exploitation de cette ligne; elle devait être représentée dans le conseil d'administration par deux directeurs anglais.

De son côté la Russie, la plus opposée autrefois au Bagdad et à la participation financière, finalement traitait avec l'Allemagne. A la suite de l'entrevue de Potsdam

(4-5 novembre 1910), un accord était conclu, le 19 août 1911, d'après lequel l'Allemagne reconnaissait à la Russie des intérêts spéciaux dans la Perse septentrionale. De son côté, la Russie s'engageait à « ne prendre aucune mesure qui pourrait entraver la construction du chemin de fer du Bagdad ou empêcher la participation des capitaux étrangers à cette entreprise ». (Art. 3). Du reste, au début de 1911, la Turquie et l'Allemagne avaient négocié une convention qui consacrait la main-mise définitive de l'Allemagne sur le Bagdad, en écartant la participation des capitaux franco-anglais.

L'Angleterre, se préparant après la Russie, à signer un accord sur le Bagdad, il fallait que la France, seule désormais en présence de l'Allemagne, ne restât pas en état d'infériorité; d'où les négociations qui eurent lieu entre les deux puissances, à la suite desquelles un arrangement fut conclu. La Banque ottomane rétrocédait à la *Deutsche Bank* les titres qu'elle possédait, et les Allemands, en revanche, renonçaient à notre profit à des concessions de chemins de fer en Syrie et sur la mer Noire[1]. L'Allemagne devenait peu à peu maîtresse du Bagdad. Nous avions eu cependant, en 1909, une dernière chance d'entraver ses progrès en Asie Mineure par la construction d'une ligne directe entre la Méditerranée et le golfe Persique, par Tripoli de Syrie, Homs, Bagdad, Bassorah, c'est ce qu'on a appelé le Homs-Bagdad. Cette voie aurait pu faire une concurrence désastreuse au Bagdad allemand, en transportant les marchandises plus rapidement et à moins de frais. Sir Edward Grey, M. Pichon et M. Paul Cambon mirent sur pied un projet d'accord avec la Turquie, pour la concession et la construction de cette ligne. Or, ce projet échoua par suite de la déplorable inertie de notre ambassade à Constantinople; l'Allemagne avait la voie libre, il n'y avait plus qu'à négocier avec elle.

1. Accord devenu définitif en février 1914, voir plus haut, pages 224 et 225.

Ainsi on sortait comme on pouvait d'une affaire mal conduite et sans issue, payant les fautes de vingt années qui rendaient nécessaires les concessions de l'heure présente. Jamais les voies ferrées que nous allions posséder en Turquie, ne nous permettraient de lutter contre le Bagdad allemand.

M. Pichon, ministre des Affaires étrangères, expliquant, en 1911, à la Chambre des députés, les négociations avec l'Allemagne sur le Bagdad et les concessions de la Russie à Postdam, faisait valoir les avantages des tractations présentes qui permettaient d'éviter des froissements et des compétitions inutiles, mais il ne pouvait s'empêcher de lancer cet avertissement : « Il faut, comme le disait M. Deschanel, ou comme vous le demandait M. le Président du Conseil, il faut, si vous voulez une politique extérieure digne de la France, veiller à tous moments sur notre armée, sur notre marine, et nous mettre en mesure de remplir militairement, s'il le fallait, tous les grands devoirs auxquels nous pourrions être obligés !. »[1] C'était un cri d'alarme. Le succès évident de l'Allemagne ne l'entraînerait-elle pas vers des exigences nouvelles ?

Telle avait été l'évolution de cette question du chemin de fer de Bagdad qui montrait l'importance des entreprises allemandes en Turquie d'Asie. En avril 1910, le prince Eitel-Frédéric, deuxième fils du Kaiser, arrivait en Palestine avec une suite nombreuse pour célébrer les progrès de l'Allemagne. Au banquet organisé au Mont des Oliviers, le prince de Salm parlait de « l'Empereur, célèbre jusque sous les tentes lointaines des Bédouins », tandis que le baron Mirbach, grand maître de la Cour, évoquait les temps de Grégoire-le-Grand et de Charlemagne.

1. Séance de la Chambre des Députés, du 12 janvier 1911.

***

L'Allemagne, d'autre part, devait chercher à renforcer, à armer la Turquie pour s'en faire une alliée opérant une utile diversion sur le flanc des armées russes dans la guerre européenne qu'elle ne perd pas de vue. Elle fournira à la Porte des munitions, des canons, ainsi que des instructeurs pour son armée. Quel emploi fut-il fait des uns et des autres ?... Il semble que dans ce pays de concussion, armes et munitions aient été entassées dans des arsenaux sans qu'on en connût même l'utilisation, et que les instructeurs n'aient eu à éduquer qu'un embryon de cadres et d'armée. Comme la guerre de 1912 le démontra, les effectifs turcs n'existaient que sur le papier, et les officiers ne surent pas mettre en pratique les plans de l'État-major allemand.

Quoi qu'il en soit, l'Allemagne exerçait, et par sa pénétration économique, et par ses instructeurs militaires, une grosse influence à Stamboul. L'autorité de son ambassadeur, le célèbre baron Marschall von Bieberstein, était prépondérante dans les conseils du Sultan. Mais les défaites de 1912 ébranlèrent fort le prestige de l'Allemagne, et, quoique les Turcs fussent seuls responsables des désastres encourus, on se demanda là-bas si vraiment les méthodes militaires de l'Allemagne n'y étaient pas pour quelque chose.

C'est alors que Berlin trouva une excellente occasion de regagner son influence auprès de la Sublime Porte, en lui rendant un service signalé. Lors de la deuxième guerre balkanique, la Turquie, à la faveur des défaites bulgares, avait réoccupé une grande partie de la Thrace et Andrinople. La Bulgarie, qui avait perdu la Macédoine, réclamait ces territoires aux puissances, en invoquant les protocoles de Londres, qui les lui avaient accordés. La Triple Entente aurait peut-être cédé afin de détourner de la Macédoine les ambitions bulgares. L'Allemagne voulait au contraire les y précipiter pour contenir les Serbes et les Grecs, et déclara s'opposer à toutes mesures de coercition contre les Turcs pour leur faire évacuer Andrinople ; l'Europe dut reconnaître en Macédoine et en Thrace les faits accomplis. L'Allemagne regagnait ainsi les bonnes grâces des Turcs en leur permettant de conserver Andrinople, symbole de leur antique puissance en Europe; elle préparait, en même temps, contre les Serbes et les Grecs, une entente entre Turcs et Bulgares qui avaient désormais des intérêts presque identiques.

Elle profita vite à Constantinople de son récent succès. Elle y envoyait, en décembre 1913, une mission militaire sous les ordres du général Liman von Sanders, malgré les protestations de la Russie [1]. La Turquie, en janvier, achetait un cuirassé, et Enver-Pacha, tout acquis à l'influence allemande nommait, à la tête de l'armée, des généraux et des officiers dévoués à sa politique. Des Musulmans débarquaient en Albanie, où ils cherchaient à faire proclamer Izzet-Pacha comme souverain, et leurs intrigues s'étendaient aux nouveaux territoires acquis par la Serbie où résidaient des Ottomans. La France avait beau accorder à la Turquie un emprunt, conclure des arrangements avec elle en Asie Mineure, la prépondérance de l'Allemagne était évidente. Elle se maintenait, grâce à l'armée avec Enver Pacha et ses officiers, grâce aux avantages économiques qu'elle conservait par le Bagdad, grâce aux accords spéciaux qui lui avaient obtenu certaines concessions en Syrie, grâce aux voies ferrées dont la France elle-même, en 1914, lui avait reconnu l'exploitation. Or, la Turquie était affaiblie par ses récents désastres ; elle était de plus gouvernée par un syndicat de politiciens qui cherchaient plutôt à l'exploiter et à vivre d'elle qu'à accomplir les réformes indispensables.

Parmi ses ministres, on remarquait le Grand Vizir,

1. Voir plus haut chapitre X, p. 264.

le prince Saïd-Halim, grand seigneur à la culture européenne, qui désirait sincèrement la paix pour procéder aux réformes ; mais c'était un indolent, et son influence était médiocre. Puis le tout puissant ministre de l'Intérieur, Talaat Bey, d'idées francophiles en apparence, qui ne voulait pas se prononcer, parce qu'il se réservait. Voici Djavid Bey qui avait récemment conclu l'emprunt à Paris où il avait reçu un accueil chaleureux, de même que Djemal Pacha qui avait visité cet été nos fonderies du Creusot et nos cuirassés dans leurs moindres détails. Ils semblaient nous être acquis, mais ils ne recherchaient que leur intérêt personnel ; l'un et l'autre, du reste, n'étaient pas d'une énergie telle qu'ils pussent faire prévaloir leur influence contre le très autoritaire ministre de la guerre, Enver Pacha, cet aventurier audacieux qui rêvait de remplir en Turquie le rôle de Napoléon. Ce n'étaient certes pas le Grand Vizir et Talaat Bey qui donneraient au gouvernement la volonté nécessaire. Serait-ce le Sultan Mahomet V ? Il n'avait ni la duplicité d'Abd-ul-Hamid, qui lui tenait lieu de diplomatie, ni son caractère opiniâtre et résolu. Il était entièrement soumis au Comité Union et Progrès qui l'avait élevé au Sultanat, et n'osait résister à ses fantaisies. Du reste, tout parti au pouvoir le dominait, aussi bien le puissant Comité que son représentant actuel Enver Pacha, et qu'un moment auparavant, la Ligue militaire avec le vieux Kiamil et Nazim Bey. Il n'avait point de conceptions politiques, la diplomatie allemande à Constantinople l'ignorait même. Ainsi les ambitieux et les violents l'emporteraient. Or, l'Allemagne et l'Autriche avaient voulu et préparé la guerre, elles comptaient y entraîner la Turquie ; le gouvernement turc, dont le siège était fait, allait évidemment céder.

CHAPITRE XII

LA TURQUIE EN GUERRE AVEC LA TRIPLE ENTENTE

I

Les Jeunes-Turcs avaient témoigné de vives sympathies pour la France. Leurs théories démocratiques les rapprochaient de nous ; ils avaient voulu appliquer notre régime constitutionnel et avaient fait des efforts pour assurer l'égalité des races et le respect de leur droits. Nous les avions soutenus après la révolution de 1908 et leur avions prêté notre appui moral, et plus tard notre appui financier. Il y avait d'autre part des intérêts français répandus dans tout l'Empire, tant sous la forme de capitaux que d'exploitations de chemins de fer, de quais, de phares, de mines, etc...

La France a, en effet, des intérêts considérables en Orient. Nous possédons 2.522.000.000 de francs de capitaux placés en Turquie contre 1.250.000.000 de capitaux allemands et 760.600.000 de capitaux anglais. Nous détenons pour un milliard et demi de fonds d'État turc et nos chemins de fer représentent 450.000.000 de francs ; parmi les entreprises économiques nous avons la concession de plus de 4.000 kilomètres de chemin de fer. Les entrepreneurs français ont été chargés de la construction de routes en Turquie et en Syrie, et un emprunt de 12.000.000 devait servir aux premiers travaux déjà commencés sur les routes, à Alep-Alexandrette, Andrinople-Constantinople, Brousse-Moudania. Une société française possède les quais de Constantinople, administre les eaux de la ville (capital : 21.000.000 francs), le port de Smyrne et celui de Beyrouth (capital : 7.500.000 francs) et la compagnie des eaux de la ville, le port de Salonique (capital : 11.100.000 francs), les ports de Rodosto et de Panderma. Nous avons 4.450.000 francs dans les usines à gaz de Beyrouth, 10.000.000 dans les mines de houilles d'Héraclée, 6.000.000 et demi dans la Balia-Karaïdin, 40.000.000 dans la régie des tabacs ; nous administrons les phares de l'Empire au nombre de 258. Tout ceci rapprochait les deux peuples.

Faut-il mentionner enfin la politique séculaire de la France en Turquie, la France qui s'était faite souvent l'apôtre désintéressé de l'intégrité de l'Empire turc, l'avait sauvé, jadis du péril austro-russe, et protégé contre des démembrements. Il y avait bien des motifs pour escompter, non pas une participation de la Turquie à la guerre en notre faveur, mais sa neutralité bienveillante. On aurait pu, du reste, exploiter à Constantinople les sympathies que nous y avions, se servir de certains concours qui paraissaient s'offrir à nous ou nous étaient déjà acquis, et réagir dès le début de la guerre contre la politique des Jeunes-Turcs : on se laissa au contraire diriger par les événements.

La Turquie allait donc céder aux pressions allemandes. Si nous laissons de côté les motifs tout personnels qu'avaient les ministres au pouvoir de soutenir la cause du germanisme, nous devons reconnaître qu'à Constantinople, en septembre 1914, on était convaincu du triomphe de l'Allemagne. Enver Pacha le déclarait ouvertement. Les Jeunes-Turcs avaient connu notre retraite de Charleroi et la marche des armées du Kaiser sur Paris ; ils croyaient la France vaincue. Il y avait bien eu la défaite allemande de la Marne, mais l'Allemagne affirmait que ce n'était qu'une retraite stratégique sur des positions choisies. Elle leur persuada que notre front serait percé sur Calais, et comme notre territoire et celui de la Russie restaient envahis, ils ne pensèrent pas que nous pourrions nous relever. Au contraire, on leur démontra que leur entrée en scène, en attirant les Russes dans le Caucase, libérerait les Allemands d'autant de corps d'armée et qu'ainsi la victoire serait certaine. Ils en retireraient de grands avantages, tandis qu'en restant du côté de la Triple Entente, il ne fallait pas compter sur un agrandissement territorial; on garantirait leur intégrité, mais la Turquie était payée pour savoir ce que cela voulait dire : intégrité avait été trop souvent pour elle synonyme de démembrement.

Elle se laissa entraîner dans la guerre, mettant sa fortune sur un coup de dés, et s'exposant ainsi à tout perdre. Plus de méthode et de circonspection auraient mieux servi ses intérêts. Elle n'écouta pas la voix de la sagesse.

Notre illustre écrivain, Pierre Loti, la lui fit entendre cependant dans un appel particulièrement ému, adressé à Enver Pacha et à ses amis :

« Je devine bien, hélas! les pressions exercées sur votre cher pays et sur vous-mêmes par l'être abominable en qui sont venues s'incarner toutes les tares de la race prussienne : férocité, morgue et fourberie. Il a dû abuser de votre beau et fougueux patriotisme en vous leurrant d'illusoires promesses de revanche.

« Défiez-vous de ses mensonges; il a certainement su empêcher la vérité d'arriver jusqu'à vous, sans quoi votre cœur de loyal soldat se serait détourné de lui. Il a su vous persuader, comme à une partie de son peuple, qu'il avait été contraint à ces tueries si longuement préméditées. Au contraire, avec un cynisme infernal, il a réussi à vous donner foi en ses victoires, alors qu'il sait comme tout le monde aujourd'hui que le triomphe finira par être à nous, et, d'ailleurs, si, par impossible, nous devions succomber pour un temps, la Prusse et sa dynastie de bêtes fauves n'en resteraient pas moins clouées pour jamais aux plus honteux piloris de l'histoire humaine.

« Combien je souffrirais de voir notre chère Turquie, trompée par ce misérable, se lancer à sa suite dans une terrible aventure, et, plus encore, de la voir se déshonorer en s'associant à l'attentat des derniers barbares contre la civilisation!

« Oh! si vous saviez l'immense dégoût qui se lève dans le monde entier contre la race prussienne! Les Allemands ont été les seuls à vous apporter un peu (oh! très peu) de réconfort; mais c'est égal, cela ne vaut pas que vous vous suicidiez pour eux, et puis, voyez-vous, ces gens-là achèvent à cette heure de se mettre hors de l'humanité.

« Il deviendrait donc, non seulement périlleux, mais dégradant, de marcher en leur compagnie. Vous avez sur votre pays une influence pleinement justifiée, puissiez-vous le retenir sur la pente mortelle où il semble engagé!»

Mais l'appel de Pierre Loti ne fut pas écouté.

Dès les débuts de la guerre, la France promet cependant de garantir l'intégrité de la Turquie, si elle observe la neutralité [1], ceci conjointement avec la Russie et l'Angleterre qui même, le 7 août, déclare qu'elle ne changera rien au statut de l'Égypte [2].

De son côté le Grand Vizir, dès le 3 août, affirme que la Turquie gardera la neutralité [3]. L'Empire ottoman, par conséquent, quelle que soit l'issue de la guerre, peut être assuré qu'il ne perdra aucune parcelle de son terri-

1. *Second Livre bleu anglais*, sur la rupture des relations avec la Turquie, n° 13, pièce 17, 16 août 1914, et *Second Livre orange russe*, pièce 34.

2. *Second Livre bleu anglais*, pièce 5.

3. *Second Livre bleu anglais*, pièce 4, et *Second Livre orange*, pièces 1, 2, 8, 9.

toire du fait de la Triple Entente. Il a la parole des trois puissances belligérantes, leurs gouvernants promettent qu'ils resteront neutres. L'intérêt de la Turquie est donc de respecter la promesse faite. Tout la retient dans une politique de neutralité, les traditions historiques, les sympathies, les intérêts.

Or, le Gouvernement turc, en proclamant qu'il reste neutre, va violer cyniquement, presque chaque jour, cette neutralité. Là se manifestent évidemment, la main de l'Allemagne toute puissante à Stamboul, l'incohérence, la fourberie des gouvernants turcs, les rêves ambitieux de ministres acquis à la cause allemande, tel qu'Enver Pacha, qui ont séjourné longtemps à Berlin, qui ont confiance absolue dans le triomphe de l'Allemagne[1], et espèrent avec son appui, et à la faveur de ses succès, conquérir les territoires soustraits au drapeau du Prophète.

Disons d'abord que l'Allemagne fera des offres importantes à la Turquie : les îles grecques, une partie de la Grèce, en promettant à la Bulgarie la Macédoine, à la Roumanie la Bessarabie, et même à la Grèce les îles turques que lui avait refusées la Triple Entente[2]. Et puis Enver Pacha, s'il déclare la guerre, espère battre l'Angleterre sur Suez, s'emparer du canal, et débarrasser l'Égypte du joug britannique, tandis qu'il reprendra aux Russes les territoires du Caucase.

Or, la Turquie agira envers la Triple Entente, comme on le verra par la succession des faits et l'examen des

1. « La Turquie souhaite à part soi le succès de l'Allemagne. » (*Second Livre orange*, dépêche de M. de Giers au ministre des Affaires étrangères, pièce 4). — « Elle saisira la première occasion favorable dont elle pourra faire profiter impunément ses intérêts. » (*Second Livre orange*, dépêche de M. de Giers, pièce 1).

2. Le gouvernement turc enverra à Bucarest Salaat Bey qui auparavant s'arrêtera à Sofia pour négocier une entente et un partage. La Grèce déléguera à ces conférences M. Zamaïs, directeur politique aux Affaires étrangères, qui passera d'abord par Nich pour en causer avec les Serbes.

textes diplomatiques, avec une telle désinvolture, parfois avec tant d'hostilité, qu'on peut se demander s'il n'y avait pas là l'effet d'un calcul raisonné, d'un plan méthodiquement suivi.

*
* *

La Turquie se tient d'abord sur une certaine réserve : elle n'est pas encore persuadée des succès de l'Allemagne. Ainsi lorsque, le 4 août, le Grand Vizir annonce que le gouvernement conservera la neutralité, mais qu'il devra cependant mobiliser ses troupes, il s'empresse de déclarer que c'est une simple mesure de précaution, afin de ne pas être surpris par une attaque de la Bulgarie, et parce que des bruits circulent d'une action de la Russie [1].

Or le 4 août, au lendemain de la déclaration de guerre, on apprenait en France que deux croiseurs allemands, le *Gœben* et le *Breslau*, avaient bombardé Bône et Philippeville. Poursuivis par des navires anglais, ils étaient entrés, le 6 août, à Messine, et en étaient repartis le 7, conformément aux lois de la guerre maritime, guettés dans la mer Tyrrhénienne par deux divisions navales anglaises. Le 11 août, on annonçait que les deux croiseurs avaient échappé, grâce à leur vitesse supérieure, à l'escadre anglaise, étaient entrés dans les eaux grecques, paraissant vouloir se diriger vers les Dardanelles. Qu'allait faire la Turquie s'ils cherchaient à franchir les Détroits ? Leur donnerait-elle asile, comme le désirait et le lui demandait vraisemblablement l'Allemagne ? Alors se poserait devant toute l'Europe la redoutable question des Détroits, cause de la guerre de Crimée. On avait tout lieu de croire, après les déclarations du Grand Vizir, que la Turquie ne s'en laisserait

1. *Second Livre bleu anglais*, pièce 3, 4 août ; *Second Livre orange*, pièces 4, 5.

pas imposer par l'Allemagne, et remplirait non seulement ses devoirs de neutre, mais de gardienne des Dardanelles, c'est-à-dire, de la liberté économique de l'Europe.

Or, on apprenait que, le 10 août, à 8 h. 1/2 du soir, les deux croiseurs avaient franchi les Dardanelles. Sir Edward Grey et M. Sazonoff, adressèrent d'énergiques représentations au Grand Vizir : les navires allemands ne pouvaient passer les Détroits et devaient, ou les quitter dans les 24 heures ou être désarmés [1]. Les ministres anglais et russe posaient la règle que la Turquie devait observer ; elle était en effet très stricte.

En vertu de la convention des Détroits signée à Paris, le 30 mars 1856, par la France, l'Autriche, l'Angleterre, la Russie, la Sardaigne, y compris la Prusse, et annexé au traité de la même date, il était dit que ces puissances, « voulant constater leur détermination unanime de se conformer à l'ancienne règle de l'Empire ottoman, d'après laquelle les Détroits des Dardanelles et du Bosphore sont fermés aux bâtiments de guerre étrangers, tant que la Porte se trouve en paix », étaient convenues des articles suivants :

ART. 1er. — Sa Majesté le Sultan, d'une part, déclare qu'il a la ferme résolution de maintenir, à l'avenir, le principe invariablement établi, comme ancienne règle de son Empire, et en vertu duquel il a été de tout temps défendu aux bâtiments de guerre des puissances étrangères d'entrer dans les Détroits des Dardanelles ou du Bosphore, et ce tant que la Porte se trouve en paix, Sa Majesté n'admettra aucun bâtiment de guerre étranger dans les dits Détroits.

Et Leurs Majestés, l'Empereur des Français, l'Empereur d'Autriche, la Reine du Royaume-Uni de la Grande-Bretagne et d'Irlande, le Roi de Prusse, l'Empereur de toutes les Russies, et le Roi de Sardaigne, de l'autre part, s'engagent à respecter

1. *Second Livre bleu anglais*, pièce 8, 11 août, *et Second Livre orange* pièces 11 et 15.

cette détermination du Sultan et à se conformer au principe ci-dessus énoncé.

Cette convention reproduisait les stipulations d'un traité avec l'Angleterre du 6 janvier 1809, et de la convention de Londres du 13 juillet 1841; elle était confirmée par le traité de Londres (art. 2) du 13 mars 1871 et le traité de Berlin (art. 63) du 13 juillet 1878, qui en consacraient les dispositions. Par cette interdiction de passage des navires de guerre, on avait créé une véritable neutralisation, à titre exceptionnel, des Détroits, puisque le pays riverain ne pouvait y permettre la navigation militaire des autres États, contrairement à son droit normal. Ces dispositions avaient été consenties en faveur du Sultan qui les considérait comme une règle invariable de son Empire, et indispensable à sa sécurité. Cette fermeture des Détroits des Dardanelles et du Bosphore aux bâtiments de guerre étrangers, tant que la Porte se trouve en paix, est une obligation d'ordre contractuel assumée et par le Sultan et par les puissances signataires, comme l'indique très explicitement la convention de 1856 [1].

En vertu de ces traités, si, d'une part, l'Allemagne, qui les avait signés jadis, ne devait pas laisser ses navires franchir les Détroits, la Turquie, d'autre part, devait les en faire sortir. Les navires de la Triple Entente avaient même le droit d'exiger de la Porte la faculté d'entrer dans les Dardanelles, afin d'en chasser les deux navires fugitifs.

La Turquie était également tenue, et par les devoirs de la neutralité, et par la convention de la Haye qu'elle avait signée, d'obliger ces navires à partir dans les 24 heures,

1. En septembre 1903, la Turquie n'a permis le passage de torpilleurs russes qu'à la condition que, dans la traversée des Détroits ils voyageraient comme navires de commerce sans armements, ni équipements militaires. Elle a imposé des conditions analogues pour les navires de la flotte volontaire russe pendant la guerre russo-japonaise.

ou de les désarmer s'ils ne quittaient pas les eaux turques. (Art. 12 et 24 de la *Convention de la Haye concernant les droits et les devoirs des puissances neutres en cas de guerre maritime*. 18 octobre 1907.) Les Alliés pouvaient sommer la Turquie d'appliquer les articles de la convention de la Haye.

La Sublime Porte n'avait donc qu'à s'en tenir au respect des conventions internationales, à s'abriter derrière elles pour s'opposer aux exigences allemandes. Les puissances de la Triple Entente ne demandaient qu'à lui faciliter l'observation de traités solennellement consentis. On crut même un instant que la Turquie, avertie, ferait respecter les conventions indiquées, et que les deux croiseurs seraient désarmés.

Mais les difficultés allaient être tournées par l'Allemagne. On annonçait, le 13 août, que le *Gœben* et le *Breslau* étaient vendus à la Turquie. Ce contrat était nul, car il était fait visiblement en fraude des droits des tiers, c'est-à-dire des puissances signataires des conventions de Paris et de la Haye : *fraus omnia corrumpit*. Bluntschli enseigne qu'un État neutre ne peut pas acquérir lui-même d'un des belligérants un navire de guerre armé qui s'est réfugié dans ses ports[1]. Le *Gœben* et le *Breslau* baptisés turcs restaient allemands.

Du reste, la *Déclaration de Londres relative aux droits de la guerre maritime*, du 26 février 1909, qui porte la signature de l'Allemagne, et est même due à un de ses plus célèbres jurisconsultes, M. A. de Bulmerincq, professeur à l'Université de Heidelberg, traite, dans l'article 56, du transfert sous pavillon neutre d'un navire de commerce ennemi : « Ce transfert sous pavillon neutre d'un navire ennemi effectué après l'ouverture des hostilités est nul, à moins qu'il ne soit établi que ce transfert n'a pas été effectué en vue d'éluder les conséquences qu'entraîne le caractère de navire ennemi. Toutefois, il y a

1. *Le Droit international codifié*, art. 763

présomption absolue de nullité : 1° si le transfert a été effectué pendant que le navire est en voyage ou dans un port bloqué ; 2° s'il y a faculté de réméré ou de retour ». Or, c'était bien exactement le cas qui se présentait [1].

La Turquie se déclarait de bonne foi. Son ambassadeur à Paris, Rifaat Pacha, ancien ministre des Affaires étrangères, disait à un rédacteur du *Temps*, le 13 août, que « cette opération ne comportait aucun acte de complicité, ni de duplicité, ni la moindre intention hostile ou même inamicale de la part de la Turquie, ce qui serait une insigne folie. »..... « Nous n'avons pas la moindre prétention de nous mêler à la guerre européenne, ni de faire avec ces deux croiseurs ce que l'Allemagne n'a pas pu faire... ». « L'arrivée de ces deux croiseurs a été pour nous une aubaine, nous l'avons saisie avec empressement, et l'Allemagne y perdra plutôt qu'elle n'y gagnera, car vous pouvez être certain que ces croiseurs, que nous aurions dû lui rendre après la guerre, après les avoir désarmés resteront entre nos mains » [2].

Ces déclarations étaient puériles ; la Turquie gardait les croiseurs, malgré les protestations des ambassadeurs de la Triple Entente. A ces protestations, elle répondait que les croiseurs restaient devant Constantinople, [3] ne sortiraient pas de la mer de Marmara, qu'ils avaient le pavillon ottoman sous le commandement d'officiers turcs. Elle affirmait, d'autre part, que ces navires ne seraient point employés contre les Alliés. Le Grand Vizir même déclarait à l'ambassadeur d'Angleterre, sir L. Mallet, qu'il regrettait la violation indéniable de neutralité qui s'était produite, mais que le gouvernement resterait neutre ; l'Allemagne, en agissant comme elle le faisait, compromettait la Turquie. Et l'ambassadeur écrivait à sir

1. *Consultation* de Me Clunet, *Temps* du 14 août 1914.

2. Voir le *Temps* du 15 août 1914.

3. *Second Livre bleu anglais*, pièce 18, 16 août, et *Second Livre orange*, pièce 34.

Edward Grey qu'il ne pouvait douter en la circonstance de la sincérité du Grand Vizir[1].

La Turquie invoquait bien comme prétexte la privation des deux navires en construction, réquisitionnés par l'Angleterre, alors que la Grèce avait deux cuirassés aux États-Unis [2]. Mais le fait d'acheter deux navires ennemis qui ont combattu et se sont échappés constituait un acte peu amical envers la Triple Entente, tandis que l'Angleterre n'avait fait que saisir des navires qui n'étaient pas payés; les deux actes n'étaient pas comparables.

Dire encore pour sa défense qu'elle n'avait pas signé la déclaration navale de Londres était pour la Turquie un mauvais système, car les obligations de la neutralité s'imposaient à elle, ou tout au moins la convention de 1856. Enfin, l'Allemagne avait signé cette convention, et voici que la Turquie l'aidait à la violer; c'était un acte anti-amical à l'égard des autres puissances.

Il y avait plus. La vente n'existait pas, elle était toute fictive. On avait bien, disait-on, remplacé le pavillon allemand par un pavillon turc, débarqué à terre des équipages, mais ces fourberies étaient cousues de fil blanc; les faits étaient là, malgré les protestations solennelles du Grand Vizir. En réalité, les deux navires avaient traversé les Dardanelles en arborant leurs couleurs, en conservant leurs équipages, et avaient été convoyés par des torpilleurs allemands. Ils s'étaient conduits en maîtres, avaient rançonné, sous l'œil bienveillant des Turcs, les navires français, anglais, italiens, grecs et russes, avaient enlevé et brisé, à bord du paquebot français le *Saghalien*, où leurs officiers étaient froidement montés, les appareils de télégraphie sans fil, menaçant de tuer le télégraphiste qui voulait protéger ses ap-

1. *Second Livre bleu anglais*, pièce 20, 18 août, et *Second Livre orange*, pièces 9, 13, 36.
2. *Second Livre bleu anglais*, pièce 20, 18 août.

pareils. Et l'ambassadeur turc et le Grand Vizir prétendaient que la Turquie voulait rester neutre!...

Devant les représentations de la France, la Turquie répondait en exprimant ses regrets pour les incidents du *Saghalien*, et déclarait qu'elle tenait trop à son amitié pour ne pas respecter la neutralité; ce n'était là qu'un repentir simulé.

Du reste, on n'enregistrait de tous côtés que des vexations de la part de la Turquie. Le 15 août, l'amiral Limpus et les officiers de la mission navale anglaise étaient brusquement remplacés par des officiers turcs; le vice-consul anglais aux Dardanelles informait, le 19 août, son gouvernement que des mines, au nombre de 41, avaient été placées devant les Détroits, et le 21, il y en avait encore 17 nouvelles. Sir L. Mallet écrivait à son gouvernement que les forts des Dardanelles avaient des garnisons allemandes, et que l'ambassadeur d'Allemagne faisait tous ses efforts pour pousser la Turquie à la guerre contre la Russie [1]. A Smyrne, les sujets anglais et français subissaient mille avanies de la part des autorités musulmanes. Des officiers turcs, sous prétexte de réquisitions, entraient même dans les écuries du consul général français, lui enlevant ses chevaux. Le consul, M. Couloumier, se rendait de suite devant le gouverneur militaire pour protester, mais celui-ci ne voulait rien entendre, déchirant avec mépris la protestation. Pendant ce temps, les Grecs étaient victimes des persécutions turques, notamment à Aïvali, et leurs biens systématiquement pillés.

Les Alliés usent cependant à l'égard de la Turquie de la plus grande longanimité. Le 22 août, sir Ed. Grey prie l'ambassadeur de Grande-Bretagne d'informer le gouvernement turc que s'il promet de renvoyer les officiers et les équipages allemands, de donner aux navires anglais les facilités de circulation dont ils ont besoin, de maintenir en un mot une stricte neutralité, les trois puissances alliées

1. *Second Livre bleu anglais*, pièce 27.

accepteront de renoncer à leur juridiction extra-territoriale, dès que l'administration de la justice se sera transformée suivant les nécessités de la vie moderne. En même temps elles s'engageront à respecter et à garantir l'indépendance et l'intégrité de l'Empire ottoman [1]. Ainsi, avant que le gouvernement turc soit intervenu en notre faveur, les puissances déjà cherchent à le gagner à leur cause, par des promesses.

Comment répond-il à ces avances ?... Le gouvernement anglais est informé, dès le 23 août, que des officiers allemands sont arrivés à Constantinople, viâ Sofia, puis des marins allemands au nombre de 600 (28 août) avec de l'artillerie et des canons, en traversant la Roumanie. Devant les protestations de l'Angleterre, le Grand Vizir commence par affirmer qu'il ignore la présence des marins allemands [2], tout en assurant l'ambassadeur d'Angleterre que le *Gœben* et le *Breslau* n'entreront pas dans la mer Noire, tant qu'ils seront conduits par des Allemands : la Turquie du reste, malgré les machinations de l'Allemagne, ne se départira pas de sa neutralité [3]. Sir E. Mallet et M. de Giers, en rapportant la conversation qu'ils ont eue avec lui, écrivent qu'ils l'ont trouvé sincère ! Le 30 août enfin, devant des reproches énergiques de l'ambassadeur qui déclare que la patience de l'Angleterre aura des bornes, il promet de renvoyer les marins allemands [4], et le 31 août, le ministre de la Marine assure que 200 marins partiront ce même jour [5].

Du reste, dès la fin d'août, les préparatifs de la Turquie se précisent. Le général allemand Liman von Sanders est désigné comme généralissime, ce qui signifie sans nul doute une entrée en guerre prochaine. Or,

1. *Second Livre bleu anglais*, pièce 28, 22 août, et *Second Livre orange*, pièce 30.
2. *Second Livre bleu anglais*, pièce 43, 27 août et *Second Livre orange*, pièce 36.
3. *Second Livre bleu anglais*, pièce 42.
4. *Second Livre bleu anglais*, pièce 48, 30 août.
5. *Second Livre bleu anglais*, pièce 49, 1er septembre.

quelques mois auparavant, sur les protestations de la France, de la Russie et de l'Angleterre, le commandement du corps de Constantinople lui avait été retiré[1] ! Le *Gœben* et le *Breslau* ont repris une partie de leurs équipages allemands et embarqué des munitions. Des officiers et des marins allemands viennent encadrer et compléter les équipages des navires de la marine turque, et sans cesse arrivent, par les lignes bulgaro-roumaines, des soldats, des marins et des officiers allemands à destination de Constantinople[2]. Des bateaux allemands se préparent à convoyer, sur la côte d'Asie, le cinquième corps ottoman concentré à Ismed et à Beridje. Des troupes ottomanes sont débarquées à Smyrne, et des fortifications s'élèvent fièvreusement à Scutari, à Tchataldja. Les protestations de la Turquie, destinées à dissimuler les préparatifs militaires et auxquelles les Alliés ont jusqu'ici accordé créance, n'ont été qu'une comédie. Des Turcs, des Syriens, des Arabes s'indignent de cette politique qui fait le jeu de la Prusse, mais le parti Union et Progrès est entre les mains de l'Allemagne, et l'armée aux mains des officiers allemands.

Malgré tout, le Grand Vizir donne toujours à l'ambassadeur d'Angleterre l'assurance formelle que la Turquie conservera la neutralité, ainsi que le ministre de la Marine à l'ambassadeur de Russie[3].

II

A ce moment, nous avons subi la défaite de Charleroi, et l'armée allemande marche sur Paris. A Constantinople, les Allemands ont persuadé au gouvernement Jeune-Turc que l'armée française est en pleine déroute. Les Jeunes-Turcs triomphent déjà et jettent

1. Voir plus haut, chapitre X, p. 264.
2. *Second Livre orange*, pièce 39.
3. *Second Livre bleu anglais*, pièce 50, 1er septembre; *Second Livre orange*, pièce 40.

le masque. Le 9 septembre, le gouvernement ottoman envoie aux ambassadeurs une note annonçant qu'il est décidé à abolir les Capitulations à partir du 1er octobre, pour faciliter, dit-il, le développement du commerce et des affaires, tout en assurant qu'il n'a aucune pensée de conflit. Cet acte, cela est évident, flattait l'amour-propre des Turcs qui gardaient le vivant souvenir de leur grandeur passée avec l'ombrageux orgueil des aristocraties déchues. Mais en même temps, le gouvernement turc, en abrogeant par une décision unilatérale les traités internationaux et les accords diplomatiques qui constituaient le régime des Capitulations, manquait gravement à la parole donnée. Il est vrai que là-bas, Talaat Bey disait à Constantinople que « les juristes avaient fait banqueroute, et que le droit était mort »; M. de Bethman-Holweg faisait école. Les ambassadeurs des puissances protestèrent, mais en vain, le 10 septembre, contre la suppression des Capitulations[1].

Les Alliés espèrent encore dans la bonne foi et les sympathies des Jeunes-Turcs. Ainsi, le 16 septembre, sir Edward Grey écrit, ainsi que M. Sazonoff (10 septembre), que les puissances sont prêtes à faire des concessions au sujet des Capitulations, s'ils adoptent une attitude correcte dans la question des officiers et des équipages allemands[2]. A ces propositions conciliantes, la Turquie répond qu'elle élèvera, à partir du 1er octobre, les droits d'importation de 11 à 15 p. 100, en frappant de droits d'octroi les articles non encore spécifiés. Or, les puissances doivent donner leur assentiment à une telle mesure, et encore sous certaines conditions. Puis, les intrigues et les préparatifs turcs sont signalés en Afghanistan, aux Indes, en Perse, en Égypte ; le Grand Vizir se contente de les nier, en disant qu'il existe

1. *Second Livre orange*, pièce 43 et annexes et pièce 44.

2. *Second Livre bleu anglais*, pièce 77, 16 septembre; *Second Livre orange*, pièce 48, 10 septembre.

seulement une forte pression austro-allemande [1]. L'Angleterre n'obtient que de bonnes paroles ; elle se décide alors à adopter une attitude plus sévère, et rappelle l'amiral Limpus qui commandait la flotte turque, ainsi que la mission navale britannique, placés désormais dans une position trop inférieure.

Le gouvernement turc ne cherche même plus à sauver les apparences. La mobilisation se poursuit sous les ordres du général Liman von Sanders, et les hommes de 18 à 50 ans sont appelés sous les drapeaux. Le *Gœben* (fin septembre) franchit le Bosphore pour rejoindre la flotte turque dans la mer Noire, sous la direction de l'amiral allemand Souchon, devenu chef de la marine turque.

Le 1er octobre, les Capitulations ont été abolies, et de grandes réjouissances ont lieu dans les rues de Constantinople que traversent de nombreux groupes en conspuant la France et l'Angleterre, et en acclamant l'Allemagne. Ainsi prenaient fin ces traités solennels qui accordaient aux étrangers dans l'Empire ottoman des franchises spéciales. Ceux-ci désormais relèveront de la justice arbitraire des Turcs. Comme l'Allemagne domine en ce moment à Constantinople, sous quelle autorité vont être placés les ressortissants des puissances alliées ? Celles-ci avaient envisagé la suppression de privilèges qui portaient atteinte à la souveraineté de la Turquie, mais cette suppression devait avoir pour contrepartie une législation appropriée aux besoins des étrangers, respectueuse de leurs intérêts et de leurs coutumes, les soustrayant au bon plaisir turc, et les faisant bénéficier d'une administration impartiale.

D'autre part, la Turquie continuait ses procédés vexatoires. Elle mettait la main sur le service des postes [2], sans s'entendre au préalable avec les puissances ;

1. *Second Livre bleu anglais*, pièces 90 et 91, 24 et 25 sept.
2. *Second Livre orange*, pièce 72.

la poste ottomane assurerait désormais la distribution et le départ des courriers, ce qui avait pour résultat de priver les Français de Constantinople de toutes nouvelles de France, par suite de la défectuosité du service postal. Enfin, elle fermait les Dardanelles, ce qui devait arrêter les arrivages de blés, et décidait d'abroger les privilèges du Liban [1].

Les puissances ont conservé leurs relations diplomatiques avec la Turquie, ne lui ont pas intimé l'ordre de chasser le *Gœben* et le *Breslau*, de cesser ses préparatifs militaires, d'ouvrir les Dardanelles. Malgré tant de complaisance, la Turquie ne cesse d'accroître ses préparatifs, en affirmant toujours qu'elle est décidée à garder la neutralité. Elle continue, dans la première quinzaine d'octobre, à recevoir des officiers et des troupes d'Allemagne, de l'artillerie lourde, de l'artillerie de campagne. Le colonel allemand Weber Pacha prenait le commandement des forts des Dardanelles, renforcés avec de l'artillerie allemande; le Bosphore était fortifié par des Allemands, et des mines sous-marines en défendaient l'entrée. La presse turque est largement stipendiée par l'Allemagne [2], et la Turquie attend de Berlin deux millions de livres turques.

La pression allemande se faisait, du reste, de plus en plus forte à Constantinople. L'ambassadeur de Russie, M. de Giers, annonçait le 16 octobre, au gouvernement impérial : « Je viens d'apprendre d'une source autorisée que, le 11 octobre, une réunion a eu lieu chez l'ambassadeur d'Allemagne à laquelle ont pris part Enver Pacha et Talaat Bey. Une convention a même été signée en vertu de laquelle la Turquie s'engage à marcher immédiatement contre nous après avoir reçu des subsides d'argent de l'Allemagne. Le premier versement a déjà

1. *Second Livre orange*, pièces 77 et 78.

2. *Second Livre bleu*, pièce 128, 15 octobre, et *Second Livre orange*, pièce 53.

été reçu ici »[1]. Le 18 octobre, l'ambassadeur annonce que, le 21, arrivera le deuxième convoi d'argent promis[2], et il écrit le 20 octobre : « Il est très possible que nous soyons attaqués très prochainement par la Turquie, étant donné qu'elle a reçu l'envoi d'argent de l'Allemagne[3] ». Maintenant, en effet, qu'elle a l'argent en main, et que les préparatifs de guerre sont achevés, elle va pouvoir agir : l'Allemagne donnera bientôt l'ordre d'attaquer.

Pendant ce temps, l'Angleterre était avertie que des forces armées, provenant des corps de Mossoul et de Damas, s'assemblaient pour attaquer l'Égypte et le Canal de Suez. D'importants détachements de Bédouins arabes avaient été armés, les moyens de transport et les routes préparés en conséquence, des mines étaient expédiées pour être placées dans le golfe d'Akaba. Dans la Syrie et dans l'Inde, un pamphlet violent, exhortant les Musulmans à combattre l'Angleterre, avait été distribué par le Cheikh Aiz-Shawisl.

L'intérêt de l'Allemagne d'entraîner la Turquie à la guerre était évident ; de là ses intrigues à Constantinople. Non seulement la Turquie pouvait faire une diversion utile contre la Russie dans le Caucase, et immobiliser plusieurs corps d'armée qui ne seraient pas consacrés aux opérations de Pologne, mais lors d'une paix désavantageuse pour elle, les territoires de l'Empire ottoman pourraient servir de compensation, et permettre à l'Allemagne et à l'Autriche, s'il était nécessaire, d'obtenir des avantages en Europe. Enfin, la menace dirigée contre les frontières égyptiennes et par conséquent contre l'Angleterre n'était pas à dédaigner. Pour faciliter l'opération, il aurait fallu entraîner la Bulgarie et la Roumanie. De là, les conseils donnés aux

1. *Second Livre orange*, pièce 87; *Livre bleu*, pièce 157, 22 octobre.
2. *Second Livre orange*, pièce 88.
3. *Second Livre orange*, pièce 89.

diplomates turcs par le gouvernement de Berlin. Mais les missions de Talaat Bey et de Hali Bey échouèrent à Sofia et à Bucarest.

D'autre part, la Grèce rejette les propositions de la Turquie. Puis, en présence de l'anarchie croissante qui régnait en Épire, où les bandes albanaises molestaient la population épirote, elle occupait, le 26 octobre, les districts d'Argyrokastro et de Préméti afin d'assurer l'ordre, tout en respectant les décisions des puissances du 14 février 1914[1]. Celles-ci faisaient savoir à la Grèce qu'elles ne s'opposeraient pas à cette occupation, l'Allemagne, l'Autriche et l'Italie également, tout en prenant acte des engagements du gouvernement hellénique de se conformer aux décisions précédemment prises. Bientôt, toute l'Épire du Nord était occupée. Ainsi la Turquie se trouvera seule à lutter en Orient pour satisfaire les ambitions allemandes.

Le moment choisi par l'Allemagne d'intervenir est arrivé. Brusquement, le 29 octobre, le *Gœben* et le *Breslau*, accompagnés du *Hamidieh* pénètrent dans la mer Noire, bombardent Odessa, Théodosia, Novorossisk, coulent une canonnière russe et attaquent le vapeur français *Portugal*. L'ambassadeur de Russie fit de suite une démarche à la Sublime Porte à laquelle s'associèrent les ambassadeurs de France et d'Angleterre.

Un grand conseil des ministres et un conseil du Comité Union et Progrès se réunissaient, à la suite desquels le gouvernement turc se bornait à proposer aux ambassadeurs le rappel des navires turcs dans les Détroits, et à exprimer son désir de rester en paix avec les Alliés. Etait-ce de l'ironie ou du cynisme ?... Les trois ambassadeurs, devant de telles propositions, demandèrent leurs passeports. L'ambassadeur de Russie partit le 31 octobre, les ambassadeurs de France et d'Angleterre le 1er no-

1. Voir plus haut, chapitre X, page 263.

vembre. La rupture diplomatique était complète. C'était la guerre entre les Alliés et la Turquie.

Jusqu'au bout, la Turquie avait trompé les puissances. En examinant pas à pas les faits qui se sont produits, c'est-à-dire l'attitude des Alliés et les agissements des Turcs, on peut dire que le gouvernement ottoman avait, dès le premier jour, été le complice de l'Allemagne et avait attendu pour agir, en nous leurrant sans cesse, le moment opportun. On lui avait promis de garantir l'intégrité de l'Empire, il avait répondu en laissant entrer dans les Dardanelles deux navires de guerre allemands, en ne les désarmant pas, au mépris des conventions internationales, en les achetant même fictivement pour dissimuler le maintien des équipages allemands. Des protestations, il n'en avait pas tenu compte; il avait posé des mines, reçu des marins et des officiers allemands, des munitions, préparé la défense du Bosphore et des Dardanelles, tout en affirmant, à plusieurs reprises, avec un accent de sincérité auquel l'ambassadeur d'Angleterre et l'ambassadeur de Russie ne pouvaient s'empêcher d'ajouter foi, qu'il resterait neutre. Il avait supprimé d'un trait de plume des engagements synallagmatiques, les Capitulations, puis les postes étrangères, quoique les puissances alliées se fussent offertes à lui faire, à cet égard, les concessions qu'il désirerait, compatibles avec l'état de l'administration impériale. Il avait continué d'armer dans toutes les parties de l'Empire ; bref, jamais un État ne s'était lancé dans la guerre avec autant d'impudence et de dissimulation, masquant son jeu jusqu'au bout. On n'avait eu qu'un tort, ne pas mettre de suite le gouvernement turc en demeure de remplir ses obligations internationales en adoptant pour l'y contraindre les mesures militaires et navales que comportaient les circonstances. Ainsi au moins, on n'aurait pas cédé la place aux Allemands qui, chaque jour, prenaient plus fortement position. La Sublime Porte n'avait qu'une chose à nous reprocher, notre trop grande patience.

*
* *

Cette attitude du Comité Union et Progrès, cette brutale déclaration de guerre ne trouvèrent pas à Constantinople l'opinion unanime. Dès le 16 novembre, on signalait de violentes manifestations dans les garnisons d'Andrinople et de Constantinople, parmi les officiers de terre et de mer turcs, mécontents du joug allemand. Une délégation d'officiers turcs se rendit même chez les ministres de la Guerre et de la Marine, et se plaignirent du refus de sous-officiers et d'officiers allemands d'un grade inférieur d'obéir à leurs supérieurs hiérarchiques turcs.

En Syrie, le mécontentement était général. Les Turcs, sous prétexte de réquisitions, enlevaient brutalement chevaux, mulets, chariots, céréales, en délivrant un reçu qui ne constituait qu'un chiffon de papier.

A Beyrouth, l'université des Pères Jésuites fut mise sous scellés. Les biens des établissements religieux et tous ceux des sujets alliés furent confisqués. Le chemin de fer de Damas vit son personnel français remplacé par des Allemands et les Turcs s'emparèrent de la caisse. On saisit les archives et la caisse de la Société du gaz, de la Société des tramways électriques, de l'Administration des quais et du port de Beyrouth, etc...

Du reste, la mobilisation turque s'effectua d'une façon déplorable, quoiqu'elle fût commencée depuis le mois d'août ; les mobilisés désertaient, n'ayant pas de nourriture et d'uniformes, malgré les efforts des Jeunes-Turcs pour remédier à cet état de choses.

Le plan militaire était, d'une part, de battre les troupes russes dans le Caucase, et d'autre part, en franchissant le désert de Syrie, de s'emparer du canal de Suez et d'envahir l'Égypte. Ces deux opérations échouèrent. Les Turcs essuyèrent de retentissantes défaites à Ardahan, à Sarykamish (3-4 janviér), à Karaourgan (16 janvier) ; à Suez ils étaient repoussés; aucun de leurs contingents ne put franchir le canal (2 février). C'en était fini du prestige militaire de l'Empire turc déjà très amoindri à Lullé-Bourgas et à Kirk-Killissé.

Les Turcs comptaient aussi beaucoup sur la guerre sainte, la Djihâd, qui fut proclamée le 21 novembre (2 Moharrem 1333), revêtue de la signature du Cheikh-ul-Islam et de ses trois prédécesseurs, et de celles de vingt-trois grands dignitaires de la religion mahométane ; là encore, ils ne devaient rencontrer que des déboires. Ils pensaient soulever les populations musulmanes, mais en précisant bien, dans de nombreux tracts, suivant les conseils de Berlin, qu'il ne s'agissait que de Musulmans soumis aux puissances alliées, afin de ne pas alarmer l'Italie ou la Hollande. Ces restrictions mêmes étaient une cause d'échec. Le Musulman, quand la guerre sainte est proclamée, ne voit devant lui que des Chrétiens, des roumis, qu'il faut combattre, parce que le Prophète l'ordonne. Il était désormais assez civilisé pour remarquer qu'il ne s'agissait, dans la circonstance, que de travailler en faveur des Allemands et d'Enver Pacha, un jouet entre leurs mains, et non pas pour la cause de la religion ottomane. Du reste, cette guerre sainte n'était-elle pas proclamée par des libres penseurs au pouvoir qui ne pouvaient invoquer utilement la défense de la religion ? Et puis, enfin, en quoi la religion du Prophète était-elle menacée parce que les roumis s'épuisaient, en se battant entre eux? Pourquoi un bon musulman interviendrait-il?...

Telles furent les premières déceptions qu'éprouva la Turquie, alors que la sécurité de l'Empire, ébranlé par la politique fâcheuse suivie depuis des siècles, exigeait l'abstention. Le geste du mois de novembre 1914 pouvait avoir les conséquences les plus graves.

CONCLUSION

Les canons qui tonnent dans les Détroits réveillent de leur torpeur plusieurs siècles d'histoire. Sur ces rives enchanteresses des Dardanelles et du Bosphore, reposent les glorieux souvenirs de l'antique Ilion, chantée par Homère, avec les prouesses d'Achille et d'Agamemnon, le roi des rois. Là passèrent les hordes immenses de Xerxès traversant l'Hellespont pour écraser les Grecs. Comme il y a près de huit siècles, au temps de Philippe-Auguste et de Richard-Cœur-de-Lion, Anglais et Français marchent d'un commun accord vers la libération de l'Orient. Ce furent les Francs qui, les premiers des peuples d'Europe, entrèrent à Constantinople avec Godefroy de Bouillon, après avoir défait Alexis Comnène (1097). Avec Baudouin, comte de Flandre, et le marquis de Montferrat, les voici à nouveau devant Constantinople, et cette cité superbe et fière, entourée de ses murs redoutables, fit une telle impression sur les Croisés qu'il n'y « eût si hardi à qui le cœur ne frémit » (Villehardouin). Mais bientôt, les « braves chevaliers, sortant des vaisseaux, saillant en la mer jusqu'à la ceinture, armés, lacés, le glève ès-main », s'élancent sur les Grecs, les mettent en fuite, et pénètrent dans la ville impériale. L'usurpateur Alexis III l'Ange, est détrôné, et le 16 mai 1204, à Sainte, Sophie, Baudouin chaussait les brodequins de pourpre, revêtait les ornements et le fermail des empereurs grecs, et, après avoir été sacré par le Légat du Pape, fondait l'Empire latin de Constantinople qui devait durer près de soixante ans (1261).

Ce n'est plus une croisade qu'accomplissent aujourd'hui les flottes alliées, ni une conquête de Stamboul, tant redoutée des Turcs, quand ils entendaient, à Tchesmé, retentir le canon russe, ou en 1807, le canon anglais de l'amiral Duckworth, ou lorsqu'à San Stéfano ils signaient la paix. Les Alliés veulent délivrer l'Orient de la domination germano-turque ; et leur attaque, provoquée par la Turquie, pose bien des problèmes qu'il était de l'intérêt de cette puissance de ne pas soulever.

*
* *

Voici d'abord la première de toutes, la question des Détroits. Elle se résume dans ces quelques mots. Les Russes qui possèdent les rivages de la mer Noire pourront-ils envoyer librement, et en tout temps, leur flotte dans la mer Méditerranée, et les flottes européennes pourront-elles pénétrer dans la mer Noire et dans les autres mers ? De la solution de ce problème dépendra la sécurité même de Constantinople. Il importait donc de savoir si les Sultans seraient les maîtres du passage qui commande la ville sainte. Les Empereurs de Byzance, de même que les Sultans turcs, qui possédaient ces rivages de la mer Noire, ne toléraient dans cette mer d'autres pavillons que les leurs. Les Sultans déclaraient à l'envoyé de Pierre le Grand, Emilien Oukraintsow, que « la mer Noire était une vierge chaste et pure, et que personne n'avait droit à son accès ; la navigation y était interdite à tout bâtiment étranger ».

Tant que le Sultan, maître des Détroits, est puissant, la question ne se pose pas; il les ouvre ou les ferme à son gré, et pour qui bon lui semble. Mais vient-il à faiblir, comment fera-t-il respecter son droit de possession ?... S'il ouvre les Détroits à ses amis et les ferme à ses adversaires, ce sera un conflit inévitable, et certaines puissances, le sentant incapable, ne lui imposeront-elles pas un statut qui régira l'ouverture ou la fermeture du passage ?

Du jour où Pierre le Grand, après avoir conquis le littoral de la mer d'Azow, eut créé la flotte militaire russe, se posa pour la Russie la question de savoir si elle pourrait naviguer librement dans la mer Noire. La Porte, encore souveraine sur les deux rives, lui refusa cette navigation, et le traité de Belgrade du 18 septembre 1739 défendait à la Russie de construire une flotte sur la mer d'Azow ou la mer Noire. La politique des Tsars sera d'obtenir le passage vers la Méditerranée et l'Orient pour le commerce et la sécurité de leur Empire. Les victoires de Catherine II ouvrirent le passage à la Russie, et le traité de Koutchouk-Kaïnardji (10 juillet 1774) permit la navigation à la flotte marchande russe ; la flotte de guerre pouvait pénétrer de la Méditerranée dans les Dardanelles, comme les navires anglais et français, mais ne pouvait franchir le Bosphore.

La Russie, devenue l'alliée de la Turquie, lors de l'expédition d'Égypte, obtint, par le traité du 23 décembre 1798, puis plus tard par celui du 23 septembre 1805, l'accès des Détroits pour sa flotte de guerre (c'est-à-dire le passage de la mer d'Azow dans la Méditerranée et réciproquement — art. 4), et même les deux puissances décidaient de ne pas admettre dans la mer Noire un bâtiment étranger (art. 7). Par le traité du 5 janvier 1809 avec l'Angleterre, la Porte s'engageait à ne plus permettre à aucun navire étranger de pénétrer dans la mer Noire ni d'en sortir, y compris même les navires anglais. Ainsi, par ces trois derniers traités, la Turquie renonçait à la règle fondamentale de l'Empire d'après laquelle elle ouvrait ou fermait les Détroits selon ses commodités. Il y avait donc là une restriction à la souveraineté du Sultan en faveur d'une puissance et au détriment des autres. Également par le traité d'Unkiar-Skélessi (26 juillet 1833), la Porte s'engage à fermer les Dardanelles lorsque la sécurité des possessions russes de la mer Noire sera menacée, c'est-à-dire, dans le cas d'une guerre de la Russie avec les puissances occidentales.

Si la Turquie subit une telle diminution de sa souveraineté, c'est que la Russie a pris pied sur la mer Noire (1774); elle a acquis la Crimée (1792), la Bessarabie (1812), et du moment que la mer Noire n'est plus seulement une mer intérieure turque, la Russie veut pouvoir en sortir librement, et traverser les Détroits. Et la Turquie en vient un jour à réclamer l'appui de l'Angleterre, pour empêcher que les navires russes ne franchissent le Bosphore. Alexandre Mavrocordato disait avec raison, en 1700 : « Quand les navires étrangers obtiendront la faculté de naviguer librement sur cette mer, la fin de l'Empire aura sonné. »

Désormais, en effet, le contrôle des puissances s'exercera sur les Dardanelles quelquefois en faveur de la Russie, mais généralement contre elle pour diminuer sa puissance en Europe et garder le passage libre; mais cette tutelle en commun aura des inconvénients. Elle sera la cause d'une lutte secrète entre les puissances garantes pour conserver la prépondérance auprès du Sultan et en profiter contre leur rivale la plus forte en Orient, la Russie [1]. C'est ainsi que l'Angleterre n'aura pas de repos, après le traité d'Unkiar-Seleski, qu'elle

1. V. Goriainow, *op. cit.*

n'obtienne une diminution de l'influence russe à Constantinople.

La Convention de Londres, du 13 juillet 1841, posera, comme principe du droit international européen, la fermeture des Détroits, et les puissances s'engageront les unes envers les autres et le Sultan envers elles, à respecter et à maintenir cette règle. La Russie a les mains liées par ce *consortium* et aspirera à recouvrer sa politique particulière à l'égard de la Porte. Car en réalité cette convention est dirigée contre elle ; le Sultan n'a plus le droit d'ouvrir les Détroits aux flottes des puissances, y compris celle de la Russie, comme en 1805 et en 1833. Le principe, c'est la fermeture opposée à la Russie qui seule a un intérêt puissant à sortir de sa prison, la mer Noire, dont elle possède les rives dans leur plus grande étendue. D'un autre côté, du fait de cette convention même, le Sultan n'est plus libre; sa souveraineté est atteinte profondément par cette nouvelle charte des Détroits, puisqu'il n'a plus le droit d'ouvrir le passage à son gré. La convention même ne parlait de la clôture qu'en « temps de paix » (art. 1), ce qui laissait supposer, qu'en temps de guerre, le Sultan pouvait, à la différence de ce qui existait en 1833, ouvrir les Détroits à une flotte ennemie allant de la Méditerranée dans la mer Noire attaquer la Russie. En fait, c'est ce qui eut lieu en 1854, quand les flottes alliées pénétrèrent dans la mer Noire.

La Russie cherchera à briser ces entraves. Contre les ambitions qu'elle manifeste, l'Angleterre et la France lui imposeront le traité restrictif de 1856 qui, non seulement au point de vue des Détroits, confirmait les stipulations de la convention de 1841, mais les aggravait en excluant de la mer Noire le pavillon russe ; cette mer était neutralisée ; ses eaux et ses ports étaient interdits aux pavillons de guerre ; la Russie ne devait construire sur son littoral aucun arsenal militaire maritime (art. 11, 13). Ainsi la

Russie était chassée de la mer Noire où elle avait pris pied depuis un siècle après tant de luttes glorieuses. Elle devenait une suspecte, placée désormais sous l'égide de l'Europe. Elle n'a plus qu'une pensée, reconquérir sa liberté, et c'est ainsi qu'en 1870, elle abandonna la France qui lui avait imposé les humiliations de 1856, pour reconquérir dans la mer Noire et les Balkans sa prépondérance passée.

La convention de Londres, du 13 mars 1871, libérait la Russie des clauses restrictives qu'elle subissait, et confirmait, en ce qui concernait les Détroits, la convention de 1841, en permettant en plus au Sultan de les ouvrir en temps de paix aux navires de guerre dans le cas où il le jugerait nécessaire, pour faire exécuter les stipulations du traité de Paris. La Porte, tout en maintenant le principe de la clôture, pour s'affranchir d'une clause qui était pour elle une cause de faiblesse, voulait se réserver la faculté d'ouvrir les Détroits selon ses convenances politiques [1]. Ainsi disparaissait l'obligation contractuelle de la fermeture ou de l'ouverture. Le Sultan pouvait conclure une entente séparée avec la Russie, selon le désir de cet Empire et à son avantage exclusif. C'est ce que les puissances n'admirent pas, et une proposition transactionnelle de l'Italie fut acceptée, d'après laquelle « le Sultan aurait la faculté d'ouvrir les Détroits en temps de paix, aux flottes des puissances amies et alliées, dans le cas où cela serait nécessaire pour l'exécution du traité de Paris du 30 mars ». Mais cette clause accordant au Sultan la faculté d'ouvrir les Détroits aux bâtiments de guerre des puissances, seulement dans le cas d'une infraction à l'une des stipulations du traité du 15 avril 1856, était dirigée contre la Russie, puisque le traité de 1856 avait été conclu

1. « Dans le cas seul où ses intérêts et sa sécurité lui sembleraient l'exiger. » (Contre-projet de Musurus Pacha, séance du 3 février 1871, à Londres).

avec la pensée évidente d'être hostile à ce pays. D'autre part, en acceptant la rédaction de l'article 2, le Sultan ne pourrait plus ouvrir ou fermer à sa guise les Détroits, « il se soumettait à l'engagement collectif de toutes les puissances contractantes de considérer les Détroits fermés, à l'exception des cas spécialement déterminés par le traité[1]. »

Le traité de Berlin de 1878 (art. 63) confirmait purement et simplement les stipulations de 1856 et de 1871, au sujet des Dardanelles et du Bosphore, mais, tandis que le plénipotentiaire russe, à la séance du Congrès du 1er juillet, déclarait que ces stipulations sont « obligatoires de la part de toutes les puissances, conformément à l'esprit et à la lettre des traités existants, non seulement vis-à-vis du Sultan, mais encore de toutes les puissances signataires de ces transactions », lord Salisbury affirmait « qu'elles se bornaient à un engagement envers le Sultan de respecter à cet égard les déterminations indépendantes de Sa Majesté conformes à l'esprit des traités existants. » En réalité, si on rapproche les textes, si on relit les débats des Congrès de Paris et de Londres, si on se remémore dans quelles conditions, dans quelles circonstances, les traités de 1841 et de 1856, auxquels se réfèrent ceux de 1871 et de 1878, ont été conclus, on voit que les clauses de fermeture des Détroits ont été la conséquence d'une entente entre les six grandes puissances qui résolurent de les respecter en répondant solidairement l'une envers l'autre en cas d'infraction. Le Sultan est gardé en tutelle, afin que la Russie n'obtienne de sa part aucune concession à son avantage. Et cependant l'Angleterre n'hésitait pas à violer le principe de fermeture des Détroits en y faisant pénétrer sa flotte pour arrêter les progrès des Russes en marche sur Constantinople. Elle éprouvait alors le besoin de se justifier et proclamait que le Sultan était libre d'accorder, comme

1. Goriainow, *op. cit.*, page 297.

il le voudrait, des permissions de passage, afin de pouvoir, en cas de nécessité, attaquer la Russie dans la mer Noire. Mais bientôt elle devait changer de doctrine quand, en 1902, la Russie demanda à la Turquie d'autoriser le passage de contre-torpilleurs qui voulaient rallier l'escadre de la mer Noire, et en 1904, au moment de la guerre russo-japonaise, lorsque des vaisseaux voulurent sortir du Bosphore : elle dénia au Sultan le droit d'accorder cette autorisation sans en référer aux puissances.

*
* *

Ces divergences de doctrines montrent suffisamment que le système adopté est inefficace, puisqu'il est soumis aux intérêts momentanés de la politique. Il était vicié à sa base même de ce fait que les grandes puissances voulaient exercer auprès des Sultans une influence dominante et ramenaient l'application des principes à la satisfaction de leurs intérêts propres. Cette influence, elles en usaient sur un Sultan faible, dans l'incapacité de se défendre par lui-même. Ainsi, la flotte de l'Angleterre arrivait, en 1807, en vue de Constantinople, les flottes alliées en 1854, la flotte anglaise à nouveau, le 2 février 1878. Le principe de la fermeture des Détroits ne protégeait même pas la Porte contre les empiètements d'autres États, — ce fut le cas lors de l'entrée dans le Bosphore des croiseurs allemands, le *Gœben* et le *Breslau*, — et il se retournait contre les puissances qui l'avaient jadis imposé, l'Angleterre et la France. Il était établi principalement contre la Russie, pour limiter ses ambitions en Orient, en lui opposant le dogme de l'intégrité de l'Empire turc. La Russie, enfermée dans une mer sans issue, devait chercher naturellement à se débarrasser, à mesure que son commerce se développait, que l'axe de la politique se déplaçait, d'un système désormais désuet ; c'était donc une cause de guerre en Europe. A cette doctrine, qui a fait son temps, doit se substituer un régime large, celui de la liberté des Détroits, qui préviendra tout sujet de conflit en Orient. Le maintien de la paix ne sera pas soumis à l'interprétation abusive de textes compliqués, qui variait selon les besoins du moment.

Les Détroits, dont la fermeture ou l'ouverture ne dépendront plus du caprice d'une puissance faible et de la volonté des forts, seront libres. Leur sera-t-il appliqué néanmoins un régime spécial, qui ne saurait être celui de l'internationalisation, mais qui comporterait certaines restrictions ? On a proposé de les soumettre à un régime semblable à celui qui a été établi à Suez, par la convention du 29 octobre 1888 : « Le canal est « ouvert en tout temps aux navires de tous les États ; « il ne peut être mis en état de blocus. Aucun acte « d'hostilité ne peut être accompli dans le canal et ses « ports d'accès, ainsi que dans un rayon de trois milles « marins de ces ports, alors même que l'Empire ottoman « serait une des puissances belligérantes. Les bâtiments « de guerre des belligérants ne pourront, dans le canal « et ses ports d'accès, se ravitailler ou s'approvisionner « que dans la limite strictement nécessaire...

« En temps de guerre, les puissances belligérantes « ne débarqueront et ne prendront dans le canal et ses « ports d'accès ni troupes, ni munitions, ni matériel « de guerre. Mais dans le cas d'un empêchement « accidentel dans le canal, on pourra embarquer ou « débarquer, dans les ports d'accès, des troupes fractionnées par groupes n'excédant pas mille hommes, avec « le matériel de guerre correspondant ». (art. 1, 4 et 5).

Ce régime, fait-on remarquer, n'est pas celui de la neutralité, puisque le canal de Suez n'est pas fermé aux navires de guerre. Le canal est simplement soustrait aux mesures d'hostilités qui pourraient y être employées. Toutefois, en cas de guerre, comme par exemple à l'heure présente entre l'Angleterre et la Turquie, la convention de Constantinople ne serait guère respectée.

On a même parlé d'une situation intéressante, celle du détroit de Magellan, où l'on ne peut élever ni fortifications, ni ouvrages de défense militaire, par suite d'une convention entre la République Argentine et le Chili (23 juillet 1881).

En tout cas, d'après les principes du droit international, les détroits, dont les rives appartiennent à des pays différents, doivent rester libres et ont une condition tout autre que les détroits conduisant à une mer fermée dont les deux rives appartiennent à un même pays et qui peuvent être fermés par l'État dont ils relèvent. Telle était la situation des Dardanelles et du Bosphore, à l'époque où le Sultan possédait à lui seul les rives de la mer Noire. Les puissances pourraient donc toujours, pour assurer le maintien des communications, imposer aux Détroits tel régime qui leur semblerait bon. Mais dans les circonstances présentes, serait-il justifié?

Les Russes n'admettent pas que le Bosphore et les Dardanelles puissent être placés d'une façon quelconque sous un contrôle international ou qu'un statut spécial leur soit imposé. Le principe de la liberté commerciale des Détroits, disent-ils, doit se concilier avec la souveraineté de la Russie sur la mer Noire, qui l'oblige à posséder un débouché libre sur une mer ouverte, et à assurer sa propre défense sur le Bosphore et les Dardanelles en cas de guerre avec une autre puissance. Si le régime de la liberté sans restriction aucune au détriment des droits souverains de la Russie, existe pour les Détroits, en quoi la grande puissance moscovite en tirerait-elle avantage pour nuire au commerce des autres nations? Elle ne se refuserait en rien à remplir honnêtement, sur ce point, ses obligations internationales. Toutes les difficultés qu'a suscitées la question des Détroits sont venues de ce fait qu'on voulait enfermer la Russie dans la mer Noire. Donnez-lui le libre passage, elle n'en abusera pas. Telle est la thèse soutenue, avec quelque raison, chez notre alliée.

Les autres États riverains de la mer Noire, la Roumanie, la Bulgarie, qui y possèdent des ports, ont intérêt à pouvoir jouir de la facilité des communications par mer pour la marine. Leur commerce aussi doit être libre par mer en tout temps, et ne plus être entravé par les mines posées dans les Détroits. La liberté du passage est pour elles une question primordiale.

La Roumanie est la première intéressée à la question des Détroits, car elle possède une partie du littoral de la mer Noire. Elle a pied sur le Danube et ne peut admettre que son commerce soit entravé de quelque façon que ce soit. La Turquie, en fermant les Dardanelles sur les injonctions de l'Allemagne, a rendu impossible toute exportation roumaine par mer.

Que la Bulgarie et la Grèce entrent en guerre, et une Roumanie neutre, comme dans les circonstances présentes, serait bloquée et dans l'impossibilité de commercer. Et puis, il ne s'agit pas pour la Russie d'acquérir un contrôle sur les Détroits, ni sur la navigation du Danube, et de modifier à cet égard les stipulations de 1856, d'après lesquelles la navigation du Danube est libre jusqu'à son embouchure pour toutes les nations, stipulations que l'Europe a sanctionnées, intéressée qu'elle est à l'entière liberté du commerce sur le grand fleuve. Le commerce sur le bas Danube, comme dans les Détroits, devra rester entièrement libre. Une Russie maîtresse des Détroits ne gênerait pas plus la Roumanie qu'une Turquie gardienne du Bosphore et des Dardanelles.

La Bulgarie a également intérêt à la liberté des Détroits,

puisqu'une certaine étendue de côtes sur la mer Noire est bulgare. L'Italie et l'Espagne ont souffert dans leur commerce de la fermeture des Dardanelles. Lorsqu'à la paix, l'Italie gardera les îles qu'elle occupe, il sera essentiel pour elle que la navigation commerciale lui soit garantie par mer avec les pays danubiens.

*
* *

Avec la question des Détroits, se pose également celle de Constantinople et du retour en Asie des vainqueurs de Byzance. La possession de Contantinople (Tsarigrad) est la conséquence inévitable de la possession des Détroits par la Russie. On a parlé d'un régime international pour Constantinople, semblable à celui de Tanger. Mais Constantinople et Sainte-Sophie sont pour la Russie le symbole de sa grandeur ! Elle veut que les efforts patients de sa diplomatie, qui, depuis Pierre Ier, ont tendu à la domination du Bosphore, soient enfin couronnés de succès. Constantinople a pour la Russie la fascination de la tradition et de l'histoire.

L'Angleterre et la France n'ont plus les mêmes raisons qu'autrefois de disputer à la Russie les clefs du Pont-Euxin, l'une et l'autre puissance n'ont pas la prétention de les garder pour elles. L'Angleterre ne saurait redouter, comme en 1854, une mainmise de la Russie sur les territoires ottomans voisins des Détroits. A cette époque, l'Empire turc et la Russie avaient les mêmes frontières, puisque la Roumanie et la Bulgarie autonomes n'existaient pas. Aujourd'hui, ces deux royaumes la séparent de la Thrace ; il y a donc équilibre sur la mer Noire où la puissance russe est contrebalancée par celle d'autres États. Au contraire, les ambitions de l'Allemagne, qui se sont manifestées à Stamboul, en Syrie, en Palestine, ses projets économiques en Asie Mineure, constituent un danger, et pour les puissances riveraines de la Turquie, et pour la liberté du commerce européen en général. M. Sazonoff disait, le 9 février 1915, à la Douma : « Les événements qui se déroulent à la frontière russo-turque achemineront la Russie vers la réalisation d'importants problèmes économiques qui sont liés à l'accès de la Russie sur une mer ouverte », et sir Edward Grey, en commentant ces paroles aux Communes, le 25 février, ajoutait : « Ce sont là des aspirations avec lesquelles nous sommes en entière sympathie ».

La possession de Constantinople n'a plus le même intérêt qu'aux XVIIIe et XIXe siècles, depuis que se sont constitués les royaumes balkaniques et que le commerce mondial, se déplaçant, après le percement de Suez, a suivi des routes différentes et gagné les mers d'Extrême-Orient ; ce n'est plus la Méditerranée seule qui sert aujourd'hui au commerce de l'Europe répandu sur toutes les mers. Du reste, pour l'Angleterre, maîtresse de Suez, de l'Égypte, qui a pied en Asie Mineure et possède le terminus du Bagdad, la liberté de passage vers les Indes est assurée. La question de Constantinople, de même que celle de l'intégrité de l'Empire ottoman, présentent un intérêt moindre. Ce qu'il faut à l'Angleterre, à la France, à l'Europe entière, c'est avant tout le libre passage des Détroits qui assurera aux grandes voies de la navigation méditerranéenne leur prolongement naturel vers les riches contrées de la Russie.

* * *

Les victoires des Alliés marqueront-elles l'effondrement de l'Empire turc en Europe ? La lente désagrégation commencée, il y a deux siècles, au traité de Passarowitz, aboutira-t-elle à sa ruine définitive, et les peuples encore frémissants sous le joug, verront-ils la fin de leurs souffrances et recevront-ils avec la réalisation de leurs vœux le prix de leurs luttes héroïques ?

En Europe, la libération est presque achevée, mais en Asie, sous le canon des alliés, tressaillent des peuples nombreux qui aspirent à l'indépendance. Les Arméniens, auxquels la Russie a consenti des promesses, verraient dans les victoires de la Triple Entente la fin de leurs maux. Les Syriens demandent l'autonomie, les uns sous un prince musulman ou un prince chrétien, d'autres avec plus de raison sous le protectorat de la France administrant sagement le pays et respectant les droits et la religion des indigènes. Certains parlent même d'attribuer à la France la Palestine qui a toujours fait partie de la Syrie, quitte à internationaliser Jérusalem. Les sympathies des Syriens, de même que celles des Libanais pour la France sont bien connues ; nos intérêts sont puissants dans ces pays, jadis libérés par nous du joug turc, et qui méritent de recouvrer leur antique prospérité avec l'indépendance.

D'autres peuples ont des aspirations là-bas et attendent une situation meilleure : les Grecs de la côte et ceux des îles, les Arabes de l'Yémen et de la Mecque qui peuvent poser la question du Khalifat.

Il faudra aussi instituer une exploitation économique de ces fertiles contrées qui, par suite de l'incurie de l'administration, n'étaient pas mises en valeur, en créant des routes, des canaux, des voies ferrées. Le grand transasiatique que l'Allemagne voulait accaparer, le Bagdad, devra rester libre.

Bref, tous les peuples, des Balkans aux extrémités de l'Asie, songent à cette vaste liquidation préparée par des siècles d'impuissance et d'indifférence, par l'accumulation des mêmes fautes ; et l'on reste interdit en pensant aux luttes passées et aux nombreux intérêts à satisfaire. La question d'Orient, née avec l'arrivée des Turcs en Europe, cessera-t-elle d'exister avec leur retour en Asie ?

Avant que les chefs des armées alliées aient achevé leur œuvre, peut-on envisager dans tous ses détails le meilleur système qui assurera définitivement aux Détroits la liberté, à l'Asie Mineure un statut conforme aux aspirations des races? Ce sont les armées alliées qui en ce moment font l'histoire. Mais pour que la paix règne en Europe, il faut que le traité en prépare une reconstitution générale, en réparant les erreurs ou les injustices commises autrefois.

Les trois traités qui ont organisé l'Europe moderne portaient en eux-mêmes les germes des guerres futures. Les traités de Westphalie, sous prétexte de contenir la maison autrichienne, ont trop fortifié la Prusse en Allemagne, et les petits États allemands ; ils ont préparé l'unité germanique.

Les traités de Vienne, «œuvre de réaction contre le principe de la nationalité consentie et celui de la liberté politique » (E. Lavisse), avaient voulu comprimer les espoirs des races; l'Autriche et la Prusse grandies, l'une avec les provinces italiennes, l'autre avec les sécularisations, en avaient été les gardiennes, au XIXe siècle, pour dominer l'Europe. Ces traités, en enrichissant certains États avec les dépouilles de la Pologne, de la Saxe, de la Norvège, de la Belgique et de Venise, consacraient le partage et la domination des peuples.

Le traité de Berlin était une véritable atteinte aux droits des nations et à l'expansion des Slaves, un déni de justice pour les peuples auxquels il s'imposait : ce fut le triomphe du germanisme.

A Berlin comme à Vienne, les diplomates assemblés avaient déplacé arbitrairement les limites rationnelles des États, pesant, évaluant les populations au gré de leurs combinaisons stratégiques, provoquant les haines et les bouleversements de l'avenir.

Ainsi, la situation politique de l'Europe centrale et de l'Europe orientale reposait sur l'oppression des races; c'était là une cause incessante de conflits. L'œuvre de Vienne et de Berlin est à refaire; un État ne doit pas avoir en Europe la prédominance au détriment des autres, et tous les États doivent compter désormais avec les forces populaires, avec les revendications nationales; « Il ne faut plus que les Balkans et la flèche de Strasbourg dominent la politique européenne! »

FIN

TABLE DES MATIÈRES

CHAPITRE PREMIER

Les Turcs en Europe. — Les premiers revers.

CHAPITRE II

Les démembrements. — La formation des nationalités balkaniques. La constitution de l'État serbe.

CHAPITRE III

Le Monténégro.

CHAPITRE IV

Germains et Slaves en Orient.

CHAPITRE V

L'État bulgare.

CHAPITRE VI

L'État roumain.

CHAPITRE VII

L'État grec.

CHAPITRE VIII

L'Empire ottoman pouvait-il se rénover ?
Les réformes.

CHAPITRE IX

L'Échec des réformes

CHAPITRE X

La guerre Balkanique.

CHAPITRE XI

La question d'Orient et la guerre européenne.

CHAPITRE XII

La Turquie en guerre avec la Triple Entente.

CONCLUSION

SAINT-DENIS. — Imp. Vve Bouillant et J. Dardaillon.

LIBRAIRIE FÉLIX ALCAN

EXTRAIT DU CATALOGUE

QUESTION D'ORIENT

Les Aspirations autonomistes en Europe. — Ch. Seignobos : Introduction. — H. Lichtenberger : Les revendications autonomistes [illegible] Alsace-Lorraine. — [illegible] : La nation Polonaise au XXe siècle. — René Henry : La Finlande, défense d'une constitution [illegible] d'une nationalité. — Angel Marvaud : Le Mouvement catalan. — [illegible] : L'autonomie albanaise. — Albert Malet : La nationalité serbo-croate. — [illegible] : L'autonomie irlandaise. — [illegible] : La question macédonienne. — Ad. Reinach : L'autonomie des îles grecques. 1 vol. in-8, cart. [illegible]

L'Hellénisation du Monde antique, par MM. V. Chapot, G. Colin, Alfred Croiset, J. Hatzfeld, A. Jardé, P. Jouguet, G. Leroux, Ad. Reinach, Th. Reinach. 1 vol. in-8, cart. [illegible]

BÉRARD. — La Turquie et l'Hellénisme contemporain, [illegible] éd. 1 vol. in-16. Couronné par l'Académie française. [illegible]

BERNARD (Augustin), professeur à la Sorbonne. — Le Maroc. 1 vol. in-8, avec cartes, [illegible] édition. [illegible]

DEBIDOUR, professeur à la Sorbonne. — Histoire diplomatique de l'Europe (1814-1878). 2 vol. in-8. [illegible]

[illegible] et DRIAULT. — Histoire de la [illegible] jusqu'à la révolution de 1909. 1 vol. [illegible]

[illegible]

www.ingramcontent.com/pod-product-compliance
Ingram Content Group UK Ltd.
Pitfield, Milton Keynes, MK11 3LW, UK
UKHW021102220726
13924UKWH00005B/2198